◎姚明勤　著

世界安危的核谜团解读

河北出版传媒集团
河北人民出版社

前 言

人类走向原子时代，离不开发现“核裂变”科学家的贡献。

19世纪末，科学家发现了天然放射性物质，继而发现了电子和中子。居里夫妇两代人发现了天然放射性物质和人工放射性物质，爱因斯坦提出了“相对论”及能量公式 $E=MC^2$。1934年，费米等人第一次用中子轰击铀，迈特纳与哈恩、史特拉斯曼测得铀被激活产生了几种新的放射性同位素，进一步验证并发现了“核裂变”，并观察到了核裂变时放出的异常巨大的能量。第二次世界大战时，德军注意到了铀既可用作能源，又可用于制成爆炸物，他们雄心勃勃的计划，就是赶快将原子弹研制出来，装在V-1、V-2火箭上，用于其征服世界的野心。

然而，失道寡助，希特勒陷害犹太民族，使欧洲科学家纷纷逃亡美国。美国总统罗斯福采纳爱因斯坦的建议，下令成立了一个“铀委员会”，美国正式开始了原子弹的研制工作。日本偷袭珍珠港给美国造成了巨大伤亡和损失，之后美国参加了反法西斯战线！珍珠港的耻辱使得美国加快了原子弹的研制。与此同时，美国、英国、法国、加拿大加强了协作，从而加快了核武器的研制步伐。另一方面，盟国设法破坏德国核计划，派出“阿尔索斯”突击队抢德国核科学家和核设备。

1945年7月，“曼哈顿工程”用铀235和钚239两种材料研制出了3枚原子弹，在进行核装置试爆后，就迫不及待而十分冒险地将另外两枚投向日本，做了人类第一次杀伤试验。

1945年8月15日，日本投降，美国大肆渲染是原子弹迫使日本投降了。苏联加快了研究原子弹和氢弹的进程。

1946年8月，美国记者安娜·路易斯·斯特朗在延安问毛泽东：“如果美国使用原子弹轰炸苏联呢？”毛泽东回答：“原子弹是美国反动派用来吓人的一只纸老虎。”

1949年8月，苏联成功试爆了一枚原子弹。一个月后，美国才十分不情愿地宣布了这一事实。数年后，美国特工人员怀疑有人偷了美国的原子弹图纸，依据是苏联原子弹与美国的十分相似。甚至怀疑是美国原子弹之父奥本海默同情苏联。1950 年，美国发动了朝鲜战争，并且搞起了氢弹研制。

原子弹成了美国强盛的资本，它使世界进入了核竞争的状态。原子弹的“炫耀”让地球受损，人类生命与世界和平受到挑战！

21 世纪初，美国总统布什以伊拉克可能有核武器为由，美英联军悍然出兵伊拉克，侵占伊拉克并消灭了萨达姆政权。奥巴马上台后立即向阿富汗增兵，同时欲发动对伊朗、朝鲜的战争。美国害怕有朝一日炮弹落到美国本土，所以美国老百姓反对战争，于是美国政客们又炮制了“导弹防御系统”。

这个世界由于核武器的竞争给人类带来了恐怖和危险，也由于核能源的利用发生了切尔诺贝利核电站、日本福岛核电站爆炸的灾难。

本书以历史为序，分别解读世界各国秘密研制原子弹、氢弹、核潜艇、核电站的历程和当前世界核危机的现状。以笔者多年的研究和实践，客观、真实而大胆地对当前世界核能发展趋势做些展望，对世界核危机做些揭露。

笔者在查询、整理资料的过程中，也产生了许多疑问。例如，1943 年，德国核研究中，发现了大批慢化剂中杂质的巨大影响，研究已经达到这种程度，难道最后真的就没有进行过小型核裂变试验？再者，美国 60 多年前是否真的在日本投下了原子弹，以及俄罗斯“库尔斯克”号核潜艇爆炸，俄政府宣布是由鱼雷舱的 H_2O_2 泄漏造成的。而笔者认为，这些事件从目前看来都是疑点重重。

当然，世界最敏感的核问题各国保密性都很强。即使许多资料解密，也很难肯定、明了事情的全部真相。更难的是美日和美台“核武器的政治交易”扑朔迷离，如60年后日本政府才承认美日核交易，即使这样也难以得知实情。

核武器将使人类遭受毁灭性打击，应该限制、停止发展核武器。有核国家应该像中国政府一样作出承诺：不首先使用或不使用核武器。

编写此书受到了深刻教育，十分敬佩我国核科技工作者为国家强大而艰苦奋斗，贡献一生；也敬佩美国原子弹之父奥本海默，他一生追求科学与真理，反对氢弹研制却被一心想成名的泰勒及 3K 党诽谤、陷害。

半个多世纪过去了，时代选择了我们，我们为祖国铸辉煌，为时代结硕果。中国人真正站起来，就是因为我国有了打狗棒——原子弹、核潜艇。实现中国梦，就要弘扬“两弹一星”精神，不断总结经验，创新、奋进，这样中国才能富裕强盛起来！

目 录

一、原子能的发现

玛丽·居里，原籍波兰，法国著名的物理学家、化学家，原子能时代的开创者之一，世界上第一位在两个不同学科领域两次获得诺贝尔奖的著名科学家。

1898 年 7 月，居里夫妇在测定沉淀物的放射性时发现了钋（Po）。同年 12 月，居里夫妇发现了镭（Ra）。

1903 年 12 月，因为对放射性的研究工作，居里夫妇与贝克勒尔一起获得了诺贝尔物理奖。

1911 年，居里夫人因为发现钋和镭，获得了诺贝尔化学奖。

镭的发现在科学界爆发了一次真正的革命，原子是不可分割的理论被彻底推翻了。

1934 年，居里夫人的女儿、女婿——约里奥·居里夫妇发现了人工放射性。

两代居里夫妇开创了原子时代，从发现天然放射性到人工放射性及其制备方法，开启了原子能应用的研究，使人类迈向了现代文明。

居里夫人身为女性在当时的科学星空中，无疑是独一无二的明星，同时她也被认为是 20 世纪最有声望的女人。

居里夫人为何能两获诺贝尔奖

玛丽在兄妹五个中最小，由于父母都是中学教师，玛丽 4 岁时无师自通地学会了读书。父亲教她数学、物理知识，很早就让她进行科学实验，这些实验让小小年纪的玛丽着了迷。

玛丽学习很勤奋，老师们都说她是一个天赋超群的孩子，她具有过目不忘的、惊人的记忆力。中学毕业后，她当了几年家庭教师攒了些钱，由于不愿受沙俄统治下的波兰华沙对女青年实行不准上大学的限制，她一心想到法国巴黎学习。

1891 年，在父亲和姐姐的帮助下，玛丽渴望到巴黎求学的愿望实现了。

来到巴黎大学理学院，她决心学到真本领，因而学习异常勤奋。每天她早早来到教室，选一个离讲台最近的位置，以便能清楚地听到教授讲授的全部知识。她一心扑在学习上，虽然清贫艰苦的生活日益削弱了她的体质，然而丰富的知识却使她日趋充实。1893 年，她以第一名的成绩毕业于物理系，获颁物理科学学士学位。第二年，她又以第二名的成绩毕业于该校数学系，并且获得了巴黎大学数学学士学位。

《论物理现象的对称原理：电场和磁场的对称性原理》，玛丽的论文引起物理学家的注意。她与老师物理学家李普曼合作研究某些钢的磁性时遇到困难，一位物理学家建议她去找在物理暨化学工业学校工作的皮埃尔·居里。

由于志趣相投，互相倾慕，1895 年，皮埃尔·居里与玛丽在一场没有任何宗教祝福仪式，甚至没有交换戒指的婚礼之后，骑着自行车去度蜜月了。

1902 年，玛丽·居里在一个简陋的仓库中，经过整整 45 个月的艰苦奋斗，在丈夫皮埃尔·居里帮助下，终于从数百吨铀矿的残余物中提取出了 0.1 克的镭。

由于玛丽·居里和丈夫皮埃尔·居里对天然放射性的研究，饱受放射性之害，身体受到明显的影响，他俩的双手出现灼伤、红斑和脱皮，身体十分虚弱。

然而，居里夫妇的研究价值终于为人们所承认。1903 年，居里夫妇一起荣获诺贝尔奖。络绎不绝的来访，成堆的祝贺信和请柬，应接不暇的招待会，使他们再也没有时间工作了。“他俩像两条金鱼，被人硬从水里抓出来，还能活吗？”为了不被敬意和荣誉毁掉，他们深居简出，家里只对几个朋友开放，照样教课，做实验，还投入了新的课题研究。

1906 年，皮埃尔·居里从一个宴会返回家的途中，被马车撞倒而不幸去世。转眼间，玛丽·居里失去了丈夫，女儿伊雷娜和夏芙失去了父亲。在丈夫的葬礼两周后，她返回了实验室，决定独自承担起和丈夫共同进行的科学事业。此外，她接受了巴黎大学让她讲授物理学课程的邀请，这个职位是几年前该大学专门提供给皮埃尔·居里的。

在实验室里，她的确最为快乐，不是她在这儿有至高无上的权力，而是她的乐趣全部来自实验本身。

居里夫人学识渊博，深入浅出地启发学生进一步探讨物质的精细结构，并开创了新的科学——放射学和放射化学。

1911 年，为了表彰玛丽·居里发现镭和钋，她被授予了诺贝尔化学奖。

1934 年 7 月 5 日，居里夫人最后一次上了全世界的报纸的头版。

居里夫人因过量接触放射线而导致白血病去世，享年 67 岁。依照她的遗愿，葬礼只有女儿、家人和少数朋友参加。

居里夫人的姐姐和哥哥为棺木覆土，他们各持一把从波兰带来的泥土撒在皮埃尔·居里墓旁的棺木上。从此，居里夫人永远留在了人们的记忆中。

后来法国为居里夫妇举行了国葬，1995 年，居里夫妇遗骨被移至巴黎先贤祠，跟他们一起长眠于此的还有大文豪维克多·雨果等，居里夫人是安葬在这里的第一位女性。

玛丽·居里一生中担任过 25 个国家的 104 个荣誉职位，接受过 7 个国家的 24 次奖金和荣誉，并被 15 个国家的科学院选为院士。

为科学事业四处奔走

第一次世界大战是人力大战，也是科技之战。战争让科学家相信人类的命运与前途有赖于科学。

最积极的科学家到处写文章、发表演说来示警：不论从国家声望、工业竞争力还是社会进步来看，不肯投资于学术研究的国家就是一个没落的国家。

那时很少人会把德国的强大与它在 19 世纪的科学优势联系到一起，更没有人注意到德国的优势是怎样建立起来的。德国的大学组织完善、设备充足、研究机构和人员众多，而产业界也相当支持学术研究。法国却是科学“贫血”。

1920 年，一位法国医生捐出一大笔钱资助放射线治疗法的研究，命名为居里基金会，但其实是用来奖助镭研究所下属的特定部门的。镭研究所太缺经费，需要扩充。居里夫人向谁去求助呢？这年 5 月，美国著名女记者麦朗尼夫人采访居里夫人时问：“若把世界上所有的东西任你选，你最愿意要什么？”居里夫人说：“我需要一克镭，以便继续我的研究，但我买不起，镭的价格太高了。”麦朗尼夫人说，“我去发动美国妇女捐款。”居里夫人听后决定亲自去向有钱的美国人募捐。

虽然居里夫人并没有风靡美国，然而她的成就和行动却触动了美国人的心。在欢迎她的码头上，许多人聚在那儿等了好几个小时，都想一睹这位发现镭的大人物。管乐队轮番吹奏法国、美国和波兰的国歌，女童军列队高唱迎宾曲，许多不同的欢迎者摇旗欢呼，其中有 300 位波兰裔妇女组成的代表团更是挥舞着红白两色玫瑰。在美国白宫的酒会上各国大使、法国与波兰裔的人士列队向玛丽致意，她的手臂一周来因与人们握手而脱臼仍吊着肩带，由女儿伊雷娜操法语、英语和波兰语代为答礼。玛丽身上穿的，还是十年前她第二次领取诺贝尔奖时所穿的那袭黑色镶花边礼服。

哈定总统为她挂上悬有金钥匙的丝带，那是桌上一只小木盒的钥匙，木盒里是一克镭。

除了价值 10 万美元的镭之外，居里夫人还募集到钍和其他稀有金属，以及 5.2 万美元的款项和各种仪器设备。从此，居里实验室真的成了她梦寐以求的物理学与放射性研究的圣殿，足以与其他国家的顶尖实验室媲美。

7 年后，还是通过麦朗尼夫人的建议，居里夫人又到美国四处募捐。她从美国胡佛总统手中接过了美国人民捐赠的一克镭及仪器设备和研究资金。居里夫人把它献给了自己的祖国波兰在华沙建立的镭研究所。

从美国回来后，她享有崇高的盛名，大家崇拜、尊敬这位击败癌症的法国女人。人们十分不解地问：“镭是你发现的，美国化学家想提炼镭向你要资料，如果你申请专利的话，会得到世界各地所有制镭者的专利费，那样还需要向别人募捐吗？”居里夫人说：“我们不要专利权。我们应该毫无保留地告诉所有想知道的人——镭不应该使任何个人发财致富，应该属于整个世界。”居里夫人是这样说的，也是这样做的，因而得到法国、美国甚至全世界人们的赞扬和爱戴。

居里夫人晚年，虽然身体虚弱，曾三度为白内障开刀，但仍奔波访问荷兰、巴西、意大利、丹麦、捷克、英国等国家，并多次去日内瓦出席“国际联盟”会议。居里夫人总是说：“社会进步的动力是科学的力量，若无科学研究，哪来现代工业！”

“她一生中最伟大的科学功绩——证明放射性元素的存在并把它们分离出来——所以能取得，不仅靠着大胆的直觉，而且也靠着在难以想象的极端困难情况下的热忱和顽强，这样的困难，在实验科学的历史中是罕见的。”

历史惊人地相似

19 世纪初，科学家预言：放射性元素的发现会在武器发展上产生奇妙而惊人的影响。

第一次世界大战开始时，居里夫人知道自己对国家应尽的义务。她在给大女儿的信中写道：“你和我应寻找让我们成为有用的人的方式……”她很快就找到了，这就是流动 X 光机，这种仪器可以发现进入人体内最隐蔽位置的子弹和弹片。

很快，她看出了 17 岁的伊雷娜的能力。居里夫人决定使 X 光机的用途多样化。当居里夫人外出寻找放射性物质的时候，伊雷娜就与放射科医生一起探讨她从妈妈那里学到的这方面的知识。1914 年 11 月，第一辆放射线车开往前线。玛丽·居里设计的作业方式简单有效，每辆车配备一台发电机、一台携带式 X 光机、照相设备、电线、帘布、荧幕和防护手套，仅这一天伊雷娜共做了 30 次检验。当大战结束时，流动 X 光机已使 100 多万人受益。

战争改变了世界，也改变了居里夫人和伊雷娜，科学为人类服务，使她们之间的关系更加紧密。居里夫人已不再脆弱和抑郁。她沉着冷静，以从未有过的超人的精力工作着。

历史惊人地相似。伊雷娜像母亲一样，已决定献身科学事业，但是爱情摆在了面前。一位名叫让·弗雷德里克·约里奥的小伙子，年轻漂亮，风度优雅，活泼聪敏，令居里夫人和夏芙钦佩并深深地吸引了伊雷娜。当然就像她的父母一样，婚姻不仅仅没有把他们与科研事业分开，反而推动他们的事业走向辉煌。1926 年，弗雷德里克与伊雷娜举行了婚礼。

在此之前的 1925 年 3 月，伊雷娜在巴黎大学宣读了她的博士论文。这让居里夫人特别激动。但是她拒绝出席大女儿的论文答辩会。因为她知道，如果她出席的话，就会喧宾夺主。论文的内容是关于钋的阿尔法射线，它获得了最高的评价。

1933 年，伊雷娜与丈夫搞出了一套非常细密的化学程序，提炼出了世界上最纯、放射性最强的钋，又借用钋放射的 α 射线撞击铝，结果得出物理学家多年来梦寐以求的人工放射性物质。从此，人类制造出了人造放射性元素。

当居里夫人听说这一重大发现是自己女儿、女婿做出的时，不顾一切，立即让人把她送到实验室观察，亲自检验。

由于长期接触放射性物质而引发的白血病，1934 年 7 月夺走了居里夫人的生命。五个月后，伊雷娜和丈夫由于合成新放射性核元素而共同获得了诺贝尔化学奖。

伊雷娜任巴黎大学教授并担任镭研究所所长后，还继续与丈夫合作进行研究，用 α 粒子轰击轻元素，发现了更多的人工放射性元素。尤其是铀裂变，他们从中发现裂变中有多个中子和大量能量放出。他们预言可以实现链式反应，同时释放核能。

1945 年 10 月，戴高乐设立法国原子能委员会，任命约里奥·居里和伊雷娜为原子能委员会主要领导人，监造法国第一座核反应堆，并让他们研制原子弹。但约里奥·居里曾公开宣称：“如果官方要求我们制造战争工具、制造原子弹，我们会拒绝。”结果 1950 年被免除了职务。

1956 年，59 岁的伊雷娜患白血病去世。1958 年，58 岁的约里奥·居里逝世，法国都以国礼葬之。

居里夫妇两代人不懈的努力和研究不但给他们带来了巨大的、无穷的支持和荣誉，推动了科学技术的发展，更是激励核科学工作者不断探索的动力。

二、德国U计划是否研制出了原子弹

历史学家赖纳·卡尔什出版了他的新书《希特勒的炸弹》。尽管很多人不相信，但在这本416页的书中大约150页记述了扎实的历史试验，其中包含了有关德国在第二次世界大战期间铀研究的情况，而且个别地方还引用了迄今为止不为人知的资料。赖纳·卡尔什在书中提出了据说是最新历史研究的轰动性成果：1945年3月，德国在图林根州进行了核武器试验。

究竟德国U计划是否造出了原子弹，这一直是个谜。从一些历史事件分析来看似乎是真的，然而却被抹杀了，为什么呢？

核研究的鼻祖

1895年隆冬，一个风雨交加的夜晚，德国匹茨堡大学的实验室里，年过半百的老教授伦琴忽然被一种从未见过的奇异的现象惊呆了：涂着铂氰化钒的屏幕上，不知为什么竟闪烁着一片黄绿色的荧光，他简直不敢相信自己的眼睛，惊喜之余，他切断电源，荧光消失了，再接通电源，荧光又出现了。

伦琴作为科学家，工作历来十分严谨，他当然知道，阴极射线管被盖得严严实实，绝不会透光。那么，这是一种什么光呢？无意之中，他把自己的手伸向管子与荧光屏之间。伦琴又一次惊呆了，屏幕上竟然出现了手指骨骼的黑影……

又是接连半个月的苦战，伦琴终于向全世界科学界宣布发现了一种新型的光——不可见光，他称之为X光或X射线。他也因此获得了1901年第一届诺贝尔物理学奖。

1896年，人类发现放射现象，主要是依据α、β、γ射线所引起的一些效应而确定的。贝可勒尔发现铀的放射性之后，玛丽·居里和G·施密特分别发现了镭的放射性和钍的放射性。1900年，德国普朗克提出了“量子论”。

1908年，盖革发明了研究放射性的电离计数器——α 盖革计数器之后，某些重元素Ra、Po等的放射性特征也被确认了。新西兰科学家卢瑟福在原子中心找到了一个被称为“原子核”的东西，并用 α 粒子第一次击碎了原子核。他敏锐地意识到：“潜藏在原子里面的能量必是巨大无比的。”

此时，伟大的科学巨匠，年仅26岁的爱因斯坦提出了相对论，从理论上证明了卢瑟福的科学猜想。据测算如果一张纸是纯粹由原子核做成的话，则需用200辆火车头的拉力才能把它撕破，可见“核力”是多么强大。也正是由于这种强大的凝聚力，才使原子核蕴含了巨大的能量。

1921年，丹麦N·玻尔创立了哥本哈根大学理论物理学研究所，他因对原子结构的研究获得了1922年诺贝尔物理学奖。

1934年，法国科学家约里奥·居里发现人工放射性，意大利物理学家费米等人第一次用中子轰击铀，并观测到铀被激活产生了几个新的放射性同位素。

放射性的发现是原子结构理论发展的基本动力。如果说一般的化学反应和原子壳的外层变化有关，那么放射分裂则是原子核内部进行的过程。尤其是费米等人用中子轰击铀的放射性研究的发现，在科学界引起了极其广泛的注意。

在德国柏林，迈特纳对费米的研究结果进行了验证。随后他与哈恩、史特拉斯曼组成了一个不同专业的跨学科小组，运用化学分析进行分离，利用放射化学方法研究衰变序列，根据核物理的实验和理论来测量、解释核反应状况及机理。在长达4年的研究中他们发现了一种铀同位素 $_{92}U^{239}$，铀239进一步分裂，生成超铀系中的头两个元素镎（Np）和钚（Pu）。

这样生成的钚239以 α 蜕变为特征（转变为铀235），它的 $T^{1/2}$（半衰期）24400年，当 $_{92}U^{239}$ 共振俘获一个慢中子，最后在实验中鉴定出钡的存在，这是原子核分裂的证据。这项划时代的伟大发现称为“核裂变”，并观察到了核裂变时放出的异常巨大能量。

可是，这时由于希特勒的种族迫害，“核裂变”发现者之一的犹太人迈特纳从柏林逃到了瑞典。她将这个情报告诉了物理学家弗里希（她的外甥）。德国科学家的杰出成就成了头号新闻，迅速传遍了世界，也恰恰为德国军方所注意。

随后，美国、华沙、列宁格勒和巴黎等地都在反复进行铀裂变实验。科学界显然已达成共识，原子弹绝对不是空想。

德国人的原子弹计划

20世纪30年代，爱因斯坦提出的著名的质能转换公式 $E=MC^2$，已逐渐变得不再是一个物理理论界的单纯命题了。1938年，德国物理学家迈特纳、哈恩和史特拉斯曼成功地进行了用中子轰击铀原子核的试验，终于出现了物理界期待已久的裂变效应。欧美各国的政界和科学界于是越来越密切地关注来自各国第一流物理实验室的报告。

这时应该说从原子核裂变中获得巨大能量的实验已取得突破性进展，而哪一国能够首先把它转为实用，造出第一颗原子弹呢？那伴随而来的将不仅仅是科技应用的巨大成功，对处于战争前夕的双方在实力的对比上也将产生决定性影响。

本来德国在此领域具有绝对强劲的竞争优势：它手中拥有丰富的铀矿，它攫取了捷克斯洛伐克的沥青铀矿，霸占了比利时1200多吨精选铀矿石，还有本国的萨克森铀矿。其发达的化学工业、先进的机械制造工业、雄厚的财力，也令欧美诸国望尘莫及。特别是大批素质较高的研究人才和起步较早的原子物理学研究，更使它具有了问鼎核科学这一新兴尖端学科的实力。1938年12月，迈特纳、哈恩和史特拉斯曼提出铀裂变现象后，次年德国即由享誉世界的理论物理学家海森堡牵头，开始了铀计划的组织实施，并建立了第一座原子核反应堆，此时的德国在该领域大有独领风骚的势头。

希特勒在“冲锋队”的狂叫声中，于1938年1月出任德国总理。第二年老总统登堡死后，希特勒登上了国家元首的宝座，他加紧发动德国庞大的战争机器，使之沿着扩军备战道路疾进。

铀既可作为一种能源，也可用来做成爆炸物，于是制造原子弹的设想首先在德国提出。

1939 年 4 月，德国召开了有 6 位原子科学家参加的“铀设备”会议，还在柏林建立了“德国铀协会”和“德国原子俱乐部”，在德国军械局武器部的管辖下，制定了德国的核研究计划。同时，德国禁止捷克斯洛伐克的天然铀向其他国家出售，还从非洲刚果购买重铀酸铵，后来又在本国萨克森地区发现了铀矿，更加速了德国核研究的进展。

第二次世界大战之初，英国皇家空军对卢卑克港进行了空袭，使德国人遭受了重大损失。这时希特勒在国会大厦提出要制造能够发动“具有报复性质的恐怖性进攻”的武器。

1942 年 6 月，德国研制出 V–1 型火箭，即“复仇武器 1 型”的原型。出类拔萃的科学家、著名火箭专家冯·布劳恩，20 岁时就担任德国火箭研究所所长，他组织研究人员制造的第一枚 680 公斤重的火箭，在试验中获得成功，使德国人在火箭技术方面遥遥领先。

这时德国科学家有个雄心勃勃的计划，就是赶快把原子弹研制出来，装在 V–1、V–2 火箭上。

制造原子弹离不开核反应堆。据说 20 世纪 40 年代初，德国已拥有 4 座小型核反应堆。法兰克福第二化工厂将重铀酸铵提炼转变成八氧化三铀（U_3O_8），每月能够生产一吨铀作为核反应堆的燃料。因此，德国研究委员会最活跃的人物——计划局局长、著名的威廉物理研究院院长海森堡，这位德国第一流的理论物理学家过分乐观地说：“从 1941 年开始，我们眼前就展现了通向原子武器的康庄大道。”

按计划，德国人应在 1942 年制造出原子弹，但是它未能如期实现。其主要原因之一是减速剂受到破坏。

当时的反应堆是石墨沸水堆，石墨有减慢中子的作用，快中子减慢为热中子才能增加铀 235 的裂变量，所以称它为慢化剂或减速剂。生产慢化剂——石墨，在拉齐布日的“普拉尼亚工厂”。石墨——炭片的生产规格特殊、数量大，这家工厂职工中反法西斯思想比较活跃。总工程师埃里温·施密特决定“破坏”这些炭片的化学成分。结果，生产出的炭片中含有二硫化铁、钙等杂质。这些“不纯净”的慢化剂不但不减速、起不到慢化作用，还引起了很多麻烦，使其在反应堆实验中屡屡失败。德国核研究所负责人布雷格，这位著名的物理家一直觉得奇怪：是自己的计算出了错误，还是推断出了毛病呢？他始终没有想到会有人破坏，加上核权威的海森堡与布雷格关系不和，认为全是布雷格学识上无知和无能造成的。

布雷格面对失败，不得不探索新的减速剂。这样一来，制造原子弹的日期大大推迟了。经过反复实验与分析，最后确认“重水”也是最好的减速剂。

炸毁重水供应工厂

重水（D_2O）在天然水（H_2O）中的含量为六千分之一，重水的最简单的化学反应是与普通水的离子交换，即 $H_2O+D_2O \rightleftharpoons 2HDO$。

在 HDO 分子中，D^+ 离子与氧的结合比 H^+ 离子要牢固些。显然，当电解水时，水中有氘积聚，于是制备重水就是用电解法。但电解过程要消耗极大能量：制备 1 公斤重水需要消耗 6 万千瓦小时以上的电能，比熔炼 2 吨铝所需要的电能大三倍。

挪威水力资源丰富，电力充足，是世界上生产重水的基地。德国唯一的重水工厂“努斯克海多”就在挪威南部泰勒马克省的威莫格地区，它是当时世界上最大的重水生产工厂。1940 年，德军占领了挪威，强迫该厂为他们生产重水，德国人每月可得到 120 公斤重水。

美英两国领导人得到德国科学家正在千方百计地生产重水的情报，他们忐忑不安。如果敌人首先搞出原子弹，战争会是一种什么情形？他们充分认识到局势的严峻和自己的责任，决不能让法西斯在这个领域领先，必须共同协作。

1942 年 6 月中旬，丘吉尔在参谋总长等高级军事领导人陪同下飞往美国，与美国总统进行晤谈。两国领导人通报了各自研究工作的新进展，令他们担心的是德国人全力以赴获得重水将带来的危险。

美国加紧研制原子弹的同时，想尽一切办法破坏德国生产原子弹的材料——重水，这成了一项特殊而艰巨的任务。

美国和英国联合起来，成立了特别行动组织。首先派出侦察人员，深入德国摸清其生产重水工厂的地点，破坏德国重水供应。

为了爆破重水工厂，英国人和挪威人曾进行了两次爆破活动。德国人为了保护自己的军事设施，在重水工厂周围构筑了坚固的工事，警卫森严。

1942 年 10 月，英国特别行动部特工队 4 人，空降在一座可以俯瞰重水工厂的山顶上。几天以后，这支突击队的队长亚伊拉用无线电台发回消息：德国人正准备把所有的重水全部装船运走，“相信那数量足够满足希特勒目前的需要”。

紧接着，又拟定出一次攻击计划，代号“燕作战”。派出两架轰炸机牵引的两架滑翔机，载着 34 名英国突击队员从苏格兰起飞，越过北海上空去执行任务。他们很不走运，路上遇到了恶劣天气，滑翔机因故障而坠毁。

所有的幸存者都被德国人俘虏了，他们有的被毒死，有的被枪杀，尸体被扔进了大海。而另一架轰炸机在返回途中也在北海上空失踪了。这次行动彻底失败。

1943 年 2 月，英军有关部门又制定出新的爆破计划。英国原空降的 4 名特工人员，正设法从正面袭击该工厂。另一个挪威小组设法在突破防卫屏障后炸掉该工厂的地下心脏部门——重水储存库。

1944 年 2 月，在挪威的情报小组报告说，整个重水工厂设备和储存的 1100 公斤重水将由“海德”号轮船经由厄斯湖运往德国汉堡港。

英国特工们顺利地打开舱板爬到主机房下，熟练地把炸药装在船底部，并安置好定时器，拨好指针，“海德”号在波罗的海爆炸沉没。希特勒的原子弹计划又一次受到沉重打击。

德国 U 计划失败了吗

有人说，德国没有抢先搞出原子弹的另一个重要原因，是希特勒把注意力转向火箭和无人飞机，在这方面集中了过多的精力，因而没有花太多的力量搞原子弹。

1942 年 4 月，希特勒签署了一项法令，明确禁止进行一切不能在战争期间为军事服务的科学研究工作。根据这项法令，德国召集了一次会议评价原子弹研究计划的前景。首席科学家海森堡说德国根本没有经济力量来制造一枚原子弹。这样，会议室里排除了花费巨资制造原子弹的可能性。

海森堡写过几份重要报告，在其中一份报告上他断言，原子弹在当时不可能成功。战后他也承认，这个报告彻底地动摇了纳粹当局对原子弹的信心。

尽管德国排除了诸多困难使原子弹计划取得了很大进展，但是盟军飞机轰炸起到一定干扰、破坏作用。再加上德国人没有组织起得力的领导机构，以及在原料供应方面有摩擦，在情报交换方面不合作，政府与军方存在着权限冲突等原因，导致德国原子弹研制在全球竞赛中由起跑时的第一名慢慢落后。

其中，起着关键作用的人物要算海森堡了。

战后海森堡曾在《自然》杂志上发表了一篇声明，声称自己在为纳粹研制核武器时，感到良心不安，因而和同事们一起避开了对原子弹的研究，转而研究反应堆和加速器。此外，他还认为，战时的德国也根本不可能实施一项类似美国的“曼哈顿工程”。

1958 年，海森堡本人指出，他的本意是想提醒全世界，如果希特勒拥有原子弹会带来什么样的危险。这一说法为这名德国科学家戴上一顶光环，人们原谅了他与纳粹的合作，甚至将他看作是打入纳粹内部的抵抗分子。换句话说，第三帝国最终没能用上原子弹，要归功于这位科学家在研制过程中暗中阻挠。

但这种片面的说法值得商榷。玻尔曾经在 1958 年 6 月写信给海森堡，回应他所说的话。这封从未寄出的书信于 2002 年 2 月 5 日被公之于众，再次掀起了人们关于海森堡真实动机的争论。实际上，海森堡是想说服玻尔加入纳粹的研制原子弹计划，还试图打探玻尔在这方面的研究进展，并希望促成一项协议，即如果盟国不研制原子弹，德国也不会继续该项工作。

战争结束之后，参与过纳粹原子弹计划的德国科学家们被押送到英国接受审问，他们被问及研究计划的进展程度，谈话内容被视为最高机密，47 年后才被公之于众。

公开的资料说，为第三帝国效力的科学家们“一直未能建起一座核反应堆，也不知该如何计算关键性的数据。此外，他们只是对钚元素的作用产生了一些猜测，而盟国的科学家早在 1942 年就已在这一问题上得出了结论”。笔者认为这是不实之词。

另外，为什么他们当中没有一个人相信 1945 年 8 月在广岛爆炸的正是一枚原子弹呢?

笔者认为，德国人有能力制造出原子弹，有试验成功的经历，所以才不相信美国人能很快造出原子弹。另一方面，由于盟军的压力和为纳粹造出原子弹的罪恶，核科学家有意掩盖了制造出原子弹的事实。再一方面，抹杀德国科学家能造出原子弹凸显了美国的强大和必胜的能力。这恐怕也是盟军审问德国科学家，有意掩盖德国制造出原子弹的事实。否则，美国“曼哈顿工程”的负责人格罗夫斯为什么说“抢到海森堡，比俘获10个德国师更有价值”呢?

总而言之，最终导致德国人在核武器研制方面失败的原因并不是海森堡令人生疑的声明，而是世界各国科学家在美国研究方面的领先地位。如果情况正相反的话，人类的历史将不堪设想。

在纪念战胜法西斯60周年的2005年，历史学家赖纳·卡尔什就指出，德国人在1944年曾制造出原子弹模型，并进行了小规模试验，但是这一事实受到大量攻击。

唯一在世的见证者也著书披露了德国曾进行过核试验。作者路易吉·罗梅尔萨曾是意大利《晚邮报》的军事记者。意大利独裁者墨索里尼交给他一项特别任务，他有机会参观了纳粹德国的绝密工厂。1944年10月12日上午，他被带到现在已成为度假胜地的吕根岛，他在那里观看了东道主称为“裂变炸弹”的爆炸试验。

“人在掩体内能够感觉到轻微震动，突然闪过一道耀眼的亮光，然后便看到很浓的烟云，先是像一根柱子形状，然后变成一朵大花。”

“由于爆炸影响，我们必须在掩体内多呆几小时，周围的树都变成了炭，没有任何活着的东西，绵羊也被烧成炭渣。”

20世纪50年代，他在意大利《今日》周报上发表了一篇有关他那次德国之行的文章。他说：“当时，人们都说我疯了。”

三、日本为何被称为“准原子弹国家”

第二次世界大战期间，日本的广岛、长崎遭到美国原子弹的轰炸，日本成为世界上第一个也是唯一一个受到核武器攻击的国家。

其实，20世纪三四十年代，日本军方也在疯狂地研制原子弹，只不过美国抢先了一步，日本研制原子弹的帮手德国又先于日本投降，日本这才没来得及搞出一枚原子弹。由于当年的参加者毁灭了绝大多数证据，再加上参加者又守口如瓶，所以外界知之甚少。然而，最新解密的诸多美军秘密档案说明，日本在第二次世界大战期间研究原子弹的内幕远比人们想象的惊人。

“二号研究”任务

第二次世界大战前，日本学术界有几位原子弹研究的权威：理化研究所的二阶义男、大阪大学的菊池正士和荒胜文策。荒胜文策于1934年在欧洲进行人工轰击原子试验获得成功，一跃成为国际著名人物。

相根曾留学于美国，在加利福尼亚大学实习过，并结识了许多欧洲和美国的青年物理学家。

相根写文章肯定说核物理的最新发现可以获得军事上的应用，对日本社会产生了一定影响。当时的日本陆军大臣东条英机看了相根的文章，采取了支持的态度。他说：“既然如此，就请专家们仔细地研究这个问题吧！”日本于1941年5月，指派物理化学研究所对“制造铀弹的可能性”问题进行研究。（还有一种说法，1940年4月，日本陆军就向理化研究所提出了研制原子弹的要求）工程领导人是曾在尼尔斯·玻尔那里学习过的二阶义男。二阶义男的实验室当时成了吸引日本青年科技人员的中心。

物理学家们被安排在航空技术研究所大楼里，头两年他们主要从事理论计算、进行铀同位素各种分离方法的对比研究和勘探铀矿。二阶义男领导陆军的绝密工程代号“Hu”。在日文里“Hu”的象形字是“二”的意思，它是表示工程领导人姓氏的开头。该实验室设在东京空军大楼区的第49号楼内。稍后，日本海军也扩大了自己“新式武器”的研制领域。他们早先研制鱼雷这种新式武器。鱼雷虽然有“开顿”（扭转命运的意思）之称，但它改变不了战局。于是皇军海军科技局副长官伊都小治求助于东京大学、京都大学和大阪大学，在得到物理学家的意见后，海军建立了核物理成就利用委员会。

1942年8月，海军在东京“苏科霞”海军军官俱乐部举行了核物理成就利用委员会第一次会议。会议的焦点集中在两点：第一，原子能能不能运用于军事目的。第二，日本在这次战争中是否能把核武器制造出来。

菊池正士发言说：“美国禁止外运铀、钍和镭，可见那里正在进行着原子核分裂方面的强大工程……”

海军和陆军在核研制方面进行着激烈竞争，但都缺少铀矿。

铀怎么解决

后来，海军让京都大学从事原子弹的研究，代号为“F研究”。

“二号研究”和“F研究”二者之间的不同，在于分离铀235的方法上。“二号研究”采取热扩散法，“F研究”采取离心分离法。

日本一方面加紧自己的原子弹研究，另一方面积极获取各国原子弹的研究情报。

1942年底，一个潜伏在美国的西班牙间谍，向日本军方密报美国在秘密制造原子弹，并详细地叙述了这种秘密武器的威力和性能。这样，日本军方就掌握了美国早期的核研究情况。

日本为了实现其称霸亚洲和世界的狂妄野心，要求尽早把原子弹搞出来。但是，它有许多困难，其中最关键的是缺乏铀原料。另一大困难是缺乏强大的电力，研制原子弹所需的电力大得惊人，还有其他的技术问题。由于中途岛海战的失败和百野指挥第十七军在瓜达卡纳尔的多次失败，再加上西班牙间谍的原子弹情报，使东条英机对加快原子弹的研究更迫切了。1943年1月，东条英机把军事联合司令部综合处长川岛找来，对他说：“关于原子弹问题，你听到了没有？你应该知道，这东西作用很大，能够改变战局，我们着手制造它吧，钱、材料、劳动力——所有这一切你都优先领取。你了解一下科学家们都需要什么。”

川岛立即把二阶义男找来，把东条英机要制造原子弹的决心告诉他，并询问他有什么要求。二阶义男说：“人嘛，不成问题，主要困难是铀。希望陆军协助我们开采铀矿。”日本科学家在实验室中使用的铀原料都是战前从欧洲购买的，这是很有限的。

得到首相兼陆军部首脑的大力支持，二阶义男的研究热情更加高涨。1943年，他把研究组织进行了新的调整部署，放弃没有希望的铀同位素分离法，而把主要力量集中在最有希望的热扩散法上。他们分成了3个研究课题，齐头攻关。竹内纠小组研制从重同位素中分离出轻同位素，以保证热扩散法所需的铀化合物。玉木秀彦小组是理论计算小组，计算铀235的临界值。

1943年，二阶义男呈送最高军事联合司令部一份研究报告，认为制造原子弹在技术上是可能的。安田把这份绝密文件送给了东条英机。

日本没有发现铀矿。日本陆军有关部门对于搞到铀矿十分着急。

为了解决铀原料问题，日本有关方面通过各种途径希望把铀搞到手，东条英机采取外交的办法，向他们的战时密友德国求援。日本驻柏林大使小岛广志向德国政府提出了要两吨半铀矿的要求。纳粹外交部回答说，首先得了解用途，为什么需要这么大的数量。

日本军事联合司令部综合处长川岛愤怒地给日本驻德大使回电话说：“你就说我们很难弄明白他们对所转达的要求的态度。要提醒他们，日本作为德的盟国在进行着对美英的战争。如果问题不能以日常工作的方式解决，那就希望直接找元首谈判。”这种强硬态度果然产生了效果。

德国政府慷慨地满足了日本方面的要求，但是，运送铀原料是一个不易解决的难题。纳粹军方决定派一艘潜艇秘密地将一吨氧化铀送往日本。1943年底，这艘潜艇在航行到马来西亚沿岸附近时，被美军舰艇发现并将被击沉。日本军方的美梦顿时成了泡影。据报道，1945年，德国从基尔向日本派出一艘潜艇运载的560公斤铀氧化物和3.5公斤铀235全部落入美军手中，并成了美国第一颗原子弹的原料。

1943年，日本关东军曾秘密地在我国辽宁省海城的大房身和三台沟开矿。这是一种含有铀的稀土铌酸盐矿物——黑稀金矿、铌酸钇矿及褐钇铌矿，取得精矿4447公斤，急忙运回东京，约有百人进行极秘密的冶炼提铀及制造原子弹的研究。

此外，1943至1944年，他们曾对我国的五原、集宁、包头及武安等地进行过稀有元素矿产调查，也是为此目的。

第八技术研究所要求日本稀有元素研究所至少获得三吨巨晶花岗岩。日本由于青壮年都被征参加侵略军，劳动力奇缺，只得强制“动员”当地的180名初中学生用十字镐凿着露天矿场的斜坡，并从一堆堆石块中拣出白色的石块，但幼稚的学生们并不知道它的用途。挖掘出的矿石用马车送往当地的第806厂进行处理。直到战争结束为止，这个厂总共提炼出黄色块（炼铀时的中间产物重铀酸铵）约100公斤，战后全被美军占有。

日本为何没能造出原子弹

电能的惊人耗费也是经济败落的日本无法承受的。据当时技术人员的估计，如果用电离法生产所需数量的铀235，就得消耗占日本总发电量10%的电力。本村对海军负责人说，在当时的条件下，研制原子弹是不可能的。但是，这个海军军官回答说：“没有关系，能赶上下次战争也行，搞吧！”

有材料说，海军当局还向京都大学荒胜研究所提供了500公斤铀。这些铀是怎么得来的，至今仍是个谜。

在研制方面，1943年3月，二阶义男他们集体得出一个重要结论：放弃当时著名的铀同位素分离方法，而用热扩散法，并按照这种方法设计了一种新型分离器。战争的进程对日本侵略者越来越不利。以1944年6月15日为起点由美军发动的班塞岛战役是至为关键的一战。当时，日本驻防着30000人的部队，而当地日本居民仅有25000人，美国军事统帅部投入了70000海军陆战队，在海军和空军联合支援下，发动了强大的进攻。三个多星期后，终于制服了日本人“破釜沉舟”式的顽强抵抗。日本从此走向了末日。

1945年初，“二号研究”组的工作抓得更紧了，一系列分离铀235的尝试给他们带来了某种希望。但是，接踵而来的是美军的炮火轰炸。4月13日，美国电台广播了罗斯福总统逝世的消息。当天，美国远程轰炸机再次飞临东京。在东京和大阪被炸后，“二号研究”组已无法继续进行铀同位素分离的研究工作。研究中心只得搬迁到京都一位大学教授的实验室里，继续用离心机试验分离铀同位素。7月22日，“二号研究”组报告说：日本已无力制造原子弹。日本在原子弹研究的竞赛中终于败下阵来。

一些历史学家评论说：假如运铀的德国潜艇不被炸沉，日本可能会拥有原子弹。当美国在日本投掷原子弹后，日本也可能用原子弹还击美国，这样第二次世界大战的历史就有可能不完全像后来的样子。然而，还有一种更大的可能，即使德国的铀运到日本，日本也未必能制造出原子弹来。

1945年8月15日，日本投降之后，美国占领军奇迹般地发现了日本人的5个回旋加速器，这种用于分离普通铀的装置着实让美国人感到意外。美国最后将5个回旋加速器全部砸碎，丢进了东京湾。

日本为何被称为“准原子弹国家”

战后，日本宪法禁止日本拥有核武器。1956年的《原子能基本法案》将日本的核研究、开发和使用限制在和平目的。日本政府声称要恪守“核三不原则”，即禁止日本拥有核武器，禁止日本生产核武器，禁止日本引进任何的核武器。1971年11月24日，日本议会正式将“核三不原则”立法。1976年，日本政府签署了《核武器不扩散条约》，并且进一步承诺：“不研发、不使用、不允许日本领土转运核武器。”然而美国早已经把大量核武器运到了日本。

可是，现在日本右翼分子却大叫要生产原子弹。

2002年4月6日，日本在野的自由党党魁小泽一郎公开扬言，日本可以在“一夜之间”制造数千枚核武器！这个日本人是在痴人说梦吗？

那么，现在的日本离核武器到底有多远呢？自冷战结束以来，日本的军费投入一直居世界前列，自1993年起成为世界第二，仅次于全球唯一的超级大国美国。这里有必要对日本的核能力作一番审视：

首先，日本拥有先进全面的核技术。

现在日本拥有 54 座核反应堆机组核电站，年发电量约 4 万兆瓦，占日本全国发电量的 30%，位居世界前茅。另外，日本拥有增殖反应堆技术，有核聚变技术的研究也居世界核技术的最前沿。

其次，日本拥有超强的计算机仿真核爆能力。

日本有能力很快制造出原子弹，即使不进行核试验，也能运用高速大规模电子计算机，在三维空间对核爆炸的全过程进行模拟。

第三，探索新的核原料获取技术。

锂是生产核弹材料氘化锂的主要原料，日本可利用吸附材料在 4 小时内从海水中提取浓缩 3.23 倍的锂，比矿石提取成本低一半。

第四，日本拥有很高水平的核弹头运载技术。

日本不仅拥有可携带核弹头的“奈基”导弹，还有能发射卫星的运载火箭，有能力将核武器投到任何敌对国家领土。

第五，日本储备有惊人的核原料。

日本现有 54 座核电站，年产钚 10 吨。根据日本科技厅的资料，日本钚储量为4.5吨，还计划从英、法增购40吨，加上到2010年自行分离回收的50吨，日本钚的总储量达 100 吨，从而成为世界第一大钚储存国。除了核反应堆的正常消耗，尚有 60 余吨的剩余，1 吨钚可造 120 枚核弹头，拥有先进导弹研制能力的日本，用这些“剩余的钚储备”可制造多少枚核弹头就不言而喻了。

四、原子弹为何能在美国抢先出世

20世纪30年代，美国物理学家詹姆斯·查德威克、意大利物理学家费米和德国物理学家迈特纳、哈恩、史特拉斯曼等人先后在原子物理方面取得了重大突破。1937年3月，希特勒从法国人手里接管了莱茵河地区，又占领了奥地利、捷克。希特勒一方面疯狂扩军备战，另一方面在国内实行法西斯统治，大肆推行种族歧视，犹太人首当其冲。希特勒残酷迫害有独立思想的人，特别是有学术专长的学者、专家。总计有2000多位欧洲著名科学家和工程师，为了逃避法西斯的迫害，背井离乡流落到美国。

世界科学家汇聚美国

从欧洲逃亡到美国的科学家，大都是有抱负、有成就的科学界精英。这些人当中有被称为相对论之父的德国著名犹太人科学家爱因斯坦，有德国著名物理学家弗兰克、贝蒂、史特拉斯曼、迈特纳、赖纳、弗里斯，有意大利著名科学家费米以及匈牙利裔的著名物理学家西拉德、爱德华·泰勒等。

费米在核反应堆的研究方面，取得了举世公认的成就。匈牙利裔的物理学家利奥·西拉德对美国核研究起了重要作用。他曾在德国的大学中从事过核物理研究，深知如果能有一个以上的中子被释放出来，连锁反应就有可能发生。为了阻止德国人研制出原子弹，西拉德和费米在美国政界和军界奔走游说的同时，还采取了其他的办法。首先他们利用1939年夏天海森堡到美国讲学的机会，由哥伦比亚大学物理系主任乔治·B·佩格拉姆出面力聘海森堡担任该系教授，敦请其留在美国，但未能成功。此后，西拉德和费米等人决定，为了防止任何有关核裂变的情报泄露给德国人而加速德国研制原子弹进程，必须呼吁德国以外的从事原子物理研究的学者实行“自我出版检查制度”，对德国人封锁一切有关这方面研制进展的信息。

紧接着，由佩格拉姆和费米出面，他们力图使美国海军作战部长 S.C 胡柏海军上将相信，德国正在研制一种威力无比的炸弹，但对此一窍不通的胡柏显然认为这只是一个天方夜谭。

德国U计划是一个极其危险的信号！美国哥伦比亚大学物理学家西拉德被震惊了。德国人的 U 计划可能导致一种威力巨大的杀人武器的诞生。出于对人类命运的担忧，西拉德心急如焚，如果战争痞子希特勒手里有了原子弹，后果将不堪设想。反法西斯国家必须赶在法西斯国家之前造出原子弹。

1939 年初，玻尔从两位刚逃出德国的科学家那里得到德国已经开始研制原子弹的确切消息。他立即前往美国，将这一消息告诉了费米等人。这些深知核能巨大威力的科学家对此忧心忡忡，他们知道，如果纳粹德国抢先制造出原子弹，人类就将面临史无前例的核灾难！而阻止这一灾难的唯一办法就是要抢在德国之前造出原子弹。

1939 年 7 月，哥伦比亚大学的一间实验室里，西拉德冒着酷热，和另外两人撰写了一份有关核能的战时利用以及原子弹的设计和制造的研究报告，建议美国要在德国之前，尽快地制造出原子弹。不料却遭到军方冷遇，甚至被斥为“怪人”。对科学的无知，使美国差一点与原子弹失之交臂。

满腔热情遇到一盆凉水，但西拉德等科学家没有放弃，他们在考虑如何绕过这些官员们，直接将研究报告面呈罗斯福总统。

爱因斯坦致信罗斯福总统

怎样才能见到日理万机的美国总统呢？几乎是不约而同，他们想起了已在美国定居的享有最高威望的科学家爱因斯坦。

制造原子弹需要雄厚的经济后盾、齐全的研究设备、大量的科学人才和安定的社会环境，环顾参加反法西斯战争的各个国家，只有美国有此条件。本着对历史负责的精神，爱因斯坦答应了科学家们的请求。考虑到罗斯福对科学的理解水平，1939 年 8 月，爱因斯坦给罗斯福总统写了一短一长两封信。短信比较简明，只有两页。长信对原子弹作了较深入的解释。它详细说明铀与原子分裂在科学上的重要意义，并阐明拨出巨大财力、物力研究的代价是绝对必要的。

美国总统罗斯福先生：

我从书面了解到费米和西拉德近来所进行的一些工作情况。他们的工作使我感到，铀这种元素在最近的将来可能会成为一个新的重要的能源。对于已经出现的某些情况，政府似应给予重视，并应在必要时采取迅速的行动。因此，我认为我有责任提请你注意以下的事实和建议。

在过去的4个月中，法国的约里奥和美国的费米、西拉德进行的工作，已经使下面的这一事实成为可能：在大块铀中可能爆发核链式反应，这一反应将产生无穷的力量和大量像镭那样的新元素。现在几乎可以肯定，这在最近的将来是能够实现的。

这一新的现象也会导致炸弹的制造，因而一种威力极大的新型炸弹可能会制造出来——尽管还没有很大的把握。一枚这种类型的炸弹如用船载送去轰炸一个港口，那么它将把港口全部炸毁，并将能毁坏附近的一些地区。然而，这种炸弹可能太重，因此不能空运。

美国只拥有一些质量较次的铀矿。加拿大和捷克斯洛伐克有一些铀矿是很好的。最重要的铀矿资源在比属刚果。

鉴于这种情况，你可能会感到政府最好能同那些研究链式反应的美国物理学家保持经常性的联系。做到这点的一个办法是：你把这个任务交给你所信任的、同时能以半官方身份出面工作的一个人。他的任务可以包括以下几个方面：

1. 同政府部门接触，使这些部门了解工作进展情况，提出关于政府采取行动的建议，对于美国铀矿石的可靠供应这个问题给予特别的注意。

2. 使目前受到大学实验室经费限制的实验工作能加快进行，应同愿为此事业捐款的个人进行联系，在必要的情况下为实验工作提供资金。有些工厂有实验工作所需要的设备，应争取它们的合作。

据我了解，德国已经接管了捷克斯洛伐克的铀矿，它实际上已经停止了那里的铀的出口。德国这么早地采取了行动，是可以理解的，因为德国副外长的儿子卡尔·冯·魏茨克就是柏林威廉皇家研究院里的人，他们也正在进行目前美国人对铀的某些研究工作。

你的忠诚的阿尔伯特·爱因斯坦

1939年8月2日于长岛佩科尼克区纳索角

这封长信对总统来说，无疑是一颗威力无比的精神原子弹，确实有茅塞顿开的功效，但总统还不能草率地立即下决心。

长信是通过总统顾问、国际金融家萨克斯递上去的，在说服总统方面，萨克斯起了意想不到的作用。

经过一天的思考：轮椅上的罗斯福在第二次接见萨克斯时仍举棋不定。尽管他手中握有很大的权力，然而，动员整个美国科学以及工业界与德国来一场制造原子弹的竞赛，是件非同小可的事。人手、经费、保密等一系列问题如何解决？这种谁也没见过的炸弹万一造不出来怎么办？假如制造过程中不慎爆炸又怎么办？一连串的问题萦绕在这位总统脑中。最后，焦急万分的萨克斯引用了当年拿破仑因没有采用美国发明家罗伯特·富尔顿制造蒸汽船的主意，而终于未能横渡英吉利海峡征服英国的例子，来劝说罗斯福。

此时德国已在策划入侵比利时和荷兰。面对日益紧张的国际局势和希特勒疯狂扩军备战的现实，罗斯福感到了眼下这封信的分量。在这场胜败未卜的竞赛中，只有美国堪与德国匹敌。而德国一旦得逞，美国势必处于岌岌可危的境地，因此美国必须不惜一切代价投入这场竞争。

萨克斯说：“英法战争期间，拿破仑在海上屡战屡败。这时，美国发明家富尔顿向他建议：把战舰的桅杆砍掉，撤去风帆，装上蒸汽机，把木板换成钢板。可是这位伟大的科西嘉人，面对这个至关重要的建议却想：船没有帆还能走吗？木板换成钢板会不会沉没？拿破仑眉头一皱，把富尔顿轰了出去。历史学家在评论时认为，这是由于拿破仑缺乏见识而使英国得到幸免。如果当时拿破仑郑重考虑富尔顿的建议，19世纪的历史就得重写。”

罗斯福沉默了几分钟后，说了一句足以影响历史的话："你胜利了！"

但是，当时世界上正在打仗，美国经济紧张得不得了，研制原子弹需要很多钱，这钱投进去，原子弹能造出来吗？谁都不知道，总统不敢签字！

1939 年 10 月 19 日，罗斯福亲自询问爱因斯坦能否造出原子弹；爱因斯坦最后回答说："That's possible." 那是可能的。于是，罗斯福果断地拍了板，对爱因斯坦的信作了肯定的决定。他对军事助手沃特逊将军下达了命令。一个专门负责"铀裂变炸弹"研究的代号为"S–11"的特别委员会成立了，其主要成员有陆军部长史汀生，科学研究发展局长布什博士，还有当时的哈佛大学校长科南特博士。

罗斯福虽然在理论上被说服了，但在其后的两年里，政府支持的原子弹研究工作的进度仍然十分缓慢。

1940 年，全国最有名的物理学家组成"铀委员会"。但是存在两个致命弱点：其一，过于强调保密，使人们不了解研制一种新式炸弹的重要意义。其二，舍不得花钱，这项研究需要大量的经费，但是，实际上却经费缺乏。这样，就使所有研究项目陷于停顿。

曼哈顿工程

日本在 1941 年 12 月 8 日对美国在太平洋上的海军基地珍珠港的偷袭，激怒了美国。

珍珠港的耻辱，使美国上下，尤其是国会和总统懂得全力研究原子武器的紧迫性和必要性。日本的偷袭起了"动员"作用，它是美国加速原子弹研究的转折点。

负责研究原子弹工程的是美国陆军工兵部主任莱斯利·格罗夫斯少将。

芝加哥大学的著名教授、诺贝尔奖获得者康普顿受命开展原子弹的研究工作。一次，康普顿邀请加利福尼亚大学伯克利分校的物理学家罗伯特·奥本海默博士参加讨论会。奥本海默竟背离自己原有的人生轨迹，迷上了原子弹的研制工作，并表现出优异的才能，他提出了制造一枚原子弹所需铀 235 的计算结果。

当时，他提出一项设想，使电离法分离铀同位素的研究大获成功，仅成本一下就降低了 50% ~70%。奥本海默的才华令人瞠目，他在学术界崭露头角。

1942 年，罗斯福为加快原子弹研制步伐，采取了更加有力的措施，决定成立极为秘密的原子弹研制机构。该机构设在纽约，代号为“曼哈顿工程”（即原子弹计划）。曼哈顿是纽约的精华所在，也被称为“美国的象征”。这个机构的保密程度之严格，以至于连副总统杜鲁门在几年后才知道。国会授权政府开支 22 亿美元，投入人力 50 万，是美国历史上的一项创举。

“曼哈顿工程”接受了奥本海默最有价值的建议，于是决定建立一个最高级的、包罗万象的，也是极其秘密的实验基地。

选择谁来当这个基地的负责人呢？人们普遍认为，承担此重任者，必须倚重一个诺贝尔奖获得者。当时，美国有 3 个主要实验室的负责人：伯克利分校的劳伦斯、哥伦比亚大学的尤里和芝加哥大学的康普顿。费米因为尚未加入美国国籍，不在考虑之中。这 3 个人都是诺贝尔奖获得者，威望都很高。在所有获得这一重要荣誉的人中，人们又把焦点聚集在康普顿身上。康普顿有两个突出的优势，除了有卓越的科学成就之外，还有担任科研领导的经验。

而康普顿的慧眼却集中在毫不显眼的奥本海默身上，大爆了一个人事冷门。康普顿客观地认为，奥本海默虽然没有名气，也未曾担任过重要领导工作，但他有许多科学家所没有的、不可多得的素质。

他知识渊博、思维活跃，具有战略眼光和洞察力，以及潜在的组织领导才能，善于与各种人打交道。更为可贵的是，他是一匹不可多得的“千里马”。

经过军事委员会的多次讨论，最后通过了对奥本海默的任命，这是十分困难的选择，因为陆军保安部对奥本海默的忠诚有保留。

格罗夫斯少将的选择，也是冒了很大的风险。为了对付特工机关的纠缠，他决定上报由自己采取安全措施，对奥本海默进行监视、考察。1943 年 7 月 20 日，他向华盛顿发了一份措辞强硬的电报：“按照我 7 月 15 日的口头指示，应毫不拖延地发出任用 J.R. 奥本海默的委任书，而不受你们所得到的关于他的那份情报的限制。他对本计划是绝对重要的。”奥本海默果然不负众望，迅速编出了一份详细的实验室人员组织表，总人数由原来的 100 人扩充到 1500 人。同时，他又亲自四处招聘最优秀的科学家，并且在新墨西哥州洛斯阿拉莫斯峡谷一块人迹罕至的地方设立新的实验室和制造厂，对外称“Y基地”，与友人通信则用1663信箱。

遵照美国政府为“曼哈顿工程”确立的两个原则：一、造出原子弹供给军队；二、在德国人之前造出原子弹，“曼哈顿工程”计划必须从速进行。为此，美国采用了双管齐下的方针。例如，分离铀的三种成功方法一齐上马，三种类型的工厂在田纳西州的橡树岭先后动工。后来华盛顿州的汉福特又另外建立了一座分离钚的工厂。最后确定，到1945年夏天必须准备好50公斤核裂变材料。

原子弹出世

英、美、加三国的研究机构，由于美国的倡议，逐步联合起来，大大加快了原子弹的研制进程。加拿大第一流科学家弗兰克·斯佩丁，是原子能铀生产技术的发明者，多次获得诺贝尔化学奖，在美国制定“曼哈顿工程”中起过重要的作用。在他的领导下，依阿华州立大学实验室生产了第一次受控核反应试验所需铀的1/3。

1942年6月中旬，丘吉尔在参谋总长等高级军事领导人陪同下飞往美国，与美国总统进行晤谈。鉴于德国人对英国的频繁轰炸和不断侦察，英国科学家的研究遇到了极大的困难，更不能在英伦三岛上建立所需要的巨大而引人注目的工厂。英国本岛的原子弹研制前途太渺茫、太暗淡了，只有客居他国才能有所发展。

美国和加拿大满足了英国人的要求，为英国科学家提供了优越的研究条件和环境。

美英两国领导人批准了在原子弹研究领域进行广泛的合作。英国试制原子弹的大量实验设备和工作，随着皮尔斯等科学家队伍涉海过洋移到了北美。

在纽约设立的英国专家小组，继续从事分离铀同位素气体扩散法的研究，以生产铀235用来造原子弹。另外，在加拿大蒙特利尔设立英加研究小组。

和加拿大科学家一起工作的，还有来自巴黎法兰西学院约里奥实验室的法国科学家科尔瓦斯博士和哈尔班博士。法国著名物理学家约里奥，在德国人占领法国期间，曾积极参加法国地下抵抗运动。在战争早期，他曾为英国制造了一些重水。科尔瓦斯和哈尔班两位法国科学家，就是在约里奥的帮助下逃往加拿大的。

1942 年 12 月，在芝加哥大学“冶金实验室”，由费米领导的最先进的核反应堆所进行的铀 235 链式反应试验获得了成功。

美国还在田纳西州的诺克斯维尔附近的橡树岭，建立了两座规模很大的 K–25 铀离析工厂，用以生产铀 235，两座工厂所用的方法是不同的。一种是用气体扩散分离法，另一种是电磁同位素分离法。1943 年，在汉福特还建立了另一个原子反应堆。橡树岭的原子反应堆是气冷的，而汉福特的反应堆是水冷的。汉福特的原子反应堆，是用来生产钚和从事核裂变产物研究的。

1943 年 3 月，在洛斯阿拉莫斯组装了一台加速器。它是费米领导的第一小组的作品。带着匈牙利口音的爱德华·泰勒是其中重要成员之一。

4 月，在新墨西哥州阿拉莫斯成立了原子研究所，在橡树岭和哥伦比亚河岸上的汉福特两家工厂配合下，开始进行原子弹的设计和制造。

美国科学家以奥本海默为首设计了使用两种不同原料、不同型号的原子弹。以铀为原料的原子弹，每颗需要 60 公斤铀 235。天然铀是在圣路易斯的化学工厂精炼的，费时半年之久，人们给未来的原子弹起绰号叫“小男孩”（铀弹）。以钚为原料的原子弹，每颗仅需要 5.44 公斤铀 235，而且加工极易，只用一个月即成。人们给这两个原子弹分别起绰号为“胖子”（铀弹）、“瘦子”（钚弹）。

为什么“抢到海森堡，比俘获 10 个德国师更有价值”

这段时间里美国唯一担心的是德国首先造出原子弹。为了摸清德国底细，掌握德国研制尖端武器的进展情况，美英组成了一个代号为“阿尔索斯”（“小丛林”之意）的特别情报组，准备空投或随盟军在法国登陆。

1943 年秋，美军在意大利登陆，“阿尔索斯”突击队随军行动，通过分析德、意科学家的通信，分析出德国研制原子弹的地点、人员和时间表。第二年，盟军在诺曼底登陆，“阿尔索斯”突击队进入巴黎，分析了德国利用唯一的原子加速器的使用情况。9 月，他们到了比利时首都布鲁塞尔，查获了德国曾从比利时获得 98 吨铀等重要情况。11 月 29 日，突击队俘获了德国研制原子弹的 7 名重要科学家。1945 年 2 月，“阿尔索斯”突击队又侦察到德国阿享附近的一个专门从事铀加工的工厂，美军当即派出轰炸机，投下 1906 吨炸弹，将其彻底摧毁。3 月，突击队找到了德方重要的实验室，将其科学家全部俘获。4 月，他们又在法兰克福获得了 11 吨铀产品。当月，德国研制核武器的计划在一个污水池里被搜寻出来。5 月，在美军整整一个军团的配合下，“阿尔索斯”突击队采取最后行动，将最著名的科学家海森堡抓获……

究竟被抓获的德国研制原子弹的海森堡等大批科学家和大量宝贵的铀产品，都为“胖子”和“瘦子”提供了哪些重要技术参数和核材料，为美国原子弹研制过程作出了哪些贡献呢？从来没有丝毫透露过。

但人们完全能想象到：就在美国原子弹研制关键的 1944 年，他们不但起到了极为重要的作用，而且大大缩短了“曼哈顿工程”的完成时间。难怪美国负责“曼哈顿工程”的格罗夫斯将军说“抢到海森堡，比俘获 10 个德国师更有价值”。最著名的科学家是无价之宝，科学家成了美国最重要的战略武器。

据报道，日本军国主义政权曾要求希特勒支援制造原子弹的材料。1945 年德国从基尔向日本派出的一艘装载 560 公斤铀氧化物的潜艇被美军截获。这批铀氧化物含 3.5 公斤的铀 235，而 3.5 公斤铀 235 是制造一枚核弹所需量的 1/5，美国人制造头三枚原子弹时曾使用了这艘潜艇上的铀。

美、英、加三国的科学力量共同协作，发挥各自的优势，各项工作不断取得可喜的成果。离原子弹研制成功的时间越来越近了。到 1945 年 6 月，原子弹基本研制成功。7 月初，“小男孩”出世。7 月 16 日早上 5:30，人类第一枚原子弹装置在新墨西哥州的沙漠里试爆成功。这是各国科学家共同合作的结晶。

五、超越政治的奥本海默——美国原子弹之父坎坷的后半生

早在“曼哈顿工程”启动之前，奥本海默根据实验数据证明，可能利用核能制造出具有空前破坏力的炸弹。

1942年夏天，他组织了著名的物理学家研究小组，在理论上探索研制原子武器的可能性。当时，美国的研制力量还只是零星的和不统一的，美国在这方面远远落后于德国，美国也清楚日本当时也在积极研制原子弹。

由于科学家们确认有两种同位素能够用于原子武器，所以奥本海默研究小组研制了两种原子弹，一种使用铀235，一种使用钚239。这两种炸弹在工程设计方法上是不同的，可是这两种炸弹都在1945年7月研制成功。

他没有获得诺贝尔奖，然而他在如此短的时间内成功地实施了“曼哈顿工程”。他在美国物理学界所具有的领导才能还是得到了国际上的公认。

1963年，美国原子能研究方面的最高奖——费米奖，授予了奥本海默。

为原子弹奋斗了大半生

罗伯特·奥本海默于1904年生于美国纽约。儿时曾随家人去德国看望他的祖父。祖父送给他一小盒矿石作为礼物，这引起了他对化学的兴趣。奥本海默于1922年进入哈佛大学学习物理学，他用3年的时间就修完了大学全部课程。他于1925年到英国剑桥大学学习实验物理，却对理论物理发生了浓厚的兴趣。1927年，他接受著名物理学家玻尔的邀请，来到德国格廷根大学，在3个星期内写了一篇关于量子力学的论文，获得了博士学位。

奥本海默获得博士学位后，被美国哈佛大学和加州理工学院推选为国家研究成员，还被荷兰莱顿大学和瑞士苏黎世高等工业学校推选为国际教育委

员会成员，当时有两所欧洲大学和 10 所美国大学想聘请他去任教。1929 年，他接受加州理工学院帕萨迪纳分校和加州大学伯克利分校的邀请，担任了这两所学校的理论物理学教授，为美国培养了很多物理学人才。

1936 年，他在德国的很多亲友为逃避纳粹迫害而来到美国，给奥本海默描述了很多有关德国的可怕的情况。战争和经济萧条第一次给奥本海默带来了痛苦。他开始对经济地位低下的人产生同情，与伯克利附近的一些亲共人士有了一些接触，参加过一些左翼组织。他父亲于 1937 年去世后，奥本海默把他继承的部分遗产捐赠给了加州大学，作为研究生基金和用于其他的一些公共事业。他也给一些罢工工人捐过款，特别是多次给西班牙反法西斯战士捐过款。

奥本海默的哥哥和嫂子都曾是美国共产党党员。1939 年夏天，奥本海默与凯瑟林女士结婚。尽管奥本海默一度在政治上左倾，但他仍不愿意卷入到政治的纠纷之中，他主要考虑的是如何推进美国的现代物理学研究。

原子裂变被发现的前夕，奥本海默正致力于研究宇宙线与原子核的相互作用。他听到原子核被分裂的消息后，立即把自己的注意力转移到这一新发现上。1941 年秋，芝加哥大学物理系主任康普顿受美国核计划主持人布什的委托，在美国科学院召开了一个讨论原子能的军事应用会议，奥本海默应邀出席了会议。

奥本海默在会议后，一方面担任着繁重的教学任务，另一方面开始研究原子弹的理论问题，并作了一些初步的计算。他还成为劳伦斯辐射实验室有关铀的电磁分离法的理论顾问。1942 年春天，奥本海默应康普顿的邀请，到芝加哥大学物理系讨论快中子与核的相互作用和原子弹的问题。他被正式任命为“金属计划”理论部主任。

1942 年初，奥本海默感到有必要建立一个新的核研究中心实验室，一方面为核科学家和武器专家提供一个自由讨论的场所，另一方面也利于保密和管理。格罗夫斯将军担任“曼哈顿工程”的最高指挥官后，请求美国政府批准了这个建议。格罗夫斯在决定建立一个新的原子弹实验室之后，开始寻找一位物理学家担任这个实验室的主任。

奥本海默的历史档案，清楚地记载着奥本海默过去的左翼活动和他的家庭成员过去与共产党组织的关系，美国联邦调查局甚至拒绝宣布奥本海默在安全问题上是清白的。格罗夫斯觉得，如果按军人的要求，那么即使像当时核研究的组织者康普顿、科南特这样的人在政治上也是不合格的，而在美国核研究组织中，有一半以上的物理学家是刚从欧洲逃到美国的。他深深地意识到，原子弹的研制是当时科学研究的最高峰，如果把这些优秀人才拒之门外，美国的原子弹计划就会成为泡影。格罗夫斯注意到了科学研究的自我推动力和利用他们的可能性。他认为物理学家对美国核研究的热情推动，可以说明他们对核研究的渴望和对美国的忠诚热爱，这应成为在当时情况下选择"曼哈顿工程"研究人员的最高原则，他相信这是符合美国国家利益的。在被称为"战争秘书"史汀生的批准下，他和布什、科南特正式选定奥本海默担任即将建立的新原子弹实验室的主任，并负责整个"曼哈顿工程"的科学协调。1943年7月20日，格罗夫斯亲自下令澄清奥本海默的安全问题。他还同时协助联邦调查局对奥本海默等"曼哈顿工程"的科学家进行了严密的监视，并作了详细的记录。

奥本海默十分爱护年轻一代中的优秀人才，甚至不顾对自己的不利影响去帮助他们。他在伯克利有一位名叫洛马尼茨的得意门生，在政治上较为左倾，曾参加过一些左翼社会活动。当辐射实验室被纳入原子核研究计划后，他因过去的左翼活动而受到美国反间谍机构的怀疑，准备以他违反了军事安全条例为理由，把他清除出辐射实验室。洛马尼茨得知自己将要被迫离职应征入伍时，于1943年秋写信给奥本海默。奥本海默首先把信转给"曼哈顿工程"的高级官员，当他接到洛马尼茨的第二封信后，亲自写信给美国征兵工作的最高负责人赫西将军，担保洛马尼茨在军事研究上是合格和胜任的。奥本海默通过很严格的安全检查后，还邀请过几位政治上左倾，但很有能力的物理学家到辐射实验室做最基础的物理学研究。

奥本海默极力主张学术民主和学术讨论，他认为这是科学研究的基本原则，特别对于军事研究，它是吸引优秀科学家来热情地和创造性地工作的最好方法。同时，他建议把实验室建在远离城市的洛斯阿拉莫斯。在最初的日子里，出于保密考虑，他只允许在他的办公室和格罗夫斯的临时办公室里安装直接对外的电话。但在铁丝网的内部，他反对格罗夫斯提出的在每个实验室配备监视岗的意见，竭力降低军事当局对科学研究的影响。奥本海默鼓励科学家们大胆地讨论与原子弹的有关科学问题，提出即使看门人的意见也会对原子弹的成功有一定的帮助。他一反过去睡懒觉的习惯，每天早晨最早到办公室，认真倾听任何人的意见，掌握着整个实验进程。有些参与核研究的物理学家后来回忆说，他们自己甚至都不如奥本海默清楚自己工作的细节和进展计划。在很多问题上，都是由于奥本海默的决断才起死回生的，他保证了原子弹成功时间表的执行。奥本海默在科学家和政府官员中的威望越来越高。

对美国核政策的贡献

奥本海默在 1945 年 10 月 16 日辞去洛斯阿拉莫斯实验室主任的职务，同年 11 月回到加州理工学院，他希望把自己全部的精力和时间都放到教学上。奥本海默这时以“原子弹之父”之称闻名于美国和全世界，他日益受到美国最高决策机构的重视。在 1945 年最后的几个月，他多次应邀参众两院等单位组织的特别委员会就原子能问题作证。他强调要尽早实现从战时原子能军事研究向和平利用研究的转变，继续加强核科学研究，实行对核应用国家的国际控制，公开属于基础研究的核知识。

1948 年 1 月，奥本海默发表文章对苏、美以及英、法等国分别提出了一些控制核武器发展的建议，对这种状况进行了分析，他写道：“在原子弹的领域里，我们的安全需要一个新的解决国际问题的方法，如果我们不能成功地在国家之间建立一种新的开放和合作关系，我们人民的安全将会受到严重的威胁。”他认为原子能在国际关系中是一个重要因素，但在别的领域里也应有协调合作。1949 年初，奥本海默又以“敞开思想”为题作了内容大致相同的讲话。这些后来被指责为“影响了公众的视线”。

奥本海默认为，当时美国的重点应放在原子弹的改进和实战化方面。奥本海默提高了汉福特核原料钚生产的优先权，充实和加强了洛斯阿拉莫斯实验室的力量，他还首先提出并实施建立了一套对苏联等国的核监视网。原子能科学顾问委员会一致认为氢弹的威力超过了军事需要，反对放弃原子弹的改进和生产去全力以赴研制在理论上还很暗淡的氢弹，但奥本海默曾把它列为洛斯阿拉莫斯实验室的长远项目之一。

1946年，全美国百分之十五的科学家不同程度地参加了原子能研究，其中包括大量的在大学和实验室做基础研究的科学家。他们中间有很多人持有不同的政治见解，原子能委员会的新提案势必会使他们失去工作。所以，奥本海默于1949年5月17日专门写信给国会原子能联席会议主席麦克马洪，指出："科学发现不依赖于科学家的政治见解，约里奥是法国共产党员，只有他对核物理的重大发现才导致了美国原子弹的成功。"奥本海默认为那些不属高度的机密，但受原子能委员会支持的研究项目的人选不能受到政治上的限制，这样才能促进科学的发展，也符合美国的利益。

1949年10月下旬，泰勒正紧锣密鼓地发动制造"超级原子弹"之时，奥本海默的原子能委员会一致投票反对研制新原子弹。他征询了其他成员的意见，公开表态，认为有技术问题："超级原子弹"太大，它将使用太多的可裂变燃料。实际上，他对研制这一新武器持保留态度，不赞成制造。

反对研制氢弹是出于道德考虑。他警告说："超级原子弹的性质决定了它不可能仅限于军事目标，而实际上几乎是一种种族灭绝的武器。"

奥本海默在战后几年里，诚心诚意地努力为美国政府和防务服务，受到了大多数政府官员和军队将领的赞赏。杜鲁门总统在离职前专门写信感谢奥本海默为他效劳，特别是为美国防务服务。奥本海默在科学界的声誉也与日俱增，成为美国科学家在政府中的主要发言人之一。在防务问题上，他代表和反映了大多数当年主持核研究人的意见，主张和谈与加强力量并举，核研究使喜爱学术自由讨论的美国科学家在美国政策中扮演着日益重要的角色，这引起了少数军官和政府官员的反感。奥本海默的坦率，在一些问题上的不同看法，也使他们对他的动机产生了怀疑，终于开始了一场驱赶他的运动。

奥本海默受诬告

原子能委员会成员施特劳斯当过银行家，做过海军军官，曾作为军方代表参加过"曼哈顿工程"。他在1943年和1947年两次对奥本海默的安全审查中，都持肯定的态度。但在后来的共事中，他与以奥本海默为首的科学顾问委员会在诸如氢弹等问题上发生了日趋严重的分歧。1953年7月3日，施特劳斯被新上任的艾森豪威尔总统提名为原子能委员会主席，4天后，他就对奥本海默采取了行动。

奥本海默在氢弹和战略空军问题上的反对态度，也引起了空军负责人芬勒特和众议院原子能委员会执行主席博登的注意。有人给美国联邦调查局局长胡佛写了一封指控奥本海默的信，信上列举了奥本海默的4大条、22小条罪状，认为在1929年至1942年之间，奥本海默很可能是一个坚定的共产主义分子，自愿地或按照指令向苏联传递情报；他很可能按照苏联的旨意去影响美国的军事、原子能情报和外交政策。

麦卡锡参议员在一次讲话中煽动地说道："如果我们政府中没有共产党人，为什么我们的氢弹研究耽误了18个月，而我们的情报机关已经证实了苏联的爆炸……是谁造成的？是忠诚的美国人民还是政府中的叛徒？"美国政府于1953年12月3日，正式停止奥本海默接触任何政府机密。1953年12月23日，美国政府宣布奥本海默的工作被停止，并指责他在1943年前参加过共产党，在洛斯阿拉莫斯时接收危险分子参加到核计划中，战后参加过左翼活动和阻挠氢弹研究等。奥本海默最后被监视和隔离。

这一消息立即震惊了美国。奥本海默为美国完成了一项巨大的工作，现在却成为麦卡锡的敌人，爱因斯坦认为，"这种破坏相互信任的企图，组成了最严重的反对社会的风暴。"最著名的核科学家玻尔也写信给美国政府，希望不要将这出悲剧演下去。

总统搀扶奥本海默

由于奥本海默受到诬告被起诉，于是他的个人安全听证会，在1954年4月12日正式开始，共有40名政府官员和科学家到庭作证。

原美国战时原子能计划最高负责人布什在作证时说："我在洛斯阿拉莫斯期间对奥本海默博士的忠诚、正直和正义是完全信任的。如果一个人因这样做而受到蔑视，我们的国家就会处于危险之中。"美国原子能委员会科学顾问委员会当时的主席拉比在作证时愤怒地问道："他只是一个顾问，如果我不想用他，就在那段时间不去征求他的意见好了，为什么还要怀疑他的清白，做出这种事情来呢？"

美国原子能计划制定人之一科南特在法庭上提到奥本海默很多设想都是从美国的利益出发的，他指出："如果他受到共产主义和苏联的影响，就不会做出这些正确决定和事情来。"只有控告人博登在出庭作证时还只是重复他的控告信中的指责，拒绝做任何进一步的说明和讨论。

美国其他一些政府官员和著名科学家都为奥本海默出庭作证，以大量的事实证明他的忠诚、正直和坦率。

奥本海默失去政府信任后，仍担任普林斯顿高级研究院院长，他得到了更多科学家和其他人的爱戴、同情和支持。这使他高兴和欣慰。尽管他年老体弱，不能做什么大的研究，但对物理学的新发展极其兴奋。

1963 年，美国原子能研究方面的最高奖——费米奖，授予了奥本海默。美国政府曾想采取一系列措施来消除政府官员和科学家之间的对立，并恢复和加强科学家在政府决策中的作用，所以肯尼迪总统准备亲自出席仪式。然而就在仪式前 10 天肯尼迪遇刺身亡，刚接替总统职位的约翰逊出席授奖仪式。被称为美国氢弹之父的泰勒，他是著名学者中唯一反对奥本海默的人也出席了仪式，并以一种痛苦、内疚和道歉的心情向奥本海默祝贺。

当奥本海默走上主席台时，由于年老体弱，打了一个趔趄，约翰逊总统赶快伸手去搀扶他，奥本海默推开他的手，说道："总统先生，当一个人行将衰老时，你去扶他是没有用的，只有那些年轻人才需要你去扶持。"他最后在答谢时对约翰逊总统说："我想，今天的仪式表明了您的仁慈和宽容。我觉得这是我们光明前景的预兆。"

1965 年，奥本海默患了肝炎，不得不辞去高级研究所所长职务，接替了爱因斯坦担任的理论物理高级教授。

1966 年，奥本海默患喉癌，只能拄着拐杖行走，但他仍然出席了普林斯顿大学学位授予仪式，接受了名誉学位。

1967 年 2 月 18 日，奥本海默与世长辞，终年 62 岁。

六、为什么说“原子弹是纸老虎”

在日本投降前，毛泽东说：“日本侵略者被打败并无条件投降后，为彻底消灭日本法西斯主义、日本军国主义及其所有产生的政治、经济、社会的原因，必须帮助一切日本人民的民主力量建立日本人民的民主制度。没有日本人民的民主制度，便不能彻底消灭日本法西斯和军国主义，便不能保证太平洋的和平。”

1945 年 8 月，毛泽东明确指出：“日本帝国主义投降的大势已经定了。日本投降的决定因素是苏联参战。百万红军进入东北，这个力量是不可抗拒的。日本帝国主义已经不能继续打下去了。中国人民的艰苦抗战，已经取得了胜利，抗日战争当作一个历史阶段来说，已经过去了。”

但是让毛泽东没有想到的是，杜鲁门却说是“原子弹使日本投降了”。美国要抢功了，美国要称霸了。

日本正式投降后，杜鲁门总统给刚被任命为盟军最高统帅的麦克阿瑟命令：“只要天皇保证日本不再成为美国的威胁，天皇的命运在你手中。”可见日本投降后，美国必定会让日本成为苏联和中国的威胁了。

保留天皇制有利于美国占领，防止日本出现人民革命的形势，不判裕仁为战犯，他将对美国戴罪立功，这确实是美国统治者的梦想。

日本的武士道精神像鸦片一样刺激着日本法西斯的灵魂为天皇效忠，难道一两颗原子弹就能使日本投降吗？这是把日本说得太无能了，小米加步枪的中国人打败了敌人，中国人民不是“唯武器论”者，所以坚决否定了杜鲁门的谎言。毛泽东说：“是美国和蒋介石的宣传机关，想拿两颗原子弹把红军的政治影响扫掉。但是扫不掉，没那么容易。原子弹能不能解决战争？不能。

原子弹不能使日本投降。只有原子弹没有人民的斗争，原子弹是空的。”

1946 年 8 月，美国记者安娜·路易斯·斯特朗在延安问毛泽东：“如果美国使用原子弹轰炸苏联呢？”毛泽东回答：“原子弹是美国反动派用来吓人的一只纸老虎。”

1951 年，原子能的发现者、世界保卫和平委员会主席约里奥·居里，知道美国鼓吹在朝鲜战争中可能会使用原子弹，特意对中国放射化学家杨承宗说：“你回国后，请转告毛泽东主席，你们要反对原子弹，就必须先有原子弹。原子弹也不是那么可怕，原子弹的原理也不是美国人发明的。”

对，你要反对原子弹，就必须自己有原子弹，让原子弹成为谁都不敢用的纸老虎。所以毛泽东说：“原子弹就这么大个东西，没有那个东西，人家就说你不算数。在今天的世界上，我们要不受人家欺负，就不能没有这个东西。”

1954 年，中央政治局扩大会议上毛泽东听取了李四光、钱三强关于铀矿的汇报后，就满怀信心地说：“现在苏联对我们援助，我们一定要搞好，自己干，也一定能干好！我们只要有人，又有资源，什么奇迹都可以创造出来！”

1959 年 6 月间，苏联和美国进行了关于禁止核试验的谈判。苏联废除了中苏双方签订的协定，苏联不帮助中国了，还扬言 50 年后中国也造不出原子弹。这时毛泽东气愤而坚定地说：“原子弹要有，氢弹也要快，核潜艇一万年也要搞出来。”

1964 年 10 月 16 日我国第一颗原子弹试爆成功。在我国第一颗原子弹即将试爆前，根据当时的政治形势，请示毛主席是早爆还是晚爆，毛主席说：“原子弹是吓人的，不一定用，既然是吓人的，就早响。”也就是说，中国有了原子弹，才证明了原子弹是美国用来吓人的一只纸老虎。

七、揭“原子弹迫使日本投降”内幕

1945年5月8日，纳粹德国投降后，东方战线的日本帝国主义面临灭顶之灾。日本法西斯统治集团通过了秘密媾和、乞降、“留种复兴”而投降的时间表。

战败恐慌，媾和选首相

1945年1月14日，晋谒天皇的近卫（前首相）在给天皇裕仁的奏章中写道：“战败虽属遗憾，但已无法避免，仅就战败而言，深信无须为国体忧虑。在维护国体方面最为担忧的，与其说是战败，毋宁说是随着战败而可能发生的共产主义革命。苏联不久即将前来干涉日本内政的危机已充分存在。”“而国内情况，实现共产主义革命所必需的一切条件正趋具备。这就是生活的贫困，工人发言权的增大，对英美两国敌忾情绪强烈而引起的亲苏气氛，军部中一伙人的革新运动，少数少壮军人似乎相信我国国体可以同共产主义并存。若不将这一派清除，而过早地采取结束战争的措施，将在国内引起大乱，故对军部实行改组重建，是把日本从共产主义革命中拯救出来的前提和先决条件。”

阅完近卫的奏章，天皇问：“听说美国企图取消皇室，是这样吗？”

“估计还不至如此。”近卫说。

“依你看，好像美国不想变更我们的国体，可是梅津参谋总长推测美国不是正在考虑改变？”

近卫回答道：“这是军部为了激发国民的战斗意志，很会表现自己。尚不能断言美国将来会不会改变，这取决于今后的战斗如何。从这一点上看，谋求结束战争的对策，是至关重要的。”

“如能在冲绳获胜，可趁此机会考虑和平。”天皇说。

近卫说：“军部的话有一次兑现过吗？今后会有哪种机会呢？如再等上半年或一年之后，那就没有用了。”

一方面，天皇十分害怕美国改变日本国体，取消皇室，所以仍相信军部的话，幻想通过一次胜仗后再谈判媾和，以有利条件或体面的条件结束战争；另一方面，天皇改组政府，选择了能尽快媾和的人——已 78 岁的军界元老、担任天皇侍从 7 年之久的铃木贯太郎组阁任首相。

铃木明白自己的任务，“早就倾向于媾和，自己之所以授命组阁，也是因为体会到天皇希望‘迅速结束这场大局已定的战争，寻找机会媾和’。”

大规模轰炸，天皇肝肠欲裂乞求生

1945 年 3 月 9 日，美军轰炸东京；3 月 16 日，美国占领琉球岛；4 月 1 日美军登上冲绳岛。平均每月 3000 多架次飞机频繁轰炸日本各大中小城市，大量投掷爆炸力极强的新型燃烧弹——凝固汽油弹，使木质结构房屋的日本城市几乎变成一片火海，不仅使大量平民丧生，也威胁到了天皇生命。一次对东京的空袭，一夜之间 30 余万栋房屋被烧毁，100 万人受灾，约 10 万人死亡。裕仁恐惧地说：“关东大地震我并不为东西被烧个精光而感到凄惨。这回的惨状使我痛心，东京就此化为焦土喽！”

5 月 25 日空袭，大火引燃到了皇宫正殿，这座自明治宪法颁布以来，一直是举行皇室、国家大典、象征日本帝国最神圣的场所被烧，天皇脸部肌肉顿时僵硬了，肝肠欲裂地喊道：“正殿着火了吗？正殿呀，明治陛下精心修建起来的，全是珍贵的东西，一定要设法灭火！”

这场皇宫大火在卫兵奋力扑救下，33 人葬身崩塌的皇宫火海中总算被扑灭了。天皇认为，如果贤所被烧，那将是日本彻底崩溃的征兆。

6 月 22 日，冲绳日本守军全军覆没的第二天，天皇根据大臣的建议亲自召见首相、外相、陆相、海相及陆海军两总长，对“六巨头”明确指出：“关于结束战争问题，此时也希望不拘泥于原来的想法，从速进行具体研究，力求促其实现。”

对于天皇的此次“终战”，铃木首相说：“陛下今天把我们想说而不敢说的话坦率地说了出来。”这是日本自发动战争以来，天皇第一次向日军统帅明确提出了设法尽早结束战争——乞降！

表面乞降，其最高统治者更加疯狂地进行战争动员。6月23日，日本发布了《义勇兵役法》招募兵员，组成各级“国民义勇战斗队”，妄图利用中国领土和日本本土做最后的决战——坚守其“武士道”精神，制定了“1亿玉碎”的防御作战计划，准备顽抗到底。

8月6日和8日上午的广岛、长崎地面升起几百根火柱，烟雾笼罩了整个城市，数万人丧生。日本向美国提出抗议：“帝国政府在以自己和全人类及人类文明的名义谴责美国，必须停止使用这种非人道的武器。”从6日到8日最高战争指导会议一直未开会讨论美国掷原子弹之后的对策，只有外相8日下午向天皇说明美国投掷原子弹的情况。当时天皇说：

“敌方既然已经使用这种武器，继续进行战争越发不可能了，为争取有利条件，不可错过结束战争的时机，条件经过协商不会谈不拢的。”

只是乞降，为什么日本不甘心失败，试图挣扎，讨价还价，争取有利条件、体面地结束战争呢？这就是日本法西斯统治集团寄希望于苏联的中立和调停。

苏联欲出兵日本

当法西斯纳粹头目希特勒开枪自杀，墨索里尼的尸体被倒挂在意大利米兰的广场的一根柱子上，任人唾骂，日本天皇大有兔死狐悲之感。尤其担心苏联会立即参加对日战争，打入日本本土。“帝国将被置于死地，因此要尽快与苏联谈判”，并通过苏联的居间调停早日结束战争。

为此，1945年5月中旬，日本军政当局第一次公开提出“日苏谈判纲要”，甩掉妨碍日苏关系的历史包袱，又进行各种“日本愿为改善日苏关系作出一系列重大让步”的会谈。

《波茨坦公告》同盟国历来坚持要求日本全面无条件投降的正确主张，美国不愿苏联在对日政策方面发挥影响作用。在苏联尚未对日作战，及苏联没在公告上签名的情况下，日本对苏联的中立寄托着希望和幻想，因而拒绝接受7月底的《波茨坦公告》。

苏联根据《德黑兰宣言》和雅尔塔会议，德纳粹投降三个月内向日本开战，所以，8月8日苏联政府对日本宣战。正是苏军出击，防止了日本关东军大规模使用生化武器继续毒杀中国百姓。英国政府立即声明：“苏联于今天对日宣战，充分体现了盟国间的团结。这有助于缩短战争，为营建世界和平创造了条件，我们欢迎苏联作出的这一伟大决定。”华西列夫斯基元帅指挥的近160万苏军分3路，向盘踞中国东北的日本关东军发起了全面进攻，随即又向朝鲜北部和库页岛进军。自诩为“常胜军”的关东军很快土崩瓦解。

9日上午，日本召开最高战争指导会议商议停战事宜；当天夜间7小时会议的激烈争论仍未取得一致。“七巨头”形成3∶3僵局，铃木首相却故意不说出自己的主张，只有请求天皇圣断。

天皇责令“苏联既已参战，就要赶紧收拾残局”。

天皇说：“一想到要解除武装，惩办战争的责任者，难以忍受。可是，现在却要忍受这难以忍受的痛苦，而且必须忍耐……”

其实日本最害怕苏联出兵，不怕美国的轰炸。这是因为：美国只能靠轰炸，没有军队来占领；再者天皇1942年就说：“因为我害怕苏联人。”奄奄一息的日本，苏联出兵肯定会投降。若苏军攻入日本本土，不投降也得投降，就在这关键时刻，美国要了一套阴谋，抢先引诱日本投降了。

美国诱惑日本投降

美国既担心苏联的巨大影响，像攻克德国柏林一样抢头功；又担心没有150万陆战队员攻占日本本土的能力，更害怕投了原子弹的日本还只是乞降，而不肯投降。美国为了促使日本尽快投降对日本乞降照会复照，“承认日本国体，保护天皇制”，这样就不叫无条件投降了，是美国自作主张的有条件的投降，违背了中、美、英三国发表的《对日宣言》即《波茨坦公告》，最为日本担忧的天皇制得以保留，满足了日本的要求。所以日本立即于10日6时照会转达给美、英、中、苏政府，接受《波茨坦公告》。

这时美国趁热打铁，怕日本政府反悔，更出动大批轰炸机猛袭日本各地，还大量散发日本的乞降照会和美国复照。日本政府很害怕这些传单刺激国内的主战分子和军队引发混乱和叛乱。更重要的是苏联8日已出兵日本，攻入日本本土，将像攻克德国柏林一样势不可挡，所有人都成俘虏，不投降就毁灭，到那时日本将比德国更惨。故14日上午内阁又举行会议，天皇说：“采取媾和手段，对于对方的做法，难以完全置信，但我想较之日本灭亡的结果还略胜一筹，只要还留下一点种子，今后还有复兴的希望……”会议在天皇一片涕泣声中结束。

14日晚11时25分，天皇宣读《终战诏书》录音，随后将投降诏书通知美、苏、英、中各国，准备15日12时在日本各地广播。

然而，军部主战派中的少壮军官在天皇录音刚刚结束，为抢走天皇宣读的投降诏书录音盘，并推翻主和派政府，竟在宫城内发动了一次疯狂的叛乱。

一夜激战，相继30人被杀、自杀。被叫醒的天皇，穿好大元帅陆军军装，要直接去向叛军讲话，天皇喃喃自语道：“这些人到底想干什么？难道他们一点也不理解我的处境，要我死吗？”15日12时，日本全国播放了投降诏书。

9月2日上午9时，在停泊于东京湾的美国战舰“密苏里号”上举行了受降仪式，日本帝国主义战败投降载入史册，反法西斯的第二次世界大战也以同盟国的胜利告终。

八、杜鲁门为何宣扬"原子弹使日本投降了"

1945年8月15日，日本宣布投降。半个多世纪过去了，在人们的记忆中，多数人都受美国总统杜鲁门"原子弹使日本投降了"言论的影响，扭曲了历史真实，更使人精神上产生了核恐惧心理。

众所周知，1945年4月，罗斯福总统突然脑溢血去世，副总统杜鲁门上台，他才知道罗斯福从军费中秘密拨20亿美元巨资搞原子弹。他坚持认为"惟有苏联出兵参战，才能最终战胜和彻底摧毁日本"。但是当美国原子弹试验成功，杜鲁门却摇身一变，大肆宣扬"原子弹使日本投降了"的言论，其目的何在?

为了夺得战胜日本的头功

1941年6月22日，德国突然对苏联发动了大规模进攻，苏联伟大的卫国战争中有2700万人丧生。1945年4月30日，苏军首先攻入柏林，占领纳粹大本营德国政府，希特勒自杀。消灭法西斯纳粹德国，苏联获得了头功。若美国原子弹使日本投降了，不就是战胜法西斯日本军国主义立了头功吗?所以战胜日本只有获得头功，美国人心理才能达到平衡。而且，政府投巨资研制四五年的"曼哈顿工程"，才能向国民有个交代。其实日本未投降前，杜鲁门已改口下了新的赌注。

1945年7月24日，波茨坦会议刚结束，杜鲁门向斯大林低声交谈：

"斯大林先生，我想告诉你一个使人震惊的消息。"

"什么消息，有这么大的力量？"斯大林问道。

"是这样的，在几天前，美国和英国研究人员试验成功了一种非常特殊的炸弹，它能把好几公里的东西完全摧毁，威力特别大，他们叫它原子弹。”

“原子弹？威力非常大！”斯大林惊奇地说。

“是的，我们认为，它可能对整个日本战争的胜利起决定性的作用。”

“哦，你们的愿望真好，能试验出这种武器，这真值得庆贺！”

其实这是在离开美国的轮船上，秘书送来了“成功爆炸原子弹”的电报，当时杜鲁门高兴地大喊：“这是有史以来最伟大的一天！”杜鲁门激动得在餐厅用叉子敲打玻璃杯，发酒疯似的示意大家：“这是一次辉煌的胜利，我们胜利了！”

造出原子弹就说对日本战争胜利起了决定性作用，对日本各城市大肆轰炸了半年多，仅有一颗原子弹轰炸就说“我们胜利了”，可见美国对原子弹寄托了多么大的期盼和赌注。

报了日本偷袭珍珠港的深仇大恨

日本偷袭珍珠港在短短两小时零四分钟的时间内，使美国19艘大型舰只被击沉、击毁，150架飞机被炸毁，美官兵死2409人，伤1178人，平民死68人；而日本仅损失29架飞机和5艘袖珍潜水艇。

罗斯福总统大声疾呼：“必须永远记住这个奇耻大辱的日子”，“一个遗臭万年的日子”，请求国会宣布“自1941年12月7日——星期日，日本进行无缘无故和卑鄙怯懦的进攻，合众国和日本帝国之间已处于战争状态”。国务卿赫尔骂日本政府“是地球上最无耻的恶棍，最无耻的谎言制造者”。

被偷袭后第二天，罗斯福向斯大林发出请求，希望苏派兵对日进行军事打击。美国当时还想借苏联领土对日进行大规模轰炸。斯大林以“对日宣战会削弱苏联攻打德军的实力，从而给希特勒以可乘之机”而拒绝了。

罗斯福秘密从军费中拨款20多亿美元，汇集世界各国科学家15万人实施“曼哈顿工程”，要用原子弹为美国人报仇。

当第一颗原子弹投向广岛后，杜鲁门总统立即发表了一份声明：“日本对珍珠港的袭击和杀害战俘的肆无忌惮的做法，更令人感到不安。日本的残酷和野蛮已达到令人发指的地步。对日本，无法讲公理和正义。他们所懂得的唯一语言似乎就是我们对他们进行的那种轰炸。当你面对野兽时，你就得使出你对付野兽的办法……”美国是在强调原子弹迫使日本投降，才报了这个深仇大恨，并向国民有个好的交代——20亿美元没白花！使用大规模杀伤性武器是违反国际法的。所以，1945年7月15日至16日美国“曼哈顿工程”的科学家与军方讨论“对日本使用原子弹武器问题”时，由于原子装置还设试验（会后第二天试验），担心失败，或者，投下原子弹后日本拒绝投降怎么办，另外，也没有更多材料再迅速制造一枚原子弹。这时讨论形成了两种意见。做一次纯技术上演示这是一部分人的希望，因为法律上规定使用原子弹为非法，现在如果使用，将来在谈判时会受到误解或谴责。另一些人认为，原子弹可能会为拯救美国人的生命带来机会，因为1944年军方制定最后对日作战方案时，曾考虑过动员150万美国军人赴日作战，才能打败日本，结束第二次世界大战。若投原子弹能让日本投降，就能防止将来战争的发生。

所有核科学家反对直接投原子弹做人类杀伤试验。但使用原子弹使万恶的法西斯野兽、日本军国主义投降了，即使非法和挨骂也值得。美国以此掩盖了非法，抵制了谴责，这是其求之不得的愿望。

当第二颗原子弹投向长崎后，日本政府马上抗议：“使用这种比以往任何武器都无法比拟的，具有不加区分和破坏性及残忍性的炸弹，是对人类文化的犯罪……必须停止使用这种非人道武器。”难道日本的侵略和暴行是人道的，其实日本是对人类文化犯罪最大又最多的国家。

1995年，反法西斯胜利50周年，美国总统克林顿在回答记者关于当年投掷原子弹问题时表示，尽管当时很多人丧生，并不意味着杜鲁门总统当时的决定是错误的，也不意味着美国现在应该道歉。许多日本人对克林顿表示了抗议。

称霸世界，欺压别国的恐吓武器

原子弹的威慑力，一方面对树立战后美国的世界大国地位有利，另一方面使战后美国的主要对手苏联能够接受美国制定的战后世界计划。美苏两大国对抗，步入冷战年代。

然而最明显的称霸是日本刚宣布投降时，杜鲁门指示麦克阿瑟：“只要天皇保证日本不再成为美国的威胁，天皇的命运就在你手中。”这就将日本无条件投降变成了有条件投降，为日本军国主义抬头和右翼势力兴起，滋生了土壤。不久，远东军事法庭由于美国人控制的国际检察处以“保存天皇制度”为借口，对主要战争决策人之一的裕仁天皇不予起诉。

当时中国代表梅汝璈对新闻界发表讲话说：“日本天皇与天皇制度是两回事。《波茨坦公告》虽然给予日本人民以选择政府制度的自由，却没有给日本人或其他任何人以包袒日本天皇战争责任的权力。就是麦克阿瑟将军，身为盟军最高统帅，也没有权力或资格宣布日本天皇的无罪。”这就是由于美国的霸权行径造成日本否定侵略的根源，颠覆历史的理由。

难怪美国前总统赫·胡佛嚣张和露骨地宣称：“目前，我们，只有我们掌握原子弹，我们能够把自己的政策强加给全世界。”

各国对杜鲁门的驳斥

杜鲁门的“原子弹使日本投降了”的逻辑，立即遭到欧洲盟军司令艾森豪威尔和英国元帅蒙哥马利等将领的非议和驳斥，认为日本的失败已经不可避免，使用原子弹毫无必要，只会引起世界舆论的指责。原子弹能解决战争问题是最大的错误。

英国首相丘吉尔说：“造成日本的命运因原子弹而得到解决的说法是错误的，在第一颗原子弹落下之前，日本失败已成定局。”所以天皇一听到苏联出兵欲占领日本本土时，立即命令“苏联既已参战，就要赶紧收拾残局”，“只有投降才能留下复兴的种子”。“那些人到底想干什么？难道他们一点也不理解我的心情和处境。非要我死在苏军刀枪下吗？”这就是裕仁天皇落泪而去录音发表投降诏书的历史事实和镜头。

英国核专家劳伦斯·费里德曼在《核战略演变》一书中说：“投原子弹很像给临死的人下毒药，打击对象十分脆弱，不仅是软弱无力，而且已经处于崩溃的边缘；日本既没有防御能力，也没有威胁要报复，原子弹只会造成恐怖……”

然而美国政府却从自己的利益出发，扭曲历史事实。在人类将进入21世纪前的1999年末，美国评选出了20世纪百条大新闻，第一条就是“美国在日本的广岛和长崎投下原子弹，才结束了第二次世界大战”。有人说，这是20世纪的最大骗局。

九、美国借原子弹逞威

第二次世界大战把美国造就成了独一无二的经济巨无霸、军事强国。

美国最初是通过什么途径，成为经济和军事强国的呢？这里列举了美国的“绥靖政策”和美国以原子弹为资本，在国际舞台上专横跋扈、不可一世的逞威秘闻。

“绥靖政策”引发“珍珠港”事件

1936 年 11 月，日本与德国签订了《日德防共协定》，实现了法西斯轴心国之间的政治同盟。1937 年 7 月 7 日，日本的华北驻军挑起了卢沟桥事变，日本全面侵华战争开始。

1937 年 9 月，美国虽然表面上按照中立法（1935 年美国会通过了中立法，禁止将美国军火运往交战国，禁止用美国船只运送军火）禁止用美国船只运送军火给日本，但却允许日本用自己的船只购运美国的战略物资。

1940 年，希特勒占领了北欧，攻入法国，准备进攻英伦三岛时，日本法西斯决策者欣喜若狂，看到西方战线的胜利，决心要在东方战线建立“大东亚共荣圈”。日本天皇批准了武力进驻方案后，近卫内阁鼓吹效忠天皇达到高潮，决意南进。这就是天皇说的：“近卫首相似乎打算把因中国事变失败造成的国民不满情绪转移到南方去……”

1941 年 6 月，德国背信弃义，撕毁《苏德互不侵犯条约》，突然对苏联采取了大规模进攻。这给正致力于南进的日本造成巨大冲击。是南进还是北进，日本内部争吵不休，对于刚签署了《日苏中立条约》而主张北守南进的外相松冈，请求天皇裕仁立即批准进攻西伯利亚，推迟南进，配合德国夹击苏联，因苏联远东兵力不足，趁空虚定能迅速击败苏联。

裕仁甚感惶恐吃惊，因为这意味着日本将朝两个方向作战。

日本考虑由于苏联忙于对德作战，北方无威胁，趁势南进夺取石油、橡胶资源的东南亚，待德军摧毁苏联后再北进，以逸待劳。东条英机得意地说："苏像熟柿子就要落地了，那时进攻，更会发挥日本的威力。"

于是1941年7月，日本为了夺取南进的桥头堡，向危难之时的法国通牒，索取印度支那南部8个航空基地和西贡、金兰湾军港。

当日军进驻美属菲律宾时，美国采取了对日本实行石油禁运，给日造成致命打击。日军惊呼：与其坐待石油枯竭，不如先发制人，日美战争不可避免。

1941年11月，"御前会议"决定12月上旬向美国开战，企图用新的战争冒险来摆脱侵华战争长期化而陷入的困境，以打破中东石油禁运给日本造成的灾难。

日本正是看准了美国对德、日、意采取的"中立"为名的"绥靖政策"而下手的。12月6日晚10点，罗斯福用个人名义直接给天皇裕仁发去一封电报，寻求"驱散乌云的办法"。但参谋部扣压了这封电报，直到珍珠港事件爆发前3小时，才交到日外相东乡手中。美国终于在炸弹和鱼雷的爆炸声中自食其果了。

罗斯福用牺牲别国利益的办法，缓和与法西斯德国的矛盾，推动德国去进攻苏联，并提出美国在"现购自运"原则下，同意售卖军火给交战双方，该提案经国会同意付诸实现。美国用军火换回大量黄金，黄金源源不断地流向美国。

历史是无情的。美国绝不会忘记珍珠港的灾难和耻辱，美国决心在适当时机报复。

珍珠港事件，激起了美国人民的爱国主义和反法西斯的热情。第二天，美国对日宣战，罗斯福总统也大声疾呼："必须永远记住这个奇耻大辱的日子！"巧合的是，珍珠港事件的前一天，罗斯福总统刚刚批准了研制原子弹的"曼哈顿工程"。

1945年8月8日，在美国将仅有的两颗原子弹投向广岛、长崎后，苏联出兵欲占日本本土，之后日本投降。美国政府大肆鼓吹：日本投降是原子弹的功劳，只要日本在投降书上签字就是美国的胜利。

半个多世纪过去了，历史雄辩地证明了美国鼓吹原子弹的欺诈性和迷惑性。也证实了罗斯福说的：“俄国、中国、英国是先上场的足球队员，等他们疲乏时，我们精神抖擞，以决定全局的胜利。”这样，美国可以成为“世界上的强国和领导者”。难怪当时的英国外交大臣贝文曾鼻酸心妒地承认，美国当时正处于上个世纪拿破仑战败后英国所处的地位。

的确，美国借助日本投降获得的利益而逞威，从而形成了美国独霸世界的霸权主义野心的开始和滋长。

怪哉！天皇不受审判，战犯当首相

如何惩处日本军国主义的国家元首和陆、海、空最高统帅裕仁天皇成了日本投降后世人关注的焦点。

苏联：“天皇制应该立即废除，天皇和皇族应该作为战犯进行审判。”

中国：“应当宣布天皇是战争罪犯。”

美国认为日本只要投降就是原子弹的功劳，只要在投降书上签字就是美国的胜利。“只要天皇保证日本不再成为美国的威胁，天皇命运在你手中。”这是美国总统杜鲁门给刚被任命为盟军最高统帅的麦克阿瑟的指示。

保留天皇制有利于美国占领，防止日本出现人民革命的形势，不判裕仁为战犯，他将对美国戴罪立功，这是美国某些政客的梦想。

美国军方在 1945 年 10 月给麦克阿瑟的指示，不排除对裕仁提出起诉，取消君主制也是可以的。但是想当美国总统候选人的麦克阿瑟狂妄自大，骄横跋扈，不想听从任何人的指挥。1945 年 9 月，他在美国大使馆私下会见过裕仁，认为他不是一个狂热的领袖，“如果裕仁被送上法庭，那么占领的各项计划必须全部修改”。就这样，美国与日本达成了交易。

在开始审判 28 名甲级战犯时，审判长韦茨普（澳大利亚人）和各国审判员、检察员们纷纷要求追究天皇的战争责任，最低限度也要天皇出庭作证。首席检察员克纳恩（美国人）原来是个急先锋，可是后来突然改变了态度说：“检察当局决定对天皇不予起诉。”

检察员们听了，个个目瞪口呆。苏联、菲律宾、澳大利亚、新西兰，尤其是中国的检察员都坚决反对，但克纳恩不予接受，这种奇怪的态度是因为他与麦克阿瑟进行了密商之后，出于政治照顾的原因。

在审判东条英机时，战犯东条英机说：“我之所以这样做，是因为日本臣民都不会有违反天皇意志的行为，何况身居高官的人呢？”很显然，发动战争就是根据天皇的意志进行的。这时首席检察员克纳恩脸色发青，宣布下次审讯。

马上有人向狱中的东条英机送信，东条英机立刻后悔。于是在下次审讯时，克纳恩诱供性地讯问：“发动战争是天皇的意志吗？”

“由于我的建议，天皇才勉强同意了，直到最后陛下也同样祈求和平。”于是这个沾满世人鲜血，最残暴的吸血鬼独揽了罪责，既为天皇开脱了罪责，也使美国政客——首席检察员克纳恩发青的脸色消失了。

所以，在美国的庇护下天皇既不是主要被告人，也没有出面当证人，在自愿放弃“神”的身份后，既没有公开自责，也没有被迫下台。天皇竟在麦克阿瑟的“宽恕”下“保证永世不再成为美国的威胁”，裕仁还是当了过去一直充当的角色。这就是麦克阿瑟说的：“可以与驻日美军20个师的力量相匹敌。”

日本成为美国附庸国之后，美国为了防止日本出现人民革命，并以日本作为对抗苏联和中国的桥头堡，必然重新起用天皇。

不仅如此，美国仇视中华人民共和国，一心想颠覆中国。1950年11月23日，美国驻日占领军司令麦克阿瑟擅自释放了日本甲级战犯重光葵。美国1957年竟扶植了曾是侵华甲级战犯的一岸信介当上了日本首相。美国成了日本右翼势力抬头的总后台。

也就是说，战后日本的右翼势力被纳入了美国的世界战略中，实现了复活。

细菌战犯逍遥法外的历史真相

细菌战以及细菌武器残杀无辜百姓是违背国际公法的，而以活人进行细菌传染效应试验，更是惨无人道、灭绝人性的罪恶行径。

日本军国主义1930年代在哈尔滨秘密建立细菌场“关东军防疫给水部”，

番号是“满洲第659部队”，苏德战争爆发后改为“满洲第731部队”，德国败降后又改称“满洲25202部队”。

当日军在哈尔滨建立系统研制生物武器基地后，又在中国各地进行生物战剂杀害试验。中国驻伦敦大使向英国公众揭露：1940年10月4日，一架日本飞机在浙江衢县城投下混有跳蚤的大米和小麦等粮食，结果21名市民死于鼠疫。3周后日本飞机在宁波故伎重演，99人死于鼠疫。1941年11月4日凌晨5时，湖南常德，其后浙江金华等地都出现了日机扔下的鼠疫病毒载体，杀死了成千上万名中国人。

与此同时，日军还在北京天坛附近建了一个细菌兵器研究所，称“华北军防疫给水总部”。在南京、广州、长春分别建立了细菌武器生产和残害试验基地。

日本投降时，在哈尔滨大规模地焚烧文件、物品连续半个多月，还将“实验材料”——400人用速效毒气和机枪扫射害死，然后拖入大坑里浇上汽油焚尸灭迹。可部队头目们觉得若不彻底灭迹，会给自己带来麻烦，于是又下令挖出尸体第二次焚烧。

除此之外，被731部队抓来送进普通监狱的中国人，也不能幸免，他们被注入氰化物剧毒品后，用袋子装起来扔进松花江。将进行罪恶活动的建筑物、炮车、高大的“四方楼”统统用大火烧掉，还在飞机库旁架起数门大炮，将“四方楼”及其锅炉房击倒和爆破，以毁灭罪证。

日本臭名昭著的细菌部队远远超过德国法西斯建立的“波兹南细菌学研究院”，成为世界上最大的细菌杀人工厂。石井四郎是其部队队长，细菌试验仅在哈尔滨这一地方，当时就残杀了中国人、苏联人、蒙古人和朝鲜人3000多名。

1947年1月，苏联政府就日本关东军满洲731部队在中国实施细菌战，指控犯有违反国际公约的战争罪犯，要求美国审讯。然而，却遭到美国拒绝。

1947年12月25日至30日，苏联独自通过伯力军事法庭审问731部队的12名战犯。唐泽登美雄小佐供称：大约10人曾由我带去试验场，把他们捆到事先埋在那里的相间5米远的柱子上，然后用电流引爆杀伤性炸弹，很多受试者被炸伤，都染上了炭疽病，因为炸弹里装有这种病毒。另一名受审战犯证实：曾看见10名中国人分别被捆在相距20米的柱子上，然后用电流引爆炸弹，这10人全部被炭疽炸弹打伤，一周内全部在极度痛苦中死去。此部队是根据天皇本人的命令建立的，日本战犯对其进行灭绝人性的可怕试验供认不讳。这证明天皇裕仁、731部队石井四郎等人为战犯。因此苏联照会中、美、英三国建议委托特别军事法庭予以审讯。

起初美国不同意公审，并不相信日本用人做生物武器试验的报告，认为这太使人难以置信了，而且石井部队在撤退之前炸毁了细菌工厂并杀死了试验剩下的人，销毁了大部分资料，没有确凿证据。后来美国意识到了这些战犯的价值，就千方百计地为战犯庇护。

1950年2月，苏联驻美国大使向美国务卿艾奇逊递交了一份备忘录，提出要求："原关东军军医部长梶原中将证实，陆军第731部队中将军医石井四郎领导的细菌战的部队是1937年根据天皇的特别密令组建的，因此苏联要求美国政府指示麦克阿瑟元帅重新设立国际法庭审判天皇和石井四郎等四名有关人员。"

而美国认为，苏联这时提出这一要求是对麦克阿瑟认为苏联还扣留着37万日本人，驱使他们去做残酷劳役的问题的回避，因此不与苏联合作。所以，苏联在1950年公布了审问日本细菌战犯的初始材料，在世界上引起了轩然大波。

后来，东京召开审判，美国主审官对主要指控日本细菌战的证词反应冷淡，然后就是束之高阁，甚至加以隐瞒，以证据不足为由，免予追究。

东京审判后，石井四郎先是失踪，后来公然主持美国在日本设立的细菌战机构。

对罪大恶极的细菌战犯，美国竟千方百计阻挠、隐瞒、庇护，最后使其免以审判，完全是为了不可告人的美国的利益。

原来石井四郎先向美国主审官供称，如果能以书面形式确保他本人、上级和下级从"战争罪犯"中豁免，他可以提供细菌战的详细情况和计划，这一要求于1947年5月6日电报传给华盛顿，五角大楼派埃·希尔博士和约·维克托博士到日本调查。结果使美国大吃一惊。其调查的结论是：这些实验对于西方生物战研究的潜在利益远远超过了正义的需要，如果让苏联人审讯日本人，那么将是苏联人而不是美国人得到这些研究成果……这些资料在我们的实验室中是得不到的，因为我们不能用人做实验。所以要做出一切努力，使这些提供有价值情报的日本人免于麻烦。美国如获至宝，立即在美国生物武器研究领域委以石井四郎重任，以使美国在生物战方面保持绝对优势。其二，美国怕将详细情报和生物战技术泄露给苏联。其三，起诉细菌战犯意味着将来会起诉原子弹战犯，对美国极不利。这就是当时美国隐瞒日本细菌罪犯，又千方百计加以阻挠审判细菌罪犯的目的和历史真相。

近些年来，我国东北发现大量日本的细菌弹、毒气弹，我国政府一再要求日本政府尽快销毁埋在我国的这些灭绝人性的杀伤武器，日本政府作何打算呢？

历史是无情的，应该永远追究杀害百姓的暴徒及其指挥者和纵容者。

美国的特权和霸道

1946 年 1 月 9 日，东京盟国最高统帅部按盟国最高司令部的指示，在东京设立远东国际军事法庭，审判与惩处日本法西斯首要战犯。

远东国际军事法庭，历时两年半，共开庭 818 次，419 人（包括爱新觉罗·溥仪）出庭作证，而裕仁既不是主要被告人也没有出面当证人，最后美国甚至对东条英机等 7 名罪大恶极的战犯提出“宽容、慈悲、谅解”，反对判处死刑。

荷兰法官首先表示：不能对破坏和平罪的罪犯处以死刑。

法国法官也声称：日本天皇尚且不予追究，就没有理由严惩天皇的追随者。

澳大利亚法官说：把战犯流放到荒岛上去。

美国法官虽然同意适用死刑，但他们却偏重于对发动太平洋战争的首恶分子和曾经虐待美俘的那些战犯。

中国法官梅汝璈力主对日本首要战犯适用死刑。他说：“我们不是复仇主义者，我也无意于把日本帝国主义欠下我们的血债算在日本人民的账上。但是，我相信，忘记过去的苦难可能招致未来的灾祸。我中华民族素来主张宽恕待人，但为了防止将来再有战争犯人的出现，所以对于日本的首要战犯，必须处以死刑，以防灾祸，以儆效尤。”

以梅汝璈为首的中国法官代表团决定：如果远东军事法庭免除东条英机等人死刑，对杀人者不加严惩，自己则无颜见江东父老，决心集体投海自尽，以示抗议。一周后，1948年11月4日终于裁决，判处7名战犯死刑，16名战犯无期徒刑。

然而，正待执行之际，土肥原和广田两个被告人的美国辩护律师竟于11月24日向华盛顿美国最高法院提出“上诉”，要求释放被告人，上诉书声称：麦克阿瑟无权成立审判日本战犯的军事法庭，任何美国法律或国际法均未规定侵略罪；对被告人所被指控的各项行为，均系遵守日本政府的命令等等。后来又有5名被告人也向美国最高法院提出“上诉”。于是，麦克阿瑟立即下令对所有被告人暂缓执行所处刑罚。

对此突然行动，国际舆论哗然，当然人们还以为美国最高法院会立即拒绝。不料美国最高法院于12月6日以5票对4票微弱多数，决定受理日本战犯的“上诉”。这一消息公布后，立即引起强烈反响。尤其中国，抗战8年，又经过两年半的国际审判，还要由美国法院来最终决定，群情沸腾，义愤难平。最终判决，尚需经过一国法院单独予以审查，则今后国际间的决定和行动均可同样由一国单独予以审查和撤销，这种危险先例对于未来国际间的合作和互相信任，将产生不良影响。中国报纸高呼：美国最高法院受理日本战犯的上诉是对“远东各国抗战死难平民的侮辱”。

苏联《真理报》载文谴责。英国代表、荷兰代表认为，美国最高法院这一行动是对远东国际军事法庭“法律地位”的打击。甚至在美国和日本也引起指责和波动，美参议院议员劳伦卓·塔纳达指责美国最高法院“没有法律根据可以这样做”。

一个被审讯战犯，除设有自聘的日本律师及辩护人外，都要配置一名美国律师。而这些律师则是为一些没有直接危害美国利益的战犯“寻找开脱”。

中国检察官不但要首先花力气击败日本的律师及辩护人和证人，还要对付美国律师的辩护。例如：土肥原贤二在侵略中国中犯下滔天罪行，出庭时他的辩护律师竟说土肥原贤二为人厚道。为此中国检察官严词反驳，并出示当年奉天特务机关专门用来向日本政府邀功请赏的报纸。其中一页载有“华南人士一闻土肥原、板垣之名有谈虎色变之概”的话。中国检察官说，这是土肥原和板垣两个残害中国人凶狠如虎的写照，但美国律师为之辩护说这是在谈老虎，与本案无关，中国检察官据理驳斥，美国律师无言以对。

在审判荒川秀俊时，荒川秀俊狡辩说：自己是搞气象的，在1万米高空存在一个由西向东强大而恒定的大气环流层，如果从日本释放气球，悬挂炸弹，顺风飘到美国轰炸将起很大作用。自己不是军人，也从没有应征服过役，只是提出气象理论。但美国审判官认为他所起到的破坏作用，远远超过一支凶悍的部队。日本1944年11月1日至1945年3月投放的7500个气球炸弹，造成美国森林着火和人员伤亡。所以，他的罪行不能饶恕，判定他7年监禁。

最让中国法官遗憾的是，此次判决，竟然没有把日本裕仁天皇列入。

原因是美国人控制的国际检察处以“保存天皇制度”为借口，对主要战争决策人之一的裕仁天皇不予起诉。

审判战犯美国都具特权，可见美国独霸世界的霸权主义在日本投降时获得了极大利益，于是滋生了美国占据世界霸主地位的欲望。要不，美国军队能长期驻扎日本吗？也可能是裕仁天皇“保证日本永世不再成为美国的威胁”的“报恩”，美国才有了今天。

第二次世界大战即将结束时，美国企图称霸全球，首先背弃美、英、苏、中战时大同盟，转而反苏反共。由于面对强大的苏联，它不得不尽量避免热战，进行冷战，实行杜鲁门主义。在亚洲，1948年中国革命即将胜利，扶蒋反共，企图变中国为美国附庸国。当这一政策失败，立即改变对日本的占领政策，由打击、削弱、限制和实行民主改革转为大力帮助、扶植、积极支持日本经济复兴，使日本成为美国的附庸国，而对抗红色中国和苏联。

美国借助原子弹使日本投降而获得利益并逞威，从而形成了美国独霸世界的霸权主义野心，逞雄半个多世纪。

霸权盛极而衰，这是历史发展的辩证法——自然规律。历史的车轮已经驰过一个个骄横一时的帝国的废墟。历史同时也昭示，那些没落的帝国为了推迟衰落的到来，往往会有意无意地寻找外部的刺激，甚至不惜借助于战争。

十、苏联漫长的核弹之路

1949年8月29日凌晨4时，苏联秘而不宣地成功试验了第一颗原子弹。这是颗钚弹，约为2万吨TNT当量。它的试验成功，打破了当时美国的核垄断。

1951年10月18日，苏联进行了第三次核试验，是用图-4型飞机投下的原子弹。从此，苏联的核武器真正实现了实战价值。

1953年8月12日，苏联爆炸了第一个热核装置，约10万吨TNT当量，从此苏联拥有了氢弹。

1954年，苏联建成了世界上第一座核电站。其后，又建造了世界闻名的“列宁”号原子破冰船。

1957年10月，苏联也是世界上第一颗人造地球卫星进入太空。

1958年7月4日，苏联第一艘核潜艇下水。

1960年，苏联海军有了导弹核潜艇，导弹射程600千米，1964年达2000千米。

1969年12月13日，世界上第一艘钛制核潜艇试航成功，水下潜航速度40节，即每小时80公里，这一速度至今仍是一项世界纪录。

核计划艰难的第一步

门捷列夫发现了元素周期律后，铀、钍的含量按重量计大约是碳的含量1/100，但是每克铀、钍核的裂变，是一克碳的燃烧放出能量的250多万倍。因此，20世纪30年代，人类发现核裂变后，各国科学家都积极开展核能研究。苏联著名科学家维尔那特斯基曾预言：“人类掌握原子能的时代已为期不远，这种动力的源泉将使人类有可能按其愿望来建设自己的生活。”

苏联核科学起步于“十月社会主义革命”时期。1918年末，苏维埃政府便在列宁格勒建立了“国立X射线与辐射研究所”，约飞任第一任所长。1922年，苏联组建了“国立镭研究所”，维尔那特斯基院士任第一任所长。

1932年，“莫斯科物理研究所”成立，第一任所长是谢尔盖·伊万诺维奇·瓦维洛夫，其后来担任了苏联科学院院长。契伦科夫和瓦维洛夫在实验中发现了一种新现象——快速粒子穿透物质时会使物质发光，这被称为“契伦科夫—瓦维洛夫效应”。

1935年，库尔恰托夫及其同事发现了人工放射性的核同质异能现象，后又论证了快中子和慢中子实现铀的链式核反应是可能的，并证实反应的材料铀238的浓缩可用铀的气体化合物离心来实现，后又实现了铀的自发裂变现象。

原子弹理论的奠基者玻尔访问了苏联物理中心，赞扬了物理所的高压装置。1936年，国外学者参加莫斯科首届门捷列夫报告会，约里奥和伊伦娜·约里奥赞扬了苏联在原子核物理学和核化学方面的成就。他们在报告会上说：“当科学工作者能够按照自己的意愿创造元素的时候，他们就能实现爆炸性质的核反应……我们提心吊胆地预见到它的灾难后果。”库尔恰托夫向约里奥说：“您还宣布了能够释放巨大的有益能量，我更喜欢您预言中的这一部分。”约里奥耸了耸肩膀说：“这两者是不可分的。”

1939年1月，约里奥在铀核裂变的发现中，还发现了钍的裂变，它们的碎片以很大能量飞开，在裂变中还观察到了次级中子，但不知道有多少。

1940年6月，苏联科学院成立了“铀委员会”，表明苏联政府对核裂变的重视，这就是苏联核研究中心。

为了揭开核裂变之谜，科学家们废寝忘食地工作，甚至拟出了许多研究课题。而这时，与这个“红色世界”相对立的西方，正千方百计地从各方面企图将其扼死，在核研究领域自然也不会放过。封锁、禁运、刁难、破坏纷至沓来。尽管新生的政权进行了不屈的抗争，但核研究的进展始终非常缓慢。

1940年初秋，苏联科学院物理学术会议在莫斯科开幕。与会代表几乎都带来了自以为精彩的学术论文。这天下午，年轻的物理学家库尔恰托夫走上了讲坛，也许是他太年轻了，并未引起大家注意。没想到他的开场白竟一鸣惊人："各位代表，我不打算宣读我的论文了，我重申塔姆先生的建议，制造一枚铀炸弹，它有着巨大的能量，至少10公里以内的一切，都将被夷为平地。"

会场立刻沸腾了，许多人交头接耳，对库尔恰托夫的发言感到惊讶。正当大家议论纷纷之际，库尔恰托夫则把自己那篇有关制造铀炸弹的可行性报告及方法的论文交给了大会主席团。许多代表都对他的发言和论文表示了极大的兴趣，甚至有人主动提出要求参与这项"具有划时代意义的研制"。"铀炸弹"的思路在许多科学家头脑中扎下了根。1941年初夏，苏联科学院年轻学者伏列罗夫运用铀核裂变原理，设计出了原子弹构造草图。

科学院领导还没来得及仔细审阅这份草图，1941年6月，德国发动了侵苏战争，苏联卫国战争拉开序幕。最高当局要求科学家们把全部精力集中到打败德国法西斯所需的装备研究上。万般无奈的科学家只好把核研究暂时搁置。率先提出制造核弹的库尔恰托夫着手研究为舰艇消磁、防止军舰受磁性水雷攻击等课题。

"一切为了战争，一切为了胜利"

1942年春，苏联物理学家费卢罗奥夫发现有关核能研究的学术文章从美、英和德国的科技杂志上消失了。他敏感地意识到，他们正在秘密进行核武器研制。然而，卫国战争的炮声，湮没了科学家的呼吁。

直到这一年的秋天，情况才有了转机。苏军在一名被击毙的德国军官身上搜出了一个笔记本，上面的数据和公式清楚地表明，德国正在研制原子武器。

于是科学家打报告并将搜来的笔记本和科学院的鉴定报告送到了斯大林的案头。

这是一个无风的秋夜，克里姆林宫斯大林居室，苏联最高领导人不停地抽着烟，一项搞不搞核弹研制的报告等待他裁决。他经受过枪林弹雨的考验，虽然对核理论一窍不通，但对核弹的威力已是略知一二。研制核弹需要人才，需要资金，需要试验场，需要的东西实在太多了。可第二次世界大战正战火纷飞，该怎么办呢？

突然，桌上那部红色的电话机急促地响了起来。他拿起听筒，耳朵里传来了国家情报部门负责人的声音。听着听着，斯大林的脸色严肃起来，眼睛盯住了案头那份关于着手研制核弹的报告。

搁下电话，他拿起笔筒里那支他常用来签字的红笔，重重地写上：富赫斯，好样的，我们也要搞铀炸弹！

富赫斯是德国年轻的理论物理学家，因受到法西斯迫害，离开了德国，后来加入了英国国籍。1941 年，一位德国侨民邀请富赫斯参加他领导的核武器研究小组。富赫斯没有想到，美国研制原子弹，是背着盟国苏联秘密进行的。曾是德国共产党员的他对列宁缔造的世界上第一个社会主义国家有着本能上的好感。终于，他拨通了苏联驻伦敦大使馆的电话。

斯大林的批示，立即在苏联科学院引起反响。在莫斯科不远的沃林斯科耶，斯大林亲自召集会议，出席会议的是全苏一流的物理学家。不久，由斯大林亲自提议任命库尔恰托夫为莫斯科第二核武器研究室（对外称第二实验室）主任。

政府决议于1943年2月恢复铀工程，库尔恰托夫立即召开了核研究会议，讨论了铀锅炉设计和同位素分离等工作，如用石墨做慢化剂的铀锅炉和铀的电磁分离、膜扩散法、热扩散法都有具体负责人。

苏联核弹研制正式上马，但困难也接踵而来。核弹研制需要大量铀原料，经过艰苦努力，好不容易在中亚的乌拉尔、阿尔泰和土耳其斯坦的费尔干纳地区找到铀矿，但为时太晚，连试验必需的反应堆都一时难以建立。

美国总统激怒了斯大林

1945 年 4 月，当苏联红军的坦克驶上柏林街头的时候，一支特别工作小组随即跟上，他们开始搜集纳粹的各类科学家和技术资料。对苏联的特别行动小组，美国人自然不会袖手旁观，他们很快成立了“阿尔索斯”突击队，任务是抢在苏联之前，截住德国的科技人员。

正当苏联人把手伸向德国火箭生产中心佩内明德时，美国人抢先了一步，“阿尔索斯”突击队俘获了 113 名第一流的德国专家和 100 枚 V-2 火箭，迅速运往美国新建的白沙试验基地，还将德国研制核武器有名的科学家海森堡等数十人统统掳走。

1945年7月，在波茨坦会议上，美国总统抑制不住自己的高兴，向斯大林炫耀说，美国已经拥有了原子弹。紧接着，美国的两颗原子弹先后在日本广岛和长崎爆炸。美国拥有了原子弹而苏联没有，在美国核垄断的事实面前，斯大林震怒了，他下令不惜一切代价加速苏联的核研究进程。

1945年底，斯大林重新命名了苏联的核项目。几十个研究所和工厂划归刚刚成立的原子能工业部，上千名专家投入到研制原子弹的各项工作中。一场全面追回失去的时间、加速制造原子弹的战斗打响了。

1946年12月，苏联建成了代号为“E-1”的第一座原子能核反应堆。这些年来他们充满灵感、夜以继日地，甚至称为狂热地劳动，就是这一天，库尔恰托夫在他的实验室取得了突破性的进展，他梦寐以求的可控链式核反应获得了成功。

自从美国在1945年造出世界上第一颗原子弹后，它一直垄断着这个超级武器，成为它对外政策的王牌和防务上最有力的威慑力量。美国参议院为了弄清楚美国能在多长时间内保持这种垄断，于1945年秋举行了一系列听证会。核研究最高负责人布什作证时说：“如果苏联想完全依靠自己的力量研制原子弹，它可能需要20年时间。”“曼哈顿工程”最高负责人格罗夫斯将军说：“如果他们在一种完全保密的情况下进行这项工作，它可能需要15~20年，而后者的可能性更大。”美科学家认为，虽然苏联有第一流的科学家，如果苏联全力以赴的话，需要的时间可能会缩短，但他们又认为这种可能性很小。因为苏联遭受了不可估量的损失——数以百计的城市化为废墟，数以千计的工厂被破坏，数以万计的农村变成了一片瓦砾，数千万人被杀害，一切都极度缺乏。

“死命令”结出的“南瓜弹”

苏联的冬天是寒冷的，来自西伯利亚的寒流使莫斯科的温度骤然降至零下25℃。纷纷扬扬的雪花，使天地一片混沌。

1946年的严寒未能挡住苏联的核研究步伐。位于高尔基地区阿尔扎马斯南部萨洛瓦小镇的第十一设计局正热火朝天，一枚钚弹设计任务落到了他们身上。局长泽勒诺夫亲临现场，从图纸到施工，哪怕是一个极细小的环节，他都要亲自过问。他知道，这是斯大林下达的任务，他不敢有半点马虎。

锥形物出现在一份绝密的图纸上。按设计指标，这个“家伙”重达5吨，它有主体尾翼和自身的推力系统，活像个航空飞行物。面对这个属内爆式的钚弹，库尔恰托夫为难了。当时的苏联，还没有一架飞机能够运载这样一个核装置。

“原子弹在广岛爆炸后，斯大林自战争发生以来第一次大发雷霆，敲着桌子跺着脚。”斯大林“有理由这么生气”，因为“把社会主义革命扩大到欧洲全境的梦想，在德国投降后本来已经成为指日可待的现实，然而这一梦想如今竟破灭了”。广岛事件后第10天，最高苏维埃命令国家计划委员会制定5年发展计划，8月中旬斯大林召开会议说：“同志们，只有一个要求，尽可能在最短时间内让我们拥有原子武器。”“你们知道广岛震撼了全世界。力量平衡被打破了。拥有原子弹——把巨大的危险从我们身边排除掉。”

拥有原子弹的美国，仰仗着手中的核武器，到处耀武扬威，以世界警察自居。第二次世界大战期间，美英苏达成协议，共同占领和控制伊朗，从而把伊朗的石油掌握在盟军手中，商定是战争结束6个月后，均从伊朗撤军，共同分配经济利益。然而，战争一结束，美国就背弃了协议，它拒绝苏联提出的任何经济要求。于是苏联拒绝撤军，要求取得与英国相等的石油特许开采权。与此同时，开始向苏伊边境集结坦克部队。

苏联人的举动将杜鲁门激怒了。1946年3月，杜鲁门召见苏大使葛罗米柯，并递交了一份通牒：限苏军48小时内从伊北部撤走，否则施放原子弹。美国务卿也同时宣称：“现在可以送给苏联人大量的原子弹。”无奈，苏联人决定在24小时内撤军了。

更让斯大林气愤的是1948年4月美国对苏联的核威胁。4月24日，为了制止盟军破坏和瓦解德国苏占区的企图，苏军封锁了柏林。此举被盟国认为是对西方的挑衅，杜鲁门在封锁的第四天威胁苏联说，他正派遣60架具有原子弹投掷能力的B-29轰炸机前往柏林。五角大楼威胁，要求34颗原子弹一次性轰炸苏联24个城市，摧毁苏联工业的40%。经过外交努力，苏美英法四国达成协议，5月12日，苏联解除对西柏林的封锁，美国的空袭计划才停止。于是，为了尽早打破美国人的核垄断，斯大林发布了“死命令”，务必在10个月之内试爆一颗原子弹。

斯大林的“死命令”下达到了研究核弹的每一个部门。一切为原子弹让路，一切都在紧锣密鼓地进行。

核试验基地建造在哈萨克斯坦共和国境内的额尔齐斯河南岸一片巨大的荒草地上，一切生灵都被远远地迁走了，苏军士兵封锁了任何一条通往这一地区的路径，几条常用的空中航线也从这里的上空悄悄中断了。

试验场中央筑起了一座钢筋混凝土的地堡，地堡上浇铸了一个坚固无比的铁塔。为了论证核弹的威力，苏军在铁塔四周数公里范围内，布置了许多退役的旧飞机和尚能使用的坦克，修筑了大量混凝土建筑，还深深浅浅挖了许多全地下和半地下掩体，一些动物成了试验品。

1949年春天，一枚被命名为“铁克瓦”（俄语意为“南瓜”）的原子弹制造成功，允许试爆时间是初夏。没想到，试验场发生了意外事故，50米高的钢塔发生了倾斜。库尔恰托夫专家小组决定重建40米高的爆炸塔。试验整整推迟了两个月。

1949年8月29日凌晨，晴朗的天空中，星星还在眨巴着眼睛，居住在克里姆林宫的斯大林被早早地唤醒了。他紧皱着眉头，明亮的眼睛眺望着深邃的夜空。他知道，这次核爆炸，不仅对苏联，而且对整个东方社会主义阵营，都有着不可估量的作用。

就在8月29日这一天，一架美国B-29轰炸机从远东基地出发，对苏联执行例行的监视巡逻飞行。监测组意外地发现，机上感光胶片接收了比正常情况下多得多的放射线。五角大楼的核科学家经过仔细考证后，认为有两种可能：苏联的放射性实验室或工厂出现了事故，引起放射性物质泄漏；或是苏联已成功地爆炸了原子弹。当英国的监视系统也证实了这个发现一个月后，美国政府和军方都不情愿地接受了后一种解释。

美国和英国媒体曾宣扬，苏联第一颗原子弹由于富赫斯的帮助，介绍了美国试爆的各种方法，甚至将美国原子弹可能的设计方案送到了莫斯科。

冷战时期在核武器竞争中有一种观点，后有的就是窃取前者的，美国采取的手段和方法，别人以后再这样采用，就是偷美国的技术。

美国的第一颗原子弹试爆成功是世界各国的贡献，是汇聚了世界各国的科学家共同完成的，尤其，研究最早的欧洲，如英国、法国等，法西斯希特勒统治下的德国科学家逃亡到美国，为美国核武器研究作贡献的人还少吗？能说美国原子弹是偷世界各国核技术，或偷德国原子弹轮廓而设计的吗？

当然，人们看了存放在俄罗斯核中心阿尔扎马斯第16核武器博物馆的苏联第一枚原子弹（钚弹，内爆式，装药威力2万吨TNT），从外观上看与美国1945年8月9日投在日本长崎的名叫“胖子”的原子弹（钚弹）极其相似，但这样就能说是美国的翻版和技术吗？

与美国争雄

1951年10月18日，苏联用图-4型飞机空投原子弹成功，使苏联的核武器真正拥有了实战价值。

当杜鲁门总统听到苏联核爆炸成功后，茫然不知所措，他问智囊团们：“现在我们该怎么办？”1950年1月，他下令加紧研制所有类型的原子武器，包括制造超级炸弹——氢弹。

1953年8月12日，苏联氢弹爆炸。使用氘化锂作热核材料制成的氢弹重量体积相对较小，有可能用飞机或导弹成功发射。美国十分惊讶，美国改进6.5吨比三层楼高的没有实用价值的氢弹，选用氘化锂代替液态氘和氚，除去笨重的冷藏庞然大物装置才于1954年春空投成功。

从第二次世界大战后到20世纪50年代中期，美国核武器的运载全部由战略轰炸机承担，对导弹并未投入太多精力。这时，美国实施的是“大规模报复战略”，企图以数量取胜。1967年，美国库存了32000多枚核弹头。

相比之下，苏联人明显棋高一着。尽管到1963年苏联才有了155架战略轰炸机，仅为美国的12%，但在导弹研制方面，苏联却先行一步，从1950年开始研制弹道导弹。1955年，在爆炸第二颗威力巨大的氢弹前夕，相继研制出了第一代准中程导弹和中程导弹SS-3、SS-4、SS-5，射程分别为744公里、2000公里和4100公里，并装备了苏联驻欧洲的部队。

1956年，苏联首次试验洲际弹道导弹获得成功。

1957年8月，苏联又成功地进行了SS-6试验，这是一种集束式多级火箭，可以打到地球的任何地方。同年 10 月，SS–6 把苏联第一颗人造卫星送入了太空。

1961 年 10 月 30 日，苏联北方新地岛核靶场，“图 –95”升上 12000 米高空，爆炸了人类历史上威力最大（5000 万吨 TNT 当量）的氢弹。距爆炸中心 250 公里的闪光仍使人的眼睛无法忍受，好像有人在身边打开一座正熊熊燃烧的火炉。挟着火球的蘑菇云上升到 70 公里的高空，几分钟后，大地在颤抖，狂风势如万马奔腾，呼啸着卷过大地，作用到距爆心 1700 公里以外，整个地球都震动了。

由于美苏双方所拥有的核武器日趋饱和，大大超过了“相互确保摧毁”的需要，两国终于达到了“核恐怖均势”，谁也不敢首先发动核战争。

十一、英国核弹如何纳入美国轨道

世界权威刊物《原子科学家公报》（2001年）披露，在世界范围内部署核武器的绝密行动，人们首先想到的肯定是美国和俄罗斯。实际上，英国战略核部队在世界各地的活动丝毫不亚于它最亲密的盟友——美国。

英国战略核力量的秘密部署活动最早可以追溯到20世纪60年代初，并且一直到20世纪末才停止在海外部署核武器，其部署范围遍及欧洲、美洲、大洋洲和亚洲。其中最为惊人的是，英军曾制定了对中国实施核打击的绝密计划，并且进行了相应的大规模攻击训练。

英国的原子弹之路

提起英国的战略核力量，还得从第二次世界大战即将结束时英国面临的困境说起：英国国内经济一片萧条，“日不落帝国”日薄西山，欧洲随时可能爆发一场与苏联的大规模战争，加上与美国的关系摇摆不定，所以英国政府下定决心要发展核武器。不过，战后几年英国人的核武器梦主要靠美国人来支撑的。

1952年，英国面临的不定因素已经非常明朗。此时的英国已经是北约的重要成员，并且向欧洲大陆派驻了军队。按照当时北约的绝密作战方案，一旦北约集团与苏联发生大规模战争，北约军队就将立即对苏联实施核进攻。1955年7月，英国皇家空军已经具备实施原子弹轰炸的实战能力，一旦与苏联红军全面交战，英国皇家空军的轰炸机有权使用库存在西德境内的美军的战术原子弹。1969年，英国的潜艇部队开始装备美国的“北极星”核导弹，从而使英军具备了对苏联实施二次核打击的能力。

不过，英国并不满足于此，一是因为美国和苏联都已经单独成功试爆了原子弹，二是英军使用的美国核武器越多，那就意味着英国对美国的技术依赖越严重。因此英国的政客们越来越意识到，只要英国还想保住大国地位，那么就不能仰人鼻息，不能仅依赖美国提供的政治和军事支持，英国必须拥有自己的核“杀手锏”，而要实现这一目标的第一步就是进行核武器的研制与试验。

英国在研制核武器能力方面不成问题，因为大批的英国科学家在第二次世界大战期间参加了美国的原子弹研制计划——“曼哈顿工程”，所以英国政府只需把这些科学家从美国召回来就能组成一个庞大的核武器研制阵容。不过，核武器装置研制出来后，在哪里进行爆炸试验则成了一个大问题。在英国本土进行核武器爆炸试验的可能性为零，因为英伦三岛面积狭小人口密集。为此，英国在选择首次核爆试验地点上着实绞尽了脑汁，英国政府先后考虑过在加拿大、澳大利亚、南非或者英属索马里进行首次核爆试验，甚至还考虑过“借”美国的内华达州原子爆炸试验基地。

经过反复考虑和与所在国讨价还价，1952 年 10 月，英国终于决定在澳大利亚西北海岸的蒙特贝洛群岛进行首次核爆炸试验。此时，装载核爆装置的英国皇家海军“普莱默”号护卫舰悄悄地取道直布罗陀经塞拉利昂、南非、毛里求斯海岸驶向澳大利亚，秘密运送可裂变核材料的皇家空军运输机则取道塞浦路斯、新加坡和斯里兰卡直奔澳大利亚。在此后的核爆试验（1953 年、1956 年和 1957 年）中，英国人总是利用这些航线运送极为危险的核武器材料，并且从来没有告知当地政府。更可怕的是，英国皇家空军的“勇士”轰炸机进行原子弹实弹投掷试验的时候，他们居然取道加拿大的古斯湾和美国的夏威夷，除了美国政府外，英军同样没有告知加拿大政府真相。

英国核研究怎样纳入美国轨道

为什么核研究较早的英国，却远远地落到美国和苏联之后了呢？

英国核研究稍晚于法国，但早于美国，同法国、美国一样都是在政府支持下进行的。

1939 年，英国诺贝尔物理学奖获得者汤姆逊由于获悉德国成立了“铀协会”，深知事态的严重性，英国政府便给汤姆逊提供了必要的资金和一吨铀矿石，并以“汤姆逊委员会”的名义在伦敦皇家学院开展原子能研究。

1939 年 3 月，法国方面前来与“汤姆逊委员会”接洽，要求在原子能研究中进行合作，虽然法国在约里奥领导下的核研究此时领先于英国和美国，但是鉴于德国的武力威胁（1940 年 6 月 14 日德国侵略军占领巴黎），法国研究的安全环境比英国更脆弱，所以英法联合了起来。英法首先在搜集德国从事原子研究的人员以及放射性元素的生产等重要情报方面做了大量工作。法国政府在巴黎沦陷之前果断将一批军事科学家、重要的战略物资——包括从挪威买来的重水等等，尤其是约里奥的研究成果都及时转移到了英国，加上从南非和加拿大运来的铀矿石，英国核研究事业如虎添翼。还有两位法国科学家来到英国，他们不仅证实了用铀和重水得到链式反应，还帮助英国进行分离铀同位素的工作。

1941 年 7 月 15 日，“汤姆逊委员会”向政府呈递一份报告，首次正式提出战争结束前制成原子弹的可行性论证，报告中还开列了铀 235 爆炸的临界数值，认为可在最短时间里制造出原子弹，但是报告中同时建议应同美国合作。

正当希特勒向莫斯科大举进犯的时候，英国正式成立了制造原子弹的政府机构，代号为“合金管计划”。

1943 年 8 月 19 日，英国首相丘吉尔与美国总统罗斯福签订了“魁北克协定”，联手制造原子弹。这实际上宣告了英国“合金管计划”的结束，英国融入了美国的“曼哈顿工程”。签约双方保证：若无另一方同意，任何一方不得使用原子武器反对任何第三者，也不得向第三国转让任何涉及制造这种武器的情报。这样一来，法国的利益被损害和出卖了。

美英这样紧密合作，是 1814 年英国焚烧白宫和国会大厦事件后，美英生死与共的亲密合作。也是日本偷袭珍珠港事件后，罗斯福总统趁机使美国摆脱了孤立主义——即单边主义，通过合作性联盟和新的国际机构把美国的实力和领导地位结合了起来。

美英合作的同时，也造成了法国的不满。自戴高乐以抗战领袖的姿态凯旋巴黎，到上世纪 70 年代德斯坦、密特朗“既不依靠华盛顿，也不依靠莫斯科”

独立于两霸之外的政策与美英合作不无关系。

1946年8月1日，在美国原子弹研制成功一周年之际，杜鲁门总统签署“原子能法令”，禁止任何人向私人和外国提供有关原子能和裂变材料的生产技术情报和产品。至此美国也中断了在战时发展起来的与英国和加拿大的核合作。

英国核弹对准中国

英国政府高层认为，核武器不仅对威慑欧洲十分重要，而且对威慑远东特别是中国来说也一样重要。在一份1956年递交给英军总参谋长的绝密作战报告中，英军指挥官直言不讳地说，如果东盟与中国发生大规模战争的话，那么英国将毫不犹豫地使用核武器。尽管英军总参谋长对向中国使用核武器感到不寒而栗，但他仍下令秘密准备对华进行核战的计划。

英军立即着手对这一计划进行研究。英国空军在1957年的一份报告中指出，由于航线沿途重要机场的跑道太短和支援设施有限，可以携载原子弹的英国皇家空军“勇士”、“火神”和“胜利者”重型轰炸机（由于这三种飞机的第一个英文字母都是“V”，所以被英国人称为“V”中队）无法起降，所以根本无法对远东地区实施核打击。为此，空军部队建议说，英国皇家空军应该在马尔代夫的冈岛上修建一个重型轰炸机机场作为远程奔袭远东的落脚点，同时扩建现有的新加坡丁加机场，使其成为英国皇家空军原子弹轰炸机中队的临时基地。

当然，在海外部署核武器是相当敏感的政治问题。早在1957年年初，当英国国防大臣桑迪斯在澳大利亚的一次新闻发布会上宣称将在马来西亚和新加坡储存核武器的时候，世界一片哗然，甚至英国驻新加坡总督塞尔克爵士坚决反对在新加坡储存任何形式的核武器。

然而，英国军方却一意孤行。1957年，英国皇家空军的原子弹轰炸机中队的轰炸机在没有携带原子弹的情况下对上述航线进行熟悉性飞行训练。1958年，英军决定在新加坡的丁加机场修建一个永久性的核武器储存基地。

到1960年，英国皇家空军已经开始制定对远东地区实行核打击的目标计划了。

1962 年 8 月 17 日，英国首相麦克米伦亲自密令英国皇家空军向新加坡丁加机场部署核武器。1963 年 11 月，英国皇家空军开始在新加坡进行原子弹投掷训练。

英国军方之所以一意孤行要在东南亚地区部署核武器，是想达到一箭双雕的目的：从军事角度考虑，英军在东南亚地区进行核武器部署的理由是准备对付东盟与中国之间可能爆发的战争。从政治角度来看，英国这么做有更大的野心，那就是与美国一争在该地区的核政策的影响，英国绝不让美国染指英国“传统的势力范围”。英国首相麦克米伦此时满脑子的想法是：美国人的势力已经控制了朝鲜半岛、台湾岛和印度支那半岛，那么东南亚这一片绝不能再落入美国人的手中。麦克米伦的大臣们也纷纷表示，向东南亚地区部署核武器便是控制该地区“最没有风险”的一个办法。当然，这些部署核武器的做法是不敢拿到台面上的勾当。实际上，英国向东南亚地区部署核武器的绝密行动连英联邦的马来西亚首相拉赫曼都不知道，至于已经从英国殖民统治中独立的新加坡（时属马来西亚联邦）就更是被英国人蒙在鼓里。

不过，英国人的如意算盘很快落空了。由于英国与印尼之间的冲突不断升级，所以在 1963 年至 1966 年间，英国皇家空军只在丁加部署了 4 至 6 架重型原子弹轰炸机。这些原子弹轰炸机此时接到密令：一旦英国与印尼的冲突上升为战争的话，就对印尼的机场实施首轮常规轰炸。尽管这种最可怕的情况最终并没有发生，但在上世纪整个 60 年代期间，英国的原子弹轰炸机不断地飞临这一地区参加核攻击演习。到 1963 年年末，“堪培拉”中队开始在丁加机场进行低空核轰炸演习，并且一直持续到了 1970 年。更让人震惊的是，这些英国轰炸机的攻击目标还包括缅甸，因为英国军方异想天开地认为，一旦中国与东盟开战，那么中国军队肯定要向缅甸挺进，所以原子弹打击的范围包括缅甸境内的目标。

航母携带核弹常年游弋东南亚

英国皇家海军也卷入了所谓保卫东盟，准备对中国实施核打击的行动计划。英国海军 1959 年首次装备“红胡子”战术核武器，是配备给航母的“短弯刀”舰载机的。1960 年 8 月，“短弯刀”舰载机接到了在何种情况下使用战术核武器的密令，那就是“只有在万分火急的应急作战时”，“短弯刀”才能携战术核武器从航母上起飞。皇家海军最初认为，核武器只是在大西洋作战时用于击沉苏联军舰的，真的装备到舰载机上之后，海军这才发现它最有可能用于东盟与中国之间发生的战争上。

1960年，英国皇家海军的“胜利者”和“赫尔墨斯”号航母远航新加坡。之后10年间，英国皇家海军的航母轮番游弋东南亚地区，并且在东盟与中国战争计划中扮演着重要的核打击角色。根据作战方案，核弹头与裂变物质平时分开放置，一旦形势需要的话，英国在东南亚地区游弋的英国航母就能把舰上的核武器卸到新加坡的码头上，然后运到丁加空军基地进行组装。

跟美国人一样，英国皇家海军对其所属军舰是否装备核武器持“既不承认也不否认”的政策。然而，到1966年，新西兰政府和锡兰（斯里兰卡）政府不干了，他们对经常进出两国港口的英国军舰是否携有核武器深表怀疑。

英国海军甚至一度考虑把装备了“北极星”核导弹的潜艇部署到东南亚地区，但由于种种原因而没有得逞。1971年，英国海军被迫撤出新加坡。此后，英国海军的部署和注意力才重新回到北大西洋。1992年，英国将海军的战术核武器全部撤走。

英军除了制定对华核打击的绝密计划外，还试图对埃及进行有限的核打击，而在德国部署的核武器直到1998年才完全撤回本国。

十二、美国氢弹为何研制了九年之久

第一个核装置爆炸：美国 1945 年 7 月 16 日，苏联 1949 年 8 月 29 日，英国 1952 年 10 月 3 日，法国 1960 年 2 月 13 日，中国 1964 年 10 月 16 日。

第一颗原子弹空投成功: 美国 1945 年 8 月 6 日，苏联 1951 年 10 月 18 日，中国 1965 年 5 月 14 日。

第一颗氢弹爆炸：美国 1952 年 11 月 1 日，苏联 1953 年 8 月 12 日，英国 1957 年 5 月，法国 1968 年 8 月，中国 1966 年 12 月 28 日。

氢弹空投成功：美国 1954 年 3 月 1 日，苏联 1955 年 11 月 22 日，中国 1967 年 6 月 18 日。

从第一颗原子弹空投成功到第一颗氢弹空投成功，苏联用了 4 年，中国用了 2 年，为什么美国研制了将近 9 年之久呢?

广岛核试验对核科学家的影响

广岛事件，对在美国核计划中起决策作用的物理学家造成了很大的冲击。

爱因斯坦曾在美国核计划开始时起过诱发作用。他以卓越的政治远见指出了事情的本质，广岛事件后不久，他在一篇文章中写道：“原子能的释放并没有产生新问题，它仅仅使得已经存在的问题的解决变得更迫切，它对人类的影响不是质，而是量。只要一些强权国家掌握了很大的力量，战争是难以避免的。我们不能肯定战争什么时候爆发，但只能肯定它会发生。在原子弹出现以前就是这样的，原子弹带来的只是战争摧毁力的改变。”

广岛事件不仅给世界和平带来了阴影，也从心理上伤害了参加并主持核研究的物理学家们，他们感到内疚，很多人再也不愿意去研究那些威力比原子弹更大的新武器。对热核聚变反应有很重要见解的贝特和费米，都急于返回到大学的教室和实验室，奥本海默不久后也离开了洛斯阿拉莫斯。

费米在 1939 年到美国时仍持意大利护照，战争开始后，他成为敌对国侨民。按照美国的法律，他的行动是受到严格限制的，如出城要提前两个星期向市政府申请，不能接触机密，而费米当时正指导着哥伦比亚大学和芝加哥大学里的反应堆研究，他的这种处境使许多美国官员也感到为难。费米任劳任怨，由于过多地受到放射性射线的照射，他年仅 53 岁就去世了。

1946 年，杜鲁门总统批准成立美国原子能委员会（AEC），统一领导与核研究和生产有关的所有问题。一方面继续改进和完善原子弹；另一方面开始向基础科学研究，特别是向核物理和高能物理转变。它有一个负责制定政策的科学顾问委员会（GAC），由奥本海默担任主席，成员有拉比、费米和科南特等人。科学顾问委员会的成员们一致反对突击研究氢弹，致使它延缓了 5 年。泰勒也回到芝加哥大学从事教学和培养研究生的工作。

德国的著名科学家海森堡曾在《自然》杂志上发表过一篇声明，声称自己在为纳粹研制核武器时良心感到不安，因而和同事们一起避开了对原子弹的研究，转而研究反应堆和回旋加速器。此外，他还认为，战时的德国也根本不可能实施一项类似美国的“曼哈顿工程”。

在 1976 年海森堡去世十多年之际，人们得到了与他自己声明的内容一致的证据，证明了海森堡是一位暗中阻止希特勒研制原子弹的智者。而 21 世纪初，历史学家却给出了相反的看法。

英国报纸曾披露了如下情况：1945 年，海森堡等 10 位德国核科学家（其中 3 位是诺贝尔奖获得者），曾经在英国的一座农场的住宅中被拘禁了 6 个月。英国情报人员在每个住宅中都暗藏了窃听器。录音表明，这些科学家当时对美国在广岛投下原子弹的第一个反应是震惊。海森堡向奥托·哈恩等详细介绍了制造原子弹的过程。

人类进入核时代以来，理智酣睡的最突出表现是人类多次被拖进世界大战乃至核大战的边缘。

自从美国在 1945 年造出世界上第一颗原子弹后，它一直垄断着这个超级武器，成为它对外政策的王牌和防务上最有力的威慑力量。

所以，爱因斯坦写道："战争胜利了，但没有和平，那些曾团结战斗的国家在和平来临时分裂了。"

虽然这种分裂的原因是多方面的，但原子弹的不适当使用是其中的一个因素。

1949年8月29日，苏联爆炸原子弹的消息立即震惊了美国朝野，引起了对美国政策的检讨、反省和对苏联力量的重新估计。于是氢弹问题又在这种关于力量对比的讨论中被提了出来。美国原子能委员会的一些军方代表，如施特劳斯提出了加速氢弹研制的建议。

1949年10月29日，奥本海默在科学顾问委员会主持了一个专门讨论原子核武器的会议，出席会议的有哈佛大学校长科南特、加州理工学院院长杜布里奇、贝尔实验室主任巴克利、联合水果公司总工程师罗士、芝加哥大学金属实验室主任史密斯及费米、拉比等人。经过反复的讨论和论证后，会议得到的结论是：

1. 氢弹是不道德的，它具有过强的破坏力，文明国家不应该研制和使用它。

2. 氢弹的研制和生产是十分昂贵的。由于生产氚需要强的中子源，氚又只有很短的寿命，全力以赴研制氢弹势必影响原子弹的改进和原子弹材料钚的生产。

3. 氢弹研制很可能失败。原子弹爆炸时难以产生稳定高温以触发氘与氚的聚变反应。

4. 氢弹过大的摧毁力使它的有效性变小。

5. 人工控制的热核聚变反应难以实现，故不可能有热核聚变的和平利用。

委员会在它的报告中写道："我们都期望通过各种途径来避免这类武器的发展，我们都不愿意看到美国首先发展这种武器，我们认为在目前的情况下，推荐全力以赴研制它是错误的。"由费米和拉比签署的意见还写道："这种武器的无限破坏力使得武器的存在和制造它的知识变成了对整个人类的威胁，有必要公开地讨论这种灾难。我们认为最重要的是，让美国总统告诉美国人民和世界人民，基于最基本的道德标准，研制这种武器是完全错误的。"

总统下达命令

科学顾问委员会的这份报告，遭到了原子能委员会的成员施特劳斯的强烈反对，他提出“原子能委员会必须以它最大的努力去研制氢弹”。美国国会原子能联席会议主席麦克马洪也很倾向于施特劳斯的意见，他不满意科学顾问委员会的报告，曾说：“我看了这个报告，它使我懊丧！”麦克马洪约见了热心于氢弹研究的泰勒，答应设法为研究提供一切必要的条件。他还和施特劳斯一起晋见杜鲁门总统，敦促他宣布全力以赴研制氢弹。

1950 年 2 月 1 日，杜鲁门总统正式公开宣布：“我已经命令原子能委员会继续它的包括所谓‘超级炸弹’在内的、一切形式的原子武器上的工作”。这宣告了新的核武器竞争的开始。

爱因斯坦指出：“在目前的情况下，想通过国家的军备来得到安全是一种幻想”，他针对氢弹研究说：“如果它成功了，大气层的放射性污染和人类最后毁灭将变得在技术上可行。”美国科学家联合会发表声明说：“在这种新的情况下，美国人民应清楚地知道两点：我们确信，如果我们研制出氢弹，苏联人也会得到它。我们不能幻想安全可以建立在垄断超级炸弹上，我们需要的安全只能建立在稳定的和平上。我们知道，任何一种武器，不管它具有多大威力，都不能给任何国家带来安全。”

由贝特、皮格勒姆等 12 位对美国原子弹成功作出过重大贡献的著名物理学家签名的声明强调：“我们相信，不管怎样有理，任何国家都没有权力使用这种炸弹。它已经不是战争中的武器，而是结束整个人类的手段。”

泰勒以“回到实验室去”为标题发表了他的意见，他说：“但是，科学家必须找到一条庄重的、通向不确定未来的途径，科学家对自然规律不负任何责任，他们的任务是去探讨这些规律的作用，找到使它们服从于人们意愿的途径。然而，科学家的工作不是去决定是否应该研制氢弹，是否应该使用以及怎样使用氢弹，这些责任落在美国人民和他们的代表的肩上。”

1950 年 2 月 26 日，贝特、西拉德、布朗塞兹，在芝加哥大学通过美国全国广播公司的节目，公开地讨论了氢弹问题，想以此告诉美国人民氢弹的危害，唤起公众的注意。美国是一个主要城市大多靠海岸的国家，最容易遭到由海军飞机携带的氢弹的袭击。布朗塞兹认为氢弹发展还有一个投掷问题以及相应的防卫问题。西拉德认为，这是美国财政难以支持的。

为了制止日益增多的物理学家和公众对研制氢弹的议论和抗议，在杜鲁门总统的指示下，美国原子能委员会于1950年3月3日下达命令："禁止所有的原子能委员会成员以及与它有合同的雇员，公开地谈论它的热核武器计划并发表任何评论"。杜鲁门总统终于把这个问题全部控制在了白宫和五角大楼的手里。

氢弹研制成功

泰勒在回忆杜鲁门总统的决定时说："它造成的印象是，我们只要拧紧几颗螺丝就可以得到氢弹了。"实际上，在布雷德伯里领导的洛斯阿拉莫斯实验室，氢弹研究仅处于一种系统的理论探讨之中，没有人肯定它的前景。1950年6月，朝鲜战争爆发，以美国为首的联合国军进入朝鲜，杜鲁门借此机会下令研制氢弹。所以一些物理学家和数学家，如泰勒、乌拉姆、惠勒等纷纷返回洛斯阿拉莫斯，后来费米和贝特等也来到实验室进行工作访问，帮助研究氢弹的理论问题。布雷德伯里调整实验室的人员和实验设备，建立了一个专门的氢弹研究机构。

洛斯阿拉莫斯实验室为了争取时间，决定在理论、实验、原料生产等几个方面同时努力。实验室设立了一个专门的理论研究指导小组，泰勒任组长。为了验证热核反应确实能发生，使氢弹研究得到试验支持，在泰勒的要求下，洛斯阿拉莫斯实验室很早就开始准备一次热核反应试验。

最初用的热核反应材料是氚，它是由氘捕获一个中子后产生的。在劳伦斯的建议和推动下，美国原子能委员会决定利用生产钚的铀反应堆生产氚。但这种生产不仅价格昂贵，也付出了减少原子弹生产数量的代价。为了解决大量的计算机问题，洛斯阿拉莫斯开始大量装备新的计算机。数学家冯·诺依曼在普林斯顿高级研究院花了很多精力去研究计算理论，改进计算技术，不仅为氢弹提供了服务，也促进了计算科学和计算机的发展。

热核反应的中心问题是争取获得能触发聚变的高温。根据洛斯阿拉莫斯实验室的建议，美国政府决定，开始进行一系列有关热核反应试验。为了减少对美国本土的放射性污染，美国当局选择了位于太平洋中间的伊尼威托克岛附近的一些小岛作为试验场。1951 年 3 月，代号为“温室”的系列试验首次在伊尼托克岛附近的试验场进行，其主要意图是检查原子弹爆炸产生的高温能否触发氘与氚的聚合反应。泰勒和劳伦斯都亲临试验场观看试验。看到原子弹爆炸产生的火球时，泰勒仍对聚变反应的成功感到十分担心。他认为，如果试验失败了，美国原子能委员会就会完全中断氢弹的研究。所以泰勒一方面四处奔走，争取对氢弹研究的支持。另一方面，他对氢弹的基本理论和具体结构很关切，提出了一系列新设想。但是泰勒只将自己局限于氢的同位素上，一直坚持用氘和氚作氢弹的热核聚变材料，虽然理论正确，但却没有实用价值。他走了弯路。

其实在 1946 年，奥地利物理学家瑟林从基础物理学研究出发，探讨了氢弹的问题，把其结论发表在一份科普杂志上。瑟林在文章中首先追述了用人工实现粒子之间的相互作用问题，分析了热核聚变反应所需要的条件，特别是能量和温度。他将可能的核聚变反应分成三类：1. 氘 - 氚反应，把氘放在钚弹的外围，钚弹爆炸后碎片带有 1 亿电子伏的能量，它们在出射过程中可能会与氘碰撞而传递一部分能量给氚，后者将通过氘 - 氚反应产生氦核和一个中子，同时释放出 300 万电子伏左右的能量，由于碰撞概率很低，瑟林认为这种反应难以被有效利用。2. 钚 - 氘弹，将钚与氘混合在一起，氘有很大的机会与裂变碎片直接碰撞，聚变反应的概率因此而增大，其困难是很难将原料的临界体积减少，将核反应维持在一定的时间内，它会限制和减少核弹的威力和效率。3. 锂 - 氘弹，锂的原子量为 7，原子序数为 3，在几百万度的温度下，锂核会与氘核发生作用产生一个质量为 8、电荷数为 4 的中间核，这个中间核立即会衰变成两个氦核，同时放出 1700 万电子伏能量。锂和氘都是可以在工业上大规模生产的，它将使氢弹的造价降低，而它的单位质量的爆炸力将比原子弹大 1000 倍。瑟林想象将触发热核聚变反应的原子弹做成一个中空球壳，聚变材料放在它的中心，原子弹爆炸时产生的高温将足够触发氢弹的爆炸，瑟林认为它将是氢弹研究的方向和希望。后来就是根据瑟林的理论造出了核聚变。

根据瑟林指出的氢弹研究方向，泰勒对新模型进行了新的计算，在理论上证明用这种材料的氢弹是可行的。泰勒抓住一切机会向美国原子能委员会及其科学顾问委员会的科学家成员宣讲他的新模型。

1951 年 6 月 18 日，在奥本海默的主持下，原子能委员会和科学顾问委员会的成员以及一些重要的核科学家，在普林斯顿高级研究院召开了一个专门讨论氢弹问题的圆桌会议。泰勒在会上讲解了他的想法和新的氢弹方案。

1952 年 11 月 1 日，美国开始了代号为“牛奶”的一系列新试验，以检验根据泰勒等人提出氘与氚反应的新原理而设计的热核反应装置，试验场设在伊尼威托克岛附近的马绍尔岛。这是美国首次进行大规模热核反应试验。从此，泰勒被称为“美国氢弹之父”。人们说，没有他世界会变得和平。

1954 年 3 月 1 日，代号为“城堡行动”的氢弹试验在伊尼威托克岛附近的比基尼试验场进行。由于计算上的错误，1500 万吨爆炸力估算成了 700 万吨，也没有充分估计到氢弹爆炸时产生的飘落物，结果造成了氢弹对人类的第一次直接危害。十分可悲的是，第一批受害者又是一些无辜的日本人。

氢弹终于出现在美国的武器库里，苏联也步步跟上。核武器竞赛愈演愈烈，世界和平面临更大的威胁。

十三、谁是原子弹之父

2005年是爱因斯坦发表相对论等5篇具有划时代意义论文的一百周年。近代物理学对人类文明和进步产生了前所未有的推动力，更为20世纪人类科学技术突飞猛进地发展奠定了坚实的基础。

爱因斯坦于1933年在英国牛津大学“关于理论物理学的方法”报告中，称赞伽利略对科学界谆谆不倦的教导和贡献，是“近代物理学之父——事实上也成为整个科学之父”。后来，由于爱因斯坦把哲学的深奥、物理的直观和数学的技艺结合在一起，讲清楚什么是相对论，令人赞叹而崇拜，所以被誉为“现代物理学之父”、“二十世纪的科学巨匠”。

可是为什么有人称爱因斯坦是原子弹之父呢？该怎样理解？又该如何看待呢？究竟谁是原子弹之父？

原子弹之父的由来

1905年9月，作为相对论的推论，爱因斯坦提出了质量与能量定律的公式 $E=MC^2$，为核裂变产生能量值提供了理论和实验基础。爱因斯坦说：一个质量为M的原子分裂成质量为M'和M''的两个原子，它们分开时各自带有巨大的动能，而合起来看，它们的能量比原来的原子就要少得多。根据相当性原理，蜕变产物的质量总和M'+M''必定也要比蜕变原子的原来质量M少些——这同旧的质量守恒原理相矛盾。这条定律也使我们能够精密测得原子量，来预先算出我们想象中的任何一种原子蜕变会放出多少能量。

这个质能相当性公式，解释了一个当时困惑所有物理学家的现象：放射性元素（如镭，那时还不知道铀）能不断地释放出大量的能量。它为20世纪30年代的核物理及核能（早期称原子能）的释放和利用开辟了道路，使人类从用火以来进入了一个新的能源时代。这是有人称爱因斯坦是原子弹之父的一个原因。

第二个原因是，他向美国总统建议研制原子弹，而且成功了。

1933年9月，爱因斯坦公开抗议希特勒迫害犹太人，而被德国法西斯秘密警察跟踪，为避免被害，他全家连夜渡海到英国。一个月后到美国，在刚成立的普林斯顿高等学术研究院当教授，1940年他和家人取得美国籍。

1939年7月，发现铀原子核裂变链式反应之一的匈牙利物理学家西拉德正流亡在美国，获悉德国正加紧研究链式反应，估计纳粹德国可能企图研制原子弹。于是他约另一位匈牙利物理学家维格纳一道去找爱因斯坦，想借助爱因斯坦的威望，给美国总统写信，建议美国赶在德国之前研制出原子弹。爱因斯坦欣然同意，8月2日在西拉德起草的给罗斯福总统的信上签名，并通过国际金融家、总统技术顾问萨克斯说服总统，下决心研制原子弹。

美国汇聚了世界各国科学家齐心协力研制原子弹。

1945年7月16日，第一颗原子弹试爆成功后，立即掷向日本做了大规模杀伤试验。很快日本投降了，于是有人称爱因斯坦是原子弹之父。

仅从爱因斯坦1905年提出$E=MC^2$公式和向总统建议就称他是原子弹之父，就把制造原子弹的过程看得太简单了，如此也就用不着美国、加拿大和英国签协议，而且汇集全世界大批一流科学家及15万人全力以赴，奋斗近6年了。甚至到1945年2月，美国花了20亿美元还没有把握研制出来，这时美国部分地区农民和纳税人起来抗议政府，连当时的副总统杜鲁门丝毫都不知道政府在花钱搞原子弹。老百姓谩骂罗斯福乱花钱，贪污了国家巨额公款，议员提议设立调查组。

可见，爱因斯坦不是原子弹之父，谁能否认这不是美国政治家和政客们在遭到原子弹大规模灭绝人类破坏引起抗议后，转嫁给这位科学巨匠爱因斯坦的“光环”呢！就像美国2003年侵占伊拉克，遭到世界各国大多数人民的反对，布什总统却说伊拉克存在大规模杀伤性核武器寻找的借口一样，难道转嫁的“光环”和寻找的借口性质有两样吗？

人们不禁质问：60年前美国原子弹杀死20多万人做了灭绝人性的大规

模杀伤试验，而今又坚决限制别国试制原子弹，不听劝阻者消灭之。这是美国政府忏悔过去的罪孽呢，还是借寻找核武器侵占别国给自己套上的花环？

1945 年秋天爱因斯坦在普林斯顿向美国广播公司评论员发表讲话时说：“我不认为我自己是释放原子弹之父，在这方面我所起的作用是非常间接的。事实上，我未曾预见到原子能会在我活着的时候就得到释放。我只相信这在理论上是可能的，由于偶然发现了链式反应，它才成为实际，而这发现不是我所能预料到的。”同时他又说，“既然我预见不到不久的将来原子能是否是人类的恩惠，所以我必须说，在目前它是一种威胁。”

科学家的道义和责任

1945 年 12 月 10 日，爱因斯坦在纽约诺贝尔纪念宴会上说：诺贝尔发明了一种当时从未有过的最猛烈的炸药，一种超级的破坏工具。为了对此赎罪，也为了良心上的宽慰，他设置奖金来促进和平和实现和平，今天参加研制这种历史上最可怕最危险的武器的物理学家，不说是犯罪，也是被同样的责任感所烦恼。

“我们之所以帮助创造这种新武器，是为了预防人类的敌人比我们先得到它；要是按照纳粹的精神状态，让他们占先，就意味着难以想象的破坏，以及对全世界各国人民的奴役。”

“战争是赢得了，但和平却还没有。在战时团结一致的大国，现在却在解决和平的办法上分手了。世界被许诺有免于恐惧的自由，但事实上战争结束后恐惧却大大增加了。”爱因斯坦很苦恼，“尽管科学家的工作帮助人们淘汰了手工劳动，彻底改变了经济生活，但是另一方面，科学家又感到苦恼，那是因为他们的工作已经落到那些盲目行使政治权力的人手里，使他的科学成果竟成为对人类生存的一种威胁。科学家遭到一种真正悲惨的命运。”

科学家探索、发现对人类有益的事，但也往往会伴随有害于人类的事发生，怎么办呢？

原子能奠基人约里奥在 1936 年参加莫斯科首届门捷列夫报告会上说：“当科学工作者能够按照自己的意愿创造元素的时候，他们就能够实现爆炸性质的核反应——真正的链式化学反应。如果这种转换能在物质内部扩散开去，那就会得出可能发生有用能量大量释放的概念。但遗憾的是，如果这‘祸害’涉及我们这个星球的一切元素，那我们就得提心吊胆地预见到它的灾难后果……星体的突然燃烧，可能就是我们的观点所预示的爆炸性的转换所引起的。如果在某个时候科学家找到了引起这种转换的方法，那他会不会进行试验呢？我想他会去实现这个试验的，因为科学探索者有求知欲，喜欢对未尝试过的事物进行冒险。”

苏联原子弹的奠基者库尔恰托夫不安地向约里奥问道：

“你真相信会有这样的悲剧后果吗？”

“真正相信，我想向全人类发出警告！”

“但是，如果这在科学工作者中引起恐慌呢？”

约里奥说：“引起对人类遭到毁灭的恐怖，总比坐待人类毁灭要好。我相信人类的良知。希特勒纳粹给政治带来了过多的愚蠢和疯狂，应当唤起对这种愚蠢和疯狂的厌恶。应当使每位学者明了自己的责任。”

另外，爱因斯坦还批判了“保守原子弹的秘密，才能保存住美国的实力”。他写道：认为没有别的国家能有足够的钱花在发展原子弹上，因此我们保险可以长期保住这个秘密。但是，用花多少钱来估量事物，这是美国常见的一种错误，别的国家只要他们有原料和人力，并且想把这些用在发展原子弹的工作上，他们就能够同样做到。人和物资以及使用它们的决心，就是所需要的一切，而钱则不是必需的。

1952 年，日本《改造》杂志主编写信给爱因斯坦，向他提出：“你完全明白原子弹的可怕的破坏力，为什么还要参与制造呢？”“对于人类毁灭工具的原子弹，你有何想法和打算？”等四个问题。

“我完全明白，如果这些实验证明是成功了，那该是威胁人类的可怕的危险。可是我却感到非采取这一步骤不可，因为‘当时’看来很可能德国人也会抱着完全成功的希望在同一问题上进行工作。我看，我那时只能这样做，再无其他可以选择的余地，尽管我始终是一个虔诚的和平主义者。”

5 天后，爱因斯坦在给该主编复信中还声明，他只对他的德文原文负责，而不对任何日文译本负责。可见原子弹的受害者日本百姓对美国的怀恨集中到了爱因斯坦身上，美国政客们暗喜，正中下怀。

谁是原子弹之父

若要寻找原子弹之父，科学家大多会想到两代居里夫妇的贡献。因为法国研究原子能在各国之前，而且贡献最突出。

1903年12月，居里夫妇由于发现钋和发现了一个比铀的放射性还要强百万倍的新元素——镭，而获得诺贝尔物理奖。

1911年，居里夫人因分离、制备铀、镭化合物的贡献而获得诺贝尔化学奖。

1935年，弗雷德克里·约里奥与夫人伊雷娜·居里发现了多种元素的人工放射性和钋的阿尔法射线引起的铝的核反应。在接受诺贝尔化学奖时，他们曾经不无忧虑地指出：

“很清楚，那些可以创造和破坏元素的人们，同样也能实现爆炸性的核反应。”

但是当时，约里奥这种过于超前的警告，并没有引起广泛的重视。获奖后，法兰西学院设立了核物理教研室，约里奥是首任领导人。

1939年3月，受纳粹迫害而逃来法国的德国汉斯·哈尔邦和奈夫·科瓦尔斯基与约里奥合作，在伦敦《自然》杂志上发表了题为“铀核爆炸时中子释放”的文章，表明在原子核研究领域德国和法国处于领先地位，不久，他们申请了几项涉及建造铀反应堆的专利。

1939年8月，爱因斯坦在给罗斯福总统建议研制原子弹的信中写道：“最近四个月来，通过约里奥在法国的工作以及费米和西拉德在美国的工作，已经有几分把握地知道，在大量的铀中建立起原子核的链式反应会成为可能，由此，会产生出巨大的能量和大量像镭一样的元素。现在看来，几乎可以肯定，这件事在不久的将来就能做到。”

比利时和法国面临德国入侵时，两国阻止了将铀矿石卖给德国，并将挪威生产的全部重水，转交约里奥保存及研究使用。

应戴高乐将军请求法国科学家与英国合作并将重水和申请的专利交英国人使用，以保证法国使用英国研究原子能的权益。

后来，美国和英国达成魁北克协议，禁止将任何有关成果及信息转交第三国，从而撕毁了早先的英法合作，戴高乐决定法国独立自主自己干，使美国十分头痛。法国人说：法国的核力量可以与盟国合作，但不能与他们合并。

1944 年 8 月 24 日，巴黎沦陷后被盟军解放，约里奥在赶走纳粹的街垒保卫战中教人使用最简单的炸弹——装满汽油和带有导火线的啤酒瓶。法国参与了“阿尔索斯”行动，但夺得的德国核研究成果却完全被美国垄断。

在巴黎解放后的一个星期，约里奥宣布，在战争时期他已从同情社会民主党人而转向同情共产党人。从而引起美国当局对这位原子能奠基者发出了最严重的警告。

第二次世界大战后，美国帮助英国发展核武器，戴高乐恼羞成怒，一定要用法国的核力量装备自己的军队，决心使法国不能沦为二流国家。1945 年 10 月，法国任命约里奥·居里为法国原子能委员会高级专员，他监造了法国第一座核反应堆。但他公开宣称：“如果官方要求我们制造战争工具，制造原子弹，我们会拒绝。”果然，1950 年，法国议会通过 4 年造出原子弹的计划，戴高乐总统让他组织力量搞原子弹，约里奥·居里坚决反对，被迫辞去了原子能委员会主席的职务，专门研究原子能和平应用。

美国原子弹之父奥本海默写道：“科学发现不依赖于科学家的政治见解，约里奥是法国共产党员，只有他对核物理的重大发现才导致了美国原子弹的成功。”

其实，多数科学家和政治家认为奥本海默是美国原子弹之父，苏联原子弹之父几乎所有科学家和政治家都说是库尔恰托夫。然而，人们对美国氢弹之父——泰勒的荣誉却有各种不同的看法和说法。

在中国，钱三强、何泽慧夫妇 1946 年 12 月在约里奥·居里夫妇实验室发现了“铀三分裂”。他们领导、组织、技术攻关研制中国的原子弹，尽管核科学工作者对他们的权威和贡献十分敬佩和崇拜，他们也仅被誉为“中国原子弹奠基者”、我国原子能事业的创始人和开拓者。

谁是氢弹之父

美国核科学家说，泰勒是所有同行中唯一反对奥本海默的人。奥本海默在组织和领导美国原子弹研制中，领导及解决重大关键技术问题和培养大批骨干力量都起了决定性作用，故称他是原子弹之父。然而 1950 年至 1954 年“麦卡锡主义”在美国猖獗一时的“恐苏”、“恐共”、抵制共产党渗透美国政府机构的活动中污蔑奥本海默是共产党嫌疑犯。审讯奥本海默以后，同事们都不愿理睬泰勒，把他当成麻风病患者，或者把他看成更坏的告密者，不仅把泰勒看成是一个出卖了同事的人，而且认为他是科学事业的最典型的真正叛徒。因为在原子弹研制最关键时刻，奥本海默安排泰勒去完成一项任务，泰勒不去干，只愿在超级炸弹上下功夫。因为必须先造出原子弹，才能将装在氢弹内的铀弹当作引火物，产生非常高的温度。然而制造原子弹是当前更加困难的任务，解决这个任务所需要的时间比原来所想象的要长得多，因此，奥本海默最后解除了泰勒在整个研究计划中的一切工作由别的小组完成。泰勒怀疑奥本海默反对他个人，或者反对超级炸弹。

原子弹试爆成功后，几乎所有著名科学家都反对投向日本，进行灭绝人性的大规模杀伤试验。最著名的科学家康普顿、费米、奥本海默、劳伦斯等以请愿的形式提交陆军部长，并多次声明：通过突然用原子弹袭击日本的办法而获得美国军事优势，将丧失信义而造成全世界恐惧与憎恨以及国内公众的谴责。后来，更反对进行理论已成熟的氢弹试验。西拉德在电台广播说：“相当于500吨重氢的爆炸，足以毁灭地球上的一切生命。”爱因斯坦惊恐地说：“军备竞赛现在却带有歇斯底里性质，可能导致全面的毁灭。”在核科学家中唯有泰勒伙同军方向政府提出研制氢弹，所以有人说，没有泰勒世界会和平。1950年，杜鲁门总统批准研制氢弹命令5天后，爱因斯坦等12名美国物理学家在声明中谴责了杜鲁门总统决定研制氢弹。

1951年6月，有很多著名的核科学家参加的两天热核问题讨论，预料氢弹大致在一年内能制造出来。为什么原来反对制造氢弹的学者这时大多积极参加了呢？这是因为1949年苏联制造出了原子弹，美国的核垄断破产了。1950年6月，美国发动了朝鲜战争，有的科学家想当爱国者，更多的科学家是由于对新事物的探索精神，用奥本海默的话说：“如果在你面前也发生了一个技术上很有兴趣的问题，那么你一定会努力设法解决它，而不会思虑以后结果如何，做原子弹的经过情况也是这样。”1952年11月，氢弹装置试爆成功后，自然还是从军方传出泰勒是氢弹的倡导者。

被孤立的泰勒看望患了癌症的科学巨匠费米，“一个垂死的人向还活着的忏悔自己的罪孽，所以我就在费米面前忏悔了自己的罪孽。”在费米帮助支持下，泰勒给《科学》杂志写了“许多人的劳动”一文，用感人的谦虚而恳切的词句描写了研制氢弹的经过，驳斥了一种广为流传的看法，就是泰勒不顾洛斯阿拉莫斯同事们的反对，一个人发明和创造了超级炸弹。

正因为泰勒名声不好，所以他到处表白：“我热爱科学，我的兴趣就是搞科学。我不爱武器，我爱和平。但为了和平我们需要武器。”“我要把自己献身于普通和平的事业。”难道一心一意想抢占头功搞世界上还未有的、破坏性最强的氢弹是为和平？泰勒活像一个“枕戈待旦”的英雄，正像原子理论的奠基者玻尔所说：“在这伟大的生活戏剧中，他们既是观众，又是演员。”看来泰勒既是科学家还是一个善变的演员！

难怪历史学家总是思索诺贝尔物理奖获得者I·拉比的著名评语：“没有泰勒，这个世界可以变得更好。”泰勒95岁又一次中风去世前的2003年初，乔治·布什授予他最高公民荣誉——总统自由勋章。

十四、朝鲜战场美国为何没投原子弹

1950 年 6 月 25 日拂晓，朝鲜内战突然爆发。27 日美国海空军全力支援南朝鲜作战，同时下令美国第七舰队开进台湾海峡，以武力阻止中国人民解放军解放台湾。

联合国安理会在苏联常任理事国暂时缺席的情况下，故意歪曲朝鲜国内战争的性质，以“紧急援助”李承晚集团为名，在美国操纵下通过非法决议，为美国搜罗侵朝军队，以美国为首的英国等 15 国派兵越过“三八线”向鸭绿江和图们江进犯。麦克阿瑟认为，中国不敢参战，而且即使敢，也不担心。他让杜鲁门总统放心，“我们不再担心他们（中国人）的干涉，他们没有空军……若他们干涉就打到中国。”美军越过三八线，深入北朝鲜，直逼鸭绿江。这时，金日成致电毛泽东，请求中国出兵援助人民军作战。

出兵还是不出兵，毛泽东及中央讨论了几天，若不出兵，美军打到鸭绿江，唇亡齿寒。最后决定出兵。10 月 19 日首批中国人民志愿军渡过鸭绿江。

中朝人民在美国飞机大炮绝对优势的艰苦战斗中，将侵朝美军由鸭绿江赶到“三八线”以南，美军大有被赶出朝鲜半岛的可能。这时“联合国军”最高统帅麦克阿瑟只好乞灵于原子弹，“只有用原子弹，或至少跟他们说我们要用原子弹”，来遏制中国军队的进攻势头。霍普金斯大学以“核武器战术使用”提出建议：“朝鲜战争为我们提供了研究战术核武器的最佳时机”。要求在朝鲜半岛进行常规轰炸时，先对实施目标进行模拟核轰炸。麦克阿瑟还提出对中国东北进行轰炸，杜鲁门怕引起第三次世界战争的罪名落在自己头上，没有同意。

1950 年 11 月 30 日，杜鲁门在记者招待会上宣称：“在朝鲜战场不排除使用原子弹的可能。”杜鲁门的言论引起各国慌乱，英国人请愿游行，艾得礼首相不得不去华盛顿劝阻不能投原子弹。

毛泽东立即回应说：“这是一种恐吓，是赤裸裸的核讹诈，杜鲁门这种做法的实质就是威胁与恐吓，中国人不怕！”

1951 年 10 月至 1952 年 4 月，美国进行了各种代号军事演习和原子战攻防演习，核阴云密布朝鲜半岛，志愿军部队也做出了防核准备，并全部转入地下掩体。

1952 年底，艾森豪威尔竞选美国总统时，巧妙地利用了美国人对朝鲜战争的厌倦，他保证当选总统后会迅速使朝鲜促成停战谈判。

可是，一当选上了总统，他也十分嚣张。“为了能结束朝鲜战争，确实需要采取核打击威胁”，于是这位新总统做起了“原子弹恐吓梦”。

美国“求助于原子弹核武器”对付中朝两国人民，毛泽东态度十分明确：“同美国人打仗，要准备打前所未有的大仗，还要准备他打原子弹。他打原子弹，我打手榴弹，抓住他的弱点，最后打败他。中国不怕核战争，原子弹没什么了不起。”命令志愿军在崇山峻岭中修筑前线战场防原子弹工事。艾森豪威尔没想到毛泽东十分强硬，丝毫不在乎美国的核威胁。

艾森豪威尔刚入主白宫时那份强烈的原子弹情结渐渐淡薄了，西方的保护伞暂时撑不起来了。可是如何实现他竞选总统时的诺言呢？这时，美国一方面撤掉了侵略成性的指挥官；另一方面想通过谈判在朝鲜达成一项可以接受的停战协定。

1953 年 4 月，中（朝）美双方坐下来谈判了，打算在 6 月 25 日朝鲜战争 3 周年时签订停战协议。可是美国在战俘交还问题上却节外生枝，邓华代理司令员请示毛泽东主席推迟签订协议，7 月 13 日又一次突击战极大地教训了美国首脑，迫使美方 7 月 27 日正式签订了朝鲜停战协议，美国的原子弹恐吓梦就此流产了。

美国在朝鲜战争结束后，对这场战争总结说：我们是在一个错误地点、错误时间和错误的对象，打了一场错误的战争。所以，朝鲜停战后，华盛顿进一步相信：北京政权是对美国和“自由世界”的极大威胁，虽然朝鲜战争没打垮中国，今后要在亚洲建立一支足够的政治、经济和军事力量来遏制中国，力图封锁、孤立和搞垮新中国。

究竟在朝鲜战场美国为何总做原子弹恐吓梦却没敢扔原子弹呢？还是看看艾森豪威尔的回忆录吧：

“1952 年 12 月 2 日，我刚当选总统，内阁官员还没有物色好，我秘密访问了朝鲜，我儿子当时也在朝鲜战场。”

“从观察哨望远镜中看到赤色中国人正在加固阵地，有万无一失准备，以炮火不断袭击我方阵地，开凿了直通山顶，大得足以容纳大炮装备的坑道，打完就撤，他们有充分的人力可使用。我们全是用直升飞机撤走人员，总听到令人烦恼的军火补缺的报告。”

“在我离开朝鲜时我的结论是，我们不能永远停留在一条固定不变的战线上，继续承受着看不到任何结果的伤亡，小山丘上的小规模进攻是不可能结束这场战争的，许多人担心有可能发生一场全球性的战争。”

正像艾森豪威尔说的，扔原子弹可能会发生一场全球性战争；更主要的是，中朝军队“有足以容纳大炮的坑道”可以防原子弹，“美军靠直升机转移”，若投原子弹主要受害者肯定是美军，这就是不敢投的原因。这时，美国已伤亡五万多人，对战争厌倦了，所以他也不敢扔下原子弹。但也正是美国在朝鲜战场的核恐怖和威胁，才激发了中国研制原子弹的决心。

十五、台海危机与中国核武器计划

1953年签订的《朝鲜停战协定》，打破了蒋介石想借朝鲜战争重返大陆的幻想。

这时，对美国来说，盘踞台湾的蒋介石突然变得有用了：扶植国民党，将它变成反对“红色中国”的马前卒，这就是美国的“放蒋出笼”政策。华盛顿开始向台湾提供大规模援助，使其成为抵御和对抗新中国的堡垒和前哨阵地，变成东南亚遏制共产主义防务圈中不可缺少的一环。美国海军上将、参谋长联席会议主席阿瑟·雷德福在公开场合强调，美国对外战略要更多地依赖“核威慑”，要通过对中共实施核打击来真正解决远东问题。美国战略空军司令勒梅更赤裸裸地叫喊：“在朝鲜没有适合于战略空军的目标，然而我会在中国适当的地方投下几枚核炸弹。”

1954年底，《美台防御条约》缔结，美国将两艘具有核动力的战舰派往中国东海。

同时，为使被困于越南奠边府地区的法军免遭覆灭，美国曾制定对越南投掷原子弹的“秃鹫”计划。为此，美军飞机在此地活动时涂上了法国的军徽以迷惑世界舆论。

在这种危急形势下，毛泽东向全国人民提出了“一定要解放台湾”的口号。美蒋为了固守金门、马祖，虚张声势地警告中国，美国并非“仅仅是纸老虎”。白宫声明：“在美国的军火库里，原子武器是可以与常规武器互相替换的；如果要保卫金门、马祖，我们就得使用原子武器，只有这种武器才能有效地攻击大陆。”艾森豪威尔声称：“只要不屠杀平民，可以在亚洲使用战术原子武器。”蒋介石也表示，只要美方提前通知，而战争又需要的话，他将接受对大陆的核攻击。

随着中美危机的不断加深，我国政府密切关注着美国对中国使用核武器的可能性。1955 年 1 月，周恩来总理声明，美国“正在挥舞核武器”，以维护其在台湾的地位。毛泽东主席接见芬兰代表团时，特别指出“美国核讹诈”，并谴责“美国想发动原子战争”。

为了打消美国人对战争的恐惧和厌倦，艾森豪威尔又耍了一套花招，他劝说蒋介石主动撤出金门、马祖二岛，固守台湾，以台湾海峡划分“两个中国”。

日夜梦想“反攻”大陆的蒋介石，当然拒绝拱手让出金门、马祖。但他也知道，“反攻大陆”要依靠美国是越来越难了。

结束中美第一次台海核危机的是 1955 年 4 月周恩来总理在万隆亚非会议上发表的那个历史性的声明，中国人民不要同美国打仗，中国政府愿意同美国政府坐下来谈判，讨论缓和台湾地区紧张局势。

中美大使级会谈在这年 8 月开始进行，解放军对金、马二岛的炮击立即减少，后来完全停止，台湾海峡暂时平静下来。

1957 年 12 月，由于美方的蓄意破坏，中美大使级会谈破裂。人们已经看出，美国是想将台湾海峡两岸分裂的状况永远固定下来。这时，蒋介石反攻大陆的势头又陡然高涨。台湾出动飞机，轰炸福建，骚扰浙江，而且还窜到云南、四川散发传单，空投特务。美国从本土和地中海调派大批军舰、飞机，赤裸裸地威胁要扩大在台湾地区对中国的侵略范围。

这时，美国在台湾部署了“斗牛士”导弹，这是一种可以携带核弹头的进攻性武器。虽然导弹由美国人看管，台湾毕竟有了全天候的，可以瞄准中国大陆八个空军基地的导弹，蒋介石将此看做美国对他反攻大陆信心倍增的表现。五角大楼还投资 2500 万美元，扩建了台湾一些机场的跑道，起降美国战略空军战斗机。1958 年 8 月 20 日，美参谋长联席会议作出了援助蒋介石反击“中共进犯”的决策，并提到动用原子武器。8 月 22 日，美国务卿杜勒斯再次用其“战争边缘”口吻恫吓中国。

为了打击蒋介石的嚣张气焰，挫败美国搞“两个中国”的阴谋，1958 年 8 月 23 日，解放军福建前线部队炮兵对国民党金门防卫部队和炮兵阵地进行了猛烈炮击。

金门被封锁，蒋军补给中断，金门守军告急。白宫决策者一时大为惊慌，一致要求对中国大陆立即实施空袭。杜勒斯告诉艾森豪威尔："如果我们要保卫金门、马祖，就必须使用原子弹，只有这种武器才能有效地攻击大陆的机场。"其他美国政客也称，"要在台湾海峡保卫美国"。1958年8月，美国在台湾海峡调集了最强大的海空力量，仅10天内就集结了7艘航空母舰、3艘巡洋舰和40余艘驱逐舰，这是美国海军战后最大的一次兵力集结。当时美国空军中传闻，厦门将成为第二个广岛，美国政府也一直没有否认这一传闻。

早在这年春天，我国政府为防备美蒋反攻大陆和核战争，号召"人民公社按军事组织"组织起来，"全民皆兵对付美帝国主义侵略"。毛泽东告诫地方干部，最好不要害怕战争，不要害怕恶魔，帝国主义政策的目的是掠夺。"掠夺的对象是人，如果人都消灭了，占据领土又有何用？我不明白为何使用原子弹，常规武器仍然很重要。美国侵略者的这一套，只能去征服那些时刻准备着向美国的原子弹、氢弹和美国小麦、金元屈膝投降的机会主义。而在我们创造着新历史的大无畏的人民看来，美国侵略者手中的一切法宝不过是在人类前进道路上一些还没有扫除、还在散发着臭气的垃圾罢了。"

毛泽东尽管口头上这样说，但他心中有数，还是制定了一条发展核武器的路线。在苏联帮助下中国建成的原子反应堆和加速器已能运行，毛泽东非常高兴，他在6月21日的军委扩大会议上说："原子弹就是这么大的东西，可没有这东西人家就说你不算数。那么好吧，我们就搞一点吧，搞一点原子弹、氢弹，我看十年工夫完全可能。"从此，中国的原子弹研制吹响了号角。从全国各地一次就抽调了500多人充实核科学研究。

由于蒋介石要反攻大陆，国民党十万人部署在近海的岛屿，主要是金门、马祖。8·23炮战开始后，在解放军炮火的封锁下，蒋军只能利用美国飞机的空投解决补给问题，所以蒋介石多次要求艾森豪威尔让美军直接参战。但美国多数人不愿意为金门、马祖问题而冒险。因此，在国际舆论的关注下，艾森豪威尔拒绝了授权第七舰队司令认为必要时"可以下令对中国大陆进行原子空袭"的建议，并决定同中方恢复大使级会谈。

中国领导人及时察觉到，美国政府所以要诱迫国民党撤出沿海岛屿，原因是急于从金、马问题上脱身，撤出这些既不易防守，又同大陆联系紧密的岛屿，使台湾更加孤立，以实现其“两个中国”或“一中一台”的阴谋。于是中国政府决定让金门、马祖留在台湾当局手中，使美隔离台湾与大陆联系的阴谋不能得逞。同时，也采取了比较灵活的措施，如停止炮击一周，让国民党守军恢复运输和补充给养。以炮击为主的军事斗争，开始向以政治斗争为主的谋求谈判转换。

10月15日，蒋介石在答记者问时说，美国关于台湾“地位未定”的说法，以及“托管”台湾的建议，是“空洞和愚蠢”的，申明台湾是中国的领土。之后，他偕宋美龄亲临金门巡视，还派国防部的政治部主任蒋经国三赴金、马地区慰问守军。

停炮一周后，毛泽东继续命令停炮两周。美国见此，遂借口金、马地区实际上已“停火”，再次要求蒋介石后撤，同中共脱离接触，并派国务卿赴台对蒋进逼。就在10月20日杜勒斯赴台途中，解放军又恢复了对金门炮击。从10月25日开始，双日不打金门机场、码头和船只。

总之，打打停停、半打半停的战略和战术，给了蒋介石拒绝从沿海诸岛撤军的理由，从而粉碎了美国制造“两个中国”的阴谋，使其陷入了十分被动的境地。西方明眼人都得出这样的结论，炮击是中共与蒋介石之间对付美国的“一种默契”。

12月10日，美军从台湾海峡撤走了部分海军和空军，台海局势趋于平静。艾森豪威尔哀叹，1958年是其“一生中最倒霉的一年”。

十六、原子弹之王

截至1992年1月，地球上已记录到2053次核试验。其中，美国1093次，其中200次大气层核试验（11次高空，81次中空，72次地面，36次水面），888次地下核试验，5次水下核试验。苏联进行了715次核试验，其中大气层核试验212次，地下核试验500次，水下核试验3次。其他核大国：法国188次，英国43次，中国35次。

爆炸力最强的原子弹称为原子弹之王，是苏联制造的，爆炸当量为5000万吨TNT。西方人为什么称它是“赫鲁晓夫炸弹”，它又是如何出世的呢？

原子弹之王的威力

1961年10月，苏联北方新地岛核试验场上空，随着一声山崩地裂的巨响，一个巨大的蘑菇云冲天而起。这是一次非同寻常的、自发明原子弹以来人类历史上威力最强大的核爆炸。爆炸的原子弹被西方戏称为“赫鲁晓夫炸弹”。

这颗“弹王”当量为5000万吨，是1945年美国投向广岛原子弹的3000多倍。它爆炸时显示的威力和造成的破坏，连身经百战的苏联核试验部队官兵也为之咋舌。前新地岛核靶场主任、退役中将库德里亚夫采夫回忆说：“我们几乎没有料到，爆炸的闪光如此明亮。虽然爆心距我们相当远——250公里，但闪光仍使人们的眼睛无法忍受。很快，我们感受到了热度，就好像有人在身边打开一座正熊熊燃烧的火炉的炉门。火球翻滚着迅速上升、扩大，火球中心的闪光持续了数秒钟之久。”

那天早晨，别卢什么耶村和罗加切沃村上空大雾弥漫。爆炸发生后，雾障立即烟消云散。一时间，地面上所有的通信联络都中断了，其中包括同莫斯科要员们观看核爆炸乘坐的专机“伊尔－14”的联络。每次大规模的核试验都伴随着不同程度的破坏通信系统现象，而像这次作用范围之大，持续时间之长（一个多小时），前所未有。

火球在膨胀、上升。它的下方，从马托奇京纳·沙拉地区的山中升起一股巨大的尘柱。尘柱好像在追赶上升的火球，然而它们的距离在拉大。专家们估计，挟着火球的蘑菇云上升到了70公里的高空。几分钟后传来了地震波，我们感觉到脚下的大地在颤抖。接着冲击波，狂风势如万马奔腾，呼啸着卷过大地。它甚至作用到距爆心700公里以外的季斯科沃。

美苏核竞赛是怎样形成的

1945年7月，美国在洛斯阿拉莫斯秘密地区爆炸了第一颗原子弹。这一消息被迅速通知给了正在波茨坦参加三大国首脑谈判的美国总统杜鲁门，而参加谈判的斯大林早在杜鲁门之前就已从情报机关获知了这一消息。他亲自下令尽快搞出原子弹。

8月6日和8日，美国在日本广岛和长崎投下了两颗原子弹。美国成了这一大规模杀伤性武器的唯一拥有者。为坚定这种观点，华盛顿召集了有美国“原子弹之父”奥本海默参加的核专家代表会议。与会人士认为，按粗略计算，俄国人造出原子弹至少需要5年，多则需要20年，一般可能为10年。曼哈顿核计划负责人格罗夫斯将军甚至在国会声称：俄国要达到这一目标，在最顺利的情况下需要15~20年。不料时隔4年之后——1949年8月，美国的一架侦察机“B-29”却带回了一个令人意想不到的坏消息：机上敏感的仪器记录下大气中有放射性粒子。美国专家们研究后认为：俄国人爆炸了自己的原子弹。

杜鲁门听到这个消息后，有些茫然不知所措。他问道：“现在我们该怎么办？”当时美国已进行了8次核试验，因此智囊团回答得很干脆：“赢得这场竞赛，继续迫使全世界接受我们的条件。”

1950年1月，杜鲁门下令加紧研制所有种类的原子武器，包括制造“超级炸弹”——氢弹。1952年11月，美国爆炸了第一个热核地面装置，而几个月过后的1953年夏天，在苏联核物理学家萨哈罗夫、泽利多维奇、特鲁特涅夫等人的努力下，苏联也成功地进行了一次热核试验。从第一颗原子弹到制造出氢弹，美国用了 7 年，而苏联用了 4 年。其中不同的是，苏联爆炸了一颗当量为 40 万吨的真正的氢弹，而美国爆炸的只是一个占地面积很大的热核装置。苏联完成氢弹试验之后，继续快马加鞭，在 1953 年秋和 1954 年接连进行了几次核试验。1955 年 11 月，苏联在谢米帕拉京靶场上空首次用飞机投下了一枚百万吨级的氢弹。

苏联的行动对于美国的核计划无异于火上浇油。作为回击，美国计划在 1954 年上半年爆炸一颗苏联做梦也想不到的超级氢弹。

1954 年 2 月 28 日凌晨，日本一艘拖网渔船“福龙丸”上的渔民，被一个突然在西方升起的“小太阳”所震惊。几分钟后，当这个巨大的发出刺眼光焰的火球照亮沉睡的海空时，船上听到了沉雷般的爆炸声。声音来自几百海里外的西方。“福龙丸”偶然成了美国在马绍尔群岛的比基尼岛荒漠上爆炸的当时威力最大的氢弹的第一目击者。只是由于距离相当远，船员们才没有遭受到光辐射和冲击波的直接伤害。

据专家们推测，这颗名叫“麦克”的超级氢弹，当量为 1500 万吨，是投在广岛的原子弹的 1000 多倍。它爆炸时在岛上炸出一个深 50 米，直径达 1.5 公里的巨坑。

美国在比基尼岛上的核爆炸，使它保持威力最大核爆炸纪录 7 年。不过，直到 1956 年 5 月，华盛顿才掌握用飞机投掷方法进行氢弹试验的技术。《纽约时报》编辑劳仑斯写道：“在那决定成败的年代——1953 年 8 月至 1956 年 5 月期间，苏联是世界上唯一拥有氢弹储备的大国。这 3 年，我们没有一颗百万吨级的氢弹，而他们则可能储备了许多用于弹道导弹上的百万吨级热核弹头。俄国人已经领先我们 3 年。”

美苏核竞赛最激烈的年代

核试验竞赛加快了速度。美国着手加大原子弹的当量和试验次数。苏联则建起了第二个核试验场——新地岛核靶场。仅在 1958 年一年新地岛核试验场就进行了 26 次强大的空中核爆炸。而美国这一年进行了 80 次核试验。至 1958 年底，美国总共进行了 196 次核试验，苏联为 72 次，苏联的落后不仅反映在核试验次数上，而且反映在核爆的总当量上。美国继 1954 年爆炸 1500 万吨当量氢弹之后，当年在艾尼维托克岛和比基尼岛又接连爆炸了 3 个 1000~1500 万吨当量的核装置。

在这种背景下，苏联决心夺回核试验领先地位。苏联核物理学家们计划在 1961~1962 年期间在新地岛核靶场爆炸几颗威力最大的核弹。

1961 年 10 月中旬，苏联核武器试验人员在北海舰队航空兵配合下，从“图 –16”轰炸机上进行核弹头巡航导弹（当量 1 万吨）试射，导弹首发命中目标。稍后又进行了核鱼雷水下和水面发射试验。

1961 年 10 月，苏共二十二大即将开幕。赫鲁晓夫亲自向核部门领导人下达任务——在代表大会期间爆炸一颗苏联超级原子弹，作为向党代会的献礼。10 月 23 日，新地岛核试验场爆炸了一颗当量 3000 万吨的核弹，爆炸效果超出预想。不过，这还不是最大的。

1961 年 10 月 30 日，苏联战略火箭军总司令莫斯卡连科、负责核武器研制的苏联中等机器制造部部长斯拉夫斯基等要员亲临新地岛核靶场，主持一次创纪录的核试验。8 时 30 分，一架苏制远程轰炸机“图 –95”升上 12000 米的高空，将携带的人类历史上威力最大的超级炸弹——一枚当量为 5000 万吨的原子弹投向新地岛核靶场。巨大的降落伞吊着“弹王”徐徐降落，核弹在 3500 米的空中发生爆炸。整个地球都震动了。几乎全世界所有国家，当然包括美国都记录到了这次超级核爆炸。美国人心中明白，苏联在核竞赛上已超过他们。然而，赫鲁晓夫不肯罢休，他想再给美国人一记耳光——计划爆炸一颗当量 10000 万吨的超级核弹，考虑到巨大的破坏力和后果，科学家们不赞成这一想法，赫鲁晓夫也没有坚持。

在核大国竞争最激烈的 1961~1962 年，苏联共进行了 94 次核试验，其中 56 次在新地岛。在新地岛进行的 7 次大威力核爆炸，竟等于所有核大国 1945 至 1960 年核爆炸当量的总和。

美国人也没睡大觉，在 1961~1962 年间，美国进了 16 次核试验。

竞争在继续。

十七、古巴导弹危机

1960年5月，美国U–2高空侦察机在深入苏联境内1250英里进行摄影和电子侦察时，被苏军导弹击落，飞行员鲍尔斯被抓获。该事件导致了美、英、法、苏四国举行巴黎首脑会谈的破裂。

这年7月，赫鲁晓夫两次发出核威胁信号，扬言毁灭英国只需6枚核弹，毁灭法国也只需8枚。“很可能在德国就没有什么人或什么东西可以统一了。”

柏林墙

1960年8月13日凌晨零点，为了对抗西方对东德采取的“冷战、神经战和射击战等一切手段”，东德人民在短短几小时内筑起了一道“柏林墙”。它全长166公里，横穿柏林市，“非法”越墙者将死于枪弹。

“柏林墙”引起了西方三国的抗议。肯尼迪警告赫鲁晓夫说，为了维护西柏林的利益，美国将不惜一战。

此时，苏联进行了一系列大型核武器的爆炸试验。其中，10月30日的核试验爆炸威力比广岛原子弹大2500倍。美国科学家估计，如果它外面包有铀壳的话，这次爆炸当量就会达到1亿吨。到11月初，苏联至少进行了30次大规模的空中核试验。

肯尼迪和赫鲁晓夫都仗着自己有核武器，谁也不肯低头。而赫鲁晓夫更是有恃无恐，他对美国人说：我们的导弹打得比你们远得多。他称柏林为“西方的睾丸”，并扬言：“我要西方发出尖叫，我就在柏林狠狠挤一下。”

所以肯尼迪在1961年7月25日的全国电视讲话中警告说：“处于热核时代，任何一方对另一方的错误判断，都可能在几小时之内造成比人类历史中全部战争所造成的破坏更为严重的后果。”

第二天，赫鲁晓夫函告肯尼迪：如果发生战争，他将是最后一个总统了。

肯尼迪在联合国大会上说，如果发生大规模的核战争，那么末日就来临了，人类就会像恐龙一样，从地球上消失。

后来苏联驻波恩大使法林说：“1961 年 10 月，世界比任何时候都更接近于第三次世界大战。”而肯尼迪总统的国家安全事务特别助理邦迪说，1961 年“整个秋季都是关于战争的争吵，我们谈论着自身的毁灭”。

鉴于美国在核武器方面的优势和肯尼迪的强硬态度，赫鲁晓夫决定退让了。11 月 7 日，苏联取消了要美、英、法三国撤出西柏林的限期。西方则认为，柏林墙并未触及西柏林的“安全”，因而接受了这一既成事实。尽管东西方此后一直就柏林问题争吵不断，然而，核阴云却就此飘离了柏林。

导弹危机是怎样形成的

1962 年 8 月 31 日，美国的高空侦察机拍到了古巴安装苏联防空导弹的照片，又看到了有运载地对地导弹的苏联舰艇。如果装上中程导弹，苏联就可以把美国本土的 48 个州和加拿大的大部分地区置于射程之内。

10 月 14 日，美国掌握了明确显示在古巴建有 6 个中程导弹基地的第一批摄影证据。15 日晚上，中央情报局对照片进行分析，照片显示 1 座发射台，许多发射弹道导弹的建筑物，甚至还有一枚导弹。这就是苏联对美国在苏联南部边界土耳其安装导弹行为的报复。

情报表明，苏联在古巴的工作人员行动很快，导弹设施即将安装完毕，因而必须尽快作出决策。17 日，美国军政界大多数人倾向于两个方案：封锁与空袭。两派观点相持不下。

主张空袭的艾奇逊（美国驻联合国大使）慷慨陈词，说这是消灭卡斯特罗的一劳永逸的唯一办法。而肯尼迪的弟弟罗伯特听着空袭派的议论，递给他哥哥一张条子，上面写道：“我现在知道东条英机在策划珍珠港事件时是什么样的心情了。”力主封锁的罗伯特同艾奇逊大吵一顿。他说：对古巴进行空中突击会成为一次珍珠港式的欺骗手段，是给美国的声誉抹黑，“我不想让我哥哥成为 60 年代的东条英机”。他认为，封锁会表明美国坚决要使导弹撤出古巴，同时也给莫斯科以时间和机会，使它从危险的地位后退。

10月18日上午，肯尼迪总统参加了执委会会议。在会上，空军参谋长柯蒂斯·李梅主张尽快空中打击。

然而，主张空中打击的军方和艾奇逊都难以保证，“外科手术式”的打击是否能摧毁所有的导弹基地和战略轰炸机。如果不能的话，美国就有受到核报复的危险。一颗导弹打到华盛顿或纽约，美国人就难以忍受。若美国再进行核还击，世界核大战不就爆发了吗？

所以，这时肯尼迪问空军参谋长柯·李梅：“你空袭，苏联人会作出怎样的反应呢？”参谋长答：“苏联人一点也不会有反应。”

“你真的这样想吗？”肯尼迪说，“你是想告诉我，他们将让我们去轰炸他们的导弹，杀害许多苏联人，而他们却一点也不作出反应？即使他们在古巴没有作出反应，他们肯定也会在柏林搞点什么名堂。”会后，肯尼迪对他的顾问说：“如果我们听从他们的，并按照他们要我们做的去做，那么，以后我们就没有一个会活下来对他们说他们错了。”

当天下午肯尼迪在白宫接见了苏联外长葛罗米柯，葛罗米柯说，苏联并没有把进攻性武器弄进古巴的意图，送给卡斯特罗武器只是为了防御。肯尼迪警告，将采取行动。

热锅上的蚂蚁受煎熬

1962年10月22日一大早，各报纸刊登：总统将发表重要演说，国家面临着一次严重的危机。

当天20时，肯尼迪的形象出现在全国电视机屏幕上，开始了他一生中最重要的演说。他称苏联的行动是蓄意挑衅和无法改变现状的。美国有权向苏联进行全面报复性的回击。

那天晚上，美国人的心里充满了忧虑和恐惧。老百姓听完总统讲话后，纷纷涌向超级市场抢购，甚至为一盒罐头而争抢。当晚，超市被抢购一空，真像是世界末日来临的景象。

当晚，国防部长麦克纳马拉在五角大楼说，有25艘苏联商船正在驶向古巴，在肯尼迪讲话之后，它们的航线并未改变。由90艘舰只组成的美国舰队，在 68 个空军中队和 8 艘航空母舰护卫下，正在进入阵地，准备拦截和搜寻正在进入隔离区的船只。

在古巴，工人们日夜不停地加速修建那些基地。42 枚中程导弹正在拼命加快拆箱，准备装到发射台上。

在肯尼迪演说 24 小时后，华盛顿收到莫斯科的反应，赫鲁晓夫断然警告肯尼迪：他不打算遵守封锁，已指令驶往古巴的苏联船只不必服从美国海军的停航命令；对任何苏联船只的干预行动都将迫使他采取他们认为是对保护他们权利所必要的和适当的措施。

紧接着，肯尼迪接到报告，在距封锁线不出几海里内，有 2 艘苏联船只正在驶往古巴，并有一艘潜艇为其护航。

那天上午肯尼迪召开了内阁会议，展示了 U–2 飞机低空飞行拍摄照片的分析结果，发射台、导弹、钢筋混凝土结构的信号塔、核弹储藏库以及所有相关建筑显示得清清楚楚。把这些照片同前几天的片子一对比，就清楚地看到基地的修建工作进展神速，用不了几天全部发射台就可用来作战了。

会议室里乌云密布，从赫鲁晓夫那强硬的语气里，肯尼迪认为，苏联船只将拒绝停航，美国海军和停泊在封锁线附近的“埃塞克斯”号航空母舰的飞机都将开火。作为报复，苏联人将从古巴或东欧用洲际导弹作为回答，或许会占领西柏林。封锁线上一有战事，就可能马上爆发一场核大战。

会议室的每个人只是等待着，无所作为，肯尼迪也无法控制事态的发展，一筹莫展。“有没有什么办法可以使我们不首先向一艘苏联潜艇交火呢？除此之外，难道就没有别的办法了吗？”肯尼迪焦急地自言自语。

这时，突然一名信使匆忙走进会议室，交给中央情报局长麦康一张条子，麦康急忙宣读了那张条子：“总统先生，我们得到一个初步报告，表明几艘苏联船只停航了。”立即，人们的精神为之一振。接着又送来一份报告，证实有 20 艘苏联船只在到达封锁线以前，已经停下来了。其中一些船只停在海上一动不动，而另一些船只已经掉头开回欧洲去了。

会议室里一度如同停止不转的地球又开始动起来了。肯尼迪说：“这样说来，就没有什么需要迫使停航或拦截的船只了。”接着他对海军发出命令：“如果这些船只已经得到掉头回去的命令，我们就得给他们这样做的一切机会，马上跟‘埃塞克斯’号联系，告诉他们，除了给苏联船只以掉头回去的机会外，切勿采取任何行动。”

在美苏对峙的时候，整个世界也越来越惊慌了。在10月25日晚上召开的联合国安理会上，美国大使与苏联大使进行了一场富有戏剧性的对质：

“我只要问你一个简单问题，佐林大使，你不承认苏联在古巴配置中程和中远程导弹和基地吗？承认，不承认？不必等翻译。承认，不承认？”

“我现在不是在一个美国法庭上，先生，因此我不想回答像是一个检察官提问那样的对我提出的问题。到了适当的时候，你会得到回答的。”

26日晚6时，肯尼迪收到了赫鲁晓夫的信。他说放在古巴的导弹只是为了防御，“如果总统作出保证，决不参与进攻古巴并解除封锁的话，那么撤除古巴导弹基地的问题就是一个完全不同的问题了……我们决不再向古巴运送武器，已经在古巴的那些武器，则以撤除或销毁，你们则以解除封锁和同意不入侵古巴作为交换。”

第二天一早，肯尼迪又收到了赫鲁晓夫的另一封信，“我们将从古巴撤走我们的导弹，而你们应从土耳其撤走你们的导弹……苏联保证不入侵或干涉土耳其内政；美国也应该对古巴作出同样的保证。”

就在肯尼迪讨论赫鲁晓夫的新信函时，一架美国U–2飞机在古巴上空失踪了。就是这个失踪的飞行员发现了古巴导弹基地，所以美国十分吃惊，显然它是被古巴导弹击毁的，苏联的这一行动表明危机对抗已进入军事阶段。于是，美国军方决定在10月28日搞一次空中打击，然后入侵。

与此同时，美国另一架U–2飞机在北极执行任务时飞到苏联上空，受到苏联战斗机的注意。刹那间，肯尼迪周围的人害怕极了。苏联人会不会把U–2飞机看成是准备核攻击前的最后一次侦察？如果他们先动手怎么办？

27日下午内阁会议继续举行，似乎还是一筹莫展。这时罗伯特忽然提出：不理会赫鲁晓夫27日来信，直接回答他的26日来信提出的建议。肯尼迪认为这个主意很好，回信中接受了赫鲁晓夫26日的建议，“一般来说似乎是可以接受的”，因此，“美国将同意迅速撤销目前所实行的隔离措施”，作出“不入侵古巴的保证”。

危机能否解除

不久，肯尼迪接到了赫鲁晓夫的“和平之音”，肯尼迪给对手写了一封较为简单的答复信：“我认为对维护和平负有重大责任的你和我都知道：局势的发展本来正在接近使事态可能无法驾驭的地步。因此，我欢迎这次来信，认为这是对和平的重要贡献。”

古巴导弹危机是冷战中最具典型意义的大事件。在这次事件中，美苏两国比任何时候都更接近于发生一场核战争。

在距美国本土 145 公里的地方安装进攻性导弹，对美国是致命的打击。实际上，这是赫鲁晓夫想再与肯尼迪较量一次意志。在维也纳会谈之后，赫鲁晓夫就说，美国人不能打仗。当时美苏两国核打击能力相差近 4 倍：美国拥有洲际弹道导弹 294 枚，苏联仅有 75 枚。如果在古巴成功地部署了核武器，就有大约 64 枚中程（1600 公里左右）和中远程（2400~3000 公里）核导弹可以有效地打击美国，使苏联对美国目标的打击能力提高近一倍。这样虽然还不能改变美国占有二比一核打击的优势，但却可以打破政治上的均势。

然而，特别值得一提的是，美苏两国军方将领却希望双方能够打一仗。

当接到苏联船只停在海上的报告时，五角大楼的海军军官们大失所望，他们早就期望击沉或俘获几艘苏联潜艇。一位军官气得用下流话破口大骂，破坏了海军标图室内宁静肃穆的气氛。然而，这些武将必须要按照文官的旨意行事。

据苏联报道，在古巴导弹危机中，苏联潜艇差点使用核武器。当时曾担任苏联一艘潜艇艇长的留里克·克托夫对记者说，苏联的艇长们接到当局的指示，在得到来自莫斯科的直接命令后，或者在他们的舰艇遭到美国舰艇的攻击时可以使用核武器。当时有 4 艘 F 级苏联柴油机潜艇在古巴水域游弋，它们受到美国反潜舰队的紧密跟踪。这些潜艇除装备有常规武器外，每艘潜艇都配备了一枚装有核弹头的鱼雷。克托夫说：“我们舰艇上的人员对于大洋两边剑拔弩张的情形毫无所知，可是我们感觉到美国海军对我们越来越注意了。”有一次，他的潜艇遭到深水炸弹的袭击，但他设法逃脱了。苏联另一艘潜艇在浮出水面，以便向蓄电池里加注溶液时，遭到美国的一架反潜飞机的炮击。该艇艇长萨维茨基已经下令做好发射鱼雷的准备，这时他才注意到美国的几艘驱逐舰发出信号。萨维茨基作出回答，要求美国“停止挑衅”，于是美舰让他的潜艇重新潜入水中。克托夫说，军方领导人后来把这几艘潜艇艇长责骂一通，指责他们没有向美国人开火还击。

这真是一场坐在核弹头上的危机啊！

这场危机过去50年了。其实，在当时就引起了苏联人民的不满，这自然也是1964年赫鲁晓夫下台的原因之一。

向古巴运导弹，建基地，又撤回和销毁，不但给古巴带来了灾难，更使美国对古巴的封锁、禁运、敌视越加疯狂。直到2000年10月11日美国参议院才同意向古巴销售食品和医药的贸易法案，甚至还附带许多敌视的条件，这怎能不引起古巴人民的示威和抗议呢？

十八、日本遭受原子弹杀伤试验后的报道

日本投降19年后的1964年10月16日，日本竣工了广岛和平纪念公园和长崎和平公园。日本在美国的原子弹投向广岛、长崎的纪念日那一天举行“受害者”追悼会，还要在投降的那一天参拜靖国神社。

究竟谁是受害者？谁是受益者？日本为何要参拜靖国神社？

不加掩饰地、客观地反映出这一段历史，是人们最为关心的。

天皇肝肠欲断求生

1945年4月30日，苏联红旗插上德国国会大厦，希特勒自杀了，日本天皇已知道了自己的下场。日本国力已经衰竭，整个运输系统陷于瘫痪，国民面临饥饿。城里人苦难最深，每个星期都有数万人带着值钱的东西到乡下去换食品。

日本外务省官员这样写道：“对我们这些知道内幕的人来说，原子弹和苏联的进攻，都没有在本质上改变战争的进程，就是没有原子弹的惩罚和苏联进攻的震动，我们也确实会在一定的时候投降的。然而，原子弹和苏联的进攻促进了我们的投降。”

内因起主要作用，外因起促进作用，故原子弹使日本投降起了促进作用。

日本天皇投降前说：“现在却要忍受这难以忍受的痛苦，而且必须忍受。”“这回惨状太痛心了，东京就此化为焦土喽！”只可惜，日本再没有退路了。如果天皇知道美国仅有两颗，没有第三颗原子弹，苏联不攻打日本本土，是否还会苟延残喘一段呢？

当时，很多人都在想，日本的武士道精神像鸦片一样刺激着日本法西斯

的灵魂为天皇效忠，一两颗原子弹真的能使日本投降吗？肯定是军国主义的发号者——天皇裕仁害怕遭到像墨索里尼和希特勒那样被彻底消灭摧毁的下场，所以“把战争拖延下去，除了加剧毁灭外，徒劳无益……迅速地和平地终止战争总比看到日本被消灭要好”。肝肠欲断的天皇决定“金蝉脱壳”，采取了乞降的缓兵之计。

历史学家认为，日本末日降临，还想垂死挣扎、负隅顽抗，在某种程度上寄托着一个希望，即有可能同苏联单独媾和。然而在盟军请求下，苏联立即对日宣战，用不了几天就会迅速占领东京，不如赶快“借尸还魂”。

谁是“受害者”

日本投降了，许多国家都要求惩处负有责任的天皇，即使美国政府首脑，也明知天皇是战犯，更何况中国人和苏联人呢？

据 1945 年的盖洛普民意调查，美国人主张追究天皇责任，处以死刑、终身监禁、流放或加以审判者占 71%，只有 7% 的人主张加以利用。

保留天皇制有利于美国占领，防止日本出现人民革命的形势，这是美国某些政客的梦想。

历史证实，正是由于日本军国主义的策划者——天皇裕仁被当时欲想当总统的盟军司令麦克阿瑟秘密地保护起来、扶持起来，才达到了美国能长期霸占日本的目的。

“是我救了天皇的命。当时世界舆论中占上风的看法是，天皇是日本侵略战争的最高负责人，应该接受国际审判，并处以绞刑。但是，我认为如果这样做，日本的工人、学生和人民群众就会得势，要求彻底实现人民主权的民主。这时，占领军是无论如何也无法压制的。我想，倒不如拯救天皇的命，让天皇同占领军合作，以利于占领政策的推行。因此，我极力坚持了这一主张，挽救了天皇。”这是后来麦克阿瑟对日本记者说的话。

当然在很多日本人心目中认为是天皇拯救了日本，没被消灭，又起死回生。其实是日本统治者想保住天皇制，美国也想从中得利，是两者缺一不可的政治交易。所以，日美的统治者是受益者，被杀伤的平民百姓是受害者，发动战争的分子是加害者。

其结果是：战争的罪魁祸首在美国的纵容下不受任何惩处，又不按国际惯例进行战争赔款（中国领导人宽容，以中日人民友好为大局，世界历史事件中罕见地免除了日本应承担的战争赔款）。于是，既不受到刑罚惩处，又不赔款，就为事后日本不承认其罪恶——侵略，找到了依据。与此同时，日本每年纪念、喊叫，吃了两颗原子弹而成了“受害者”，不是“侵略者”，这就是形成颠倒历史的根源。

广岛、长崎的废墟上重新建起了繁华的现代化都市，在原子弹爆炸中心位置建成了“和平纪念公园”，铭刻着：在和平下安息，错误不再重复；安息吧，我们决不重犯错误。

错误？罪恶！

人们会问：错误不会再重复，是谁的错误？难道不是法西斯头子——裕仁天皇招来的吗？为什么不先谴责战争的发动者？这样的悼念能使被原子弹杀死的日本老百姓瞑目吗？这样的悼念，只会使日本侵略的亚洲各国人民对嗜杀成性、惨无人道的日本法西斯战争贩子们说，你们早就应该被炸死，否则将来还会让更多的百姓遭受细菌战和原子弹的毒害死亡。

“错误不再重复”，一派政客的谎言，抵赖、推脱罪责的诡辩。

难道日本军国主义发起的侵略战争仅用“错误”两字就能蒙混过去吗？

战后60多年，日本领导人轻率地声称他们是受害者，战后几代日本人竟然不知道他们的国家在第二次世界大战中都干了什么。直到如今，日本政客仍然在铁的事实面前不肯认罪，甚至拒绝向遭受其侵略的亚洲人民道歉，竟然将日本当年的侵略称之为“进入”，将投降称之为“不战”。将南京大屠杀的历史暴行视之为“捏造”或“虚构”。还说什么，不是日本占领台湾，恐怕台湾至今还是原始社会，不毛之地。竟说应该向日本赔偿开发、投资费……

两枚原子弹即刻炸死10万人，平民百姓是战争的牺牲者，更是原子弹的受害者。可是原子弹没有炸死战争罪犯，战争结束了，使他们得以生存，因而是受益者。

为什么这些受益者，后来却摇身一变成了“受害者”呢？

即使是真正的受害者后代，也要追究为什么会成为受害者，是日本军国主义及其战犯和裕仁天皇造成的祸根，把日本人民引入了万丈深渊，应该批判军国主义！

“错误不再重复”，侵略造成的危害和后果能仅用“错误”概括吗？是罪恶！

日本忘记历史教训，歪曲历史真相

第二次世界大战结束后，为防止日本军国主义“阴魂不散”，盟国远东最高统帅部于1945年12月明确规定，禁止日本公众，尤其是政府官员参拜靖国神社。然而1985年，中曾根康弘以总理大臣身份参拜靖国神社，开了首相“公开参拜”的先河。1996年，首相桥本龙太郎又去靖国神社，向战争罪犯顶礼膜拜。日本当局不思悔改，反而变本加厉，气焰更嚣张，极大地伤害了身受日本侵略战争之苦的亚洲人民的感情，遭到了周边国家的强烈抗议。

日本首相小泉，2001年8月14日提前一天悄悄去参拜，同样遭到人们抗议。虽然几个月后到中国访问，一下飞机直奔“七七事变”卢沟桥日军侵华发源地表示谢罪，然而他每年都不顾人们的反对照样去参拜，说明什么？

日本当局“坚持不懈”地要参拜靖国神社，其目的无非表明，侵略有功，侵略有理，把为侵略战争卖命而死、双手沾满亚洲人民鲜血的刽子手当作“为国捐躯”的“英灵”祭奠，把他们的战争罪行当作“伟业”缅怀，以对抗亚洲人的共同节日“八·一五”——胜利的节日。

更奇怪的是，应为战争负责的天皇裕仁，今天又为他歌功颂德了，是近年来军国主义鬼影仍在日本政坛时隐时现的表现。最典型的例子莫过于美国《时代》周刊邀请世界各国领导人推荐他们心目中的“本世纪风云人物”，日本首相小渊在1999年6月推荐已死去的天皇裕仁为候选人。他推荐的理由是“充满智慧与荣誉的昭和年代是在战争与和平之间激烈挣扎的20世纪的最好部分”。周刊把身穿军装的天皇裕仁的照片刊登出来，结果日方十分不满，提出抗议，并向周刊提出了投诉。

日本《产经新闻》（2004年2月23日）的“战争没有错，只有国家利益”文章说：“不管什么样的战争，敌方和我方都有各自的正义，某国的正义对其他国家来说也许是非正义，所以才会造成局势紧张，爆发冲突。”“特别是战争各国都是通过冷静地计算利害得失，军事力量强弱后发动的，所谓正义，毋宁说是为使自己的行为正当化而使用的措辞……日本现在需要的不是正义，而是冷静的国家利益主义。”日本人连正义和非正义都不讲，更不分，难道不是为侵略者涂脂抹粉！世界上还有哪个国家比日本更无赖？

2007年3月初，针对日本首相安倍晋三称没有证据证明日军让亚洲妇女充当“慰安妇”，存在“狭义的强征”一事，美国各大媒体发表社论，公开要求明仁天皇（昭和天皇裕仁儿子）对日本犯下的罪行谢罪，抨击和指责日本政府“试图歪曲事实只会损害日本的名誉，摆脱耻辱历史的第一步是首先承认事实”。悉尼举行抗议活动，指责安倍晋三是靠掩盖日本侵略战争历史“建功立业的民族主义者”。

日本企图“漂白”历史，掩盖罪恶

日本是如何掩盖侵略战争和投降的历史真相的呢？以已亡天皇裕仁执政时期的年号命名，耗资6400万英镑建的昭和博物馆——国家博物馆，展馆里竟没有使用“轰炸”这个词，也设法避免使用“战争”这个词。因为日本官方不希望一个博物馆可能会就战争问题引起一场激烈的辩论，特别是在天皇裕仁是否有罪这个他们最忌讳的问题上进行辩论。博物馆回避了日本发动侵略和投降的事实，却把日本化成原子弹的受害者，放出老百姓挖防空洞以躲避原子弹袭击的纪录片，无视鬼子兵席卷整个亚洲，有数千万人惨死在他们的屠刀下的事实。原定1996年4月1日开馆的长崎原子弹轰炸资料馆，将展出有关南京大屠杀的照片被长崎市政府撤出，换上了日军进入南京城的照片。

令人震惊的是，1998年12月22日，日本东京高等法院居然无视被告方（1937年参加日本在南京大屠杀的东史郎）提供的南京大屠杀种种客观证据，以“被推认为不存东史郎日记中所描写的那样残虐行为”为由，再次判定东史郎败诉。中国外交部新闻发言人朱邦造就此事几次发言，提醒日本方面正视、反省历史。

“东史郎日记”中有这样一段：

“1937年12月21日，南京中山路上，战友们抓来一个支那，像戏弄小狗一样戏弄着。这时由桥本光治提议，将这个支那人装放袋中，扎紧袋口浇上汽油点火，然后像玩足球一样踢来踢去，并向袋上撒尿，还在袋上系了一根绳子，在地上来回拖着玩游戏，袋子以浑身气力在地上跳跃着，滚动着的“火球”中发出声声令人毛骨悚然的叫声。桥本在袋上系了两颗手榴弹扔进池塘，火虽然灭了，突然，手榴弹爆炸……‘游戏’就这样结束了。”

1993年4月，在一些日本将校的策动下，桥本以记述“不实”、“毁损名誉”为由，状告东史郎，诉讼至东京地方法院，要求公开道歉并支付损害赔偿金200万日元。

经过三年的审理，东京地方法院迎合右翼势力的意图，鼓吹南京大屠杀未定论，判定东史郎的记述为“虚构”而败诉，并赔偿桥本50万日元。

闻知判决后，东史郎愤而写下八个大字“审判不公，天理难容”，以示抗议，并再次向东京最高法院提起上诉。

历史记载，1937年底至1938年初，日本在中国犯下滔天罪行的南京大屠杀，集体屠杀28起，零星屠杀858起，总计惨死在日军屠刀下的有30余万人。

时间会冲淡许多往事，但南京大屠杀时发生的一切，南京人民是绝不会忘记的。

1999年又是在12月22日，日本战犯东条英机被处死的日子，日本最高法院再次判定东史郎败诉。可见，日本政府会将沾满亚洲人民鲜血的刽子手永远当作“英灵”祭奠，把他们老祖宗的战争罪行当作“伟业”缅怀。

日本连讲清楚自己历史的勇气都没有，是要以暧昧的态度葬送自己的历史吗？若有这样不负责任的国民，还有什么资格对“自由”、“民主”、“世界和平”说三道四呢？难道日本是一个没有人性，侵略成性的民族吗？

1982年，日本史学家河原敏明写了本较有影响，而且倾向天皇的书《日本天皇——裕仁》，该书后记中写道：“不得不承认，‘关于战争的责任问题’，国民心中都认为天皇有责任，可是却不敢公开追究，而是在暗中把此事放过去。”可见，日本国民心中该多么憋屈、难受，自然最不愿外人说这事，揭这个短。

尤其天皇更是如此，从来不承认他发动了战争，几十年后天皇却说他没有责任。1975年9月，裕仁访问美国时说："结束战争的讨论，在'御前会议'上，是三票对三票，没有取得一致意见，铃木首相感到难办，由于征求了我的意见，大家才转而赞成结束战争的。但是发动战争的时候，是政府、统帅部决定的，我不得不勉强同意。"

日本评论家抨击：推脱政治责任，对发动战争没有责任，而结束战争却是自己的功绩，不就是往自己脸上贴金吗？

战争早已成为历史，中国人民以和为贵，希望日本成为好邻居，中日关系友好发展，使中国经济建设和发展得更快些。但是，日本极右翼势力为侵略罪行翻案，否定南京大屠杀……甚至颠倒历史和"漂白"历史，让日本新生代对历史真相无知，最近日本政客们叫嚣"甲级战犯不是罪人"、"日本无须为第二次世界大战罪行道歉"、所谓的"战争罪犯"是以美国为首的第二次世界大战胜利国所强加的标签……这是对国际正义和人类良知的公然挑衅，是对所有遭受日本军国主义野蛮侵略灾难的受害国人民感情的严重伤害。

决不能让历史悲剧重演，这是世界人民的心声！

十九、中苏核对峙擦肩而过的年代

1969 年 3 月，中苏边界乌苏里江的珍宝岛突然爆发了枪声。

10 月，中共中央发出“关于加强战备，防止敌人突然袭击的紧急指示”，北京紧急疏散。

勃列日涅夫的“新沙皇”梦

苏联领导人的大国沙文主义，遭到中国的坚决抵制和反抗，两国之间的矛盾越来越尖锐。苏联不仅在中苏边境制造了一系列局部冲突，精心策划入侵珍宝岛，而且像美国媒体说的，考虑动用核武器，对中国“为数不多的核设施”进行一次“外科手术式”的突袭。

《纽约时报》记者合利逊·E·索尔兹伯里在他所著的《中苏战争》中写道:“一位最优秀的苏联科学家，在 1969 年春曾同他的美国朋友谈到，苏联已经非常讨厌中国，有可能爆发战争。他说：‘假如发生战争，我们就不会像你们美国人那样，只是小打几下，我们是要彻底干的’。”

日本著名军事评论家小山内宏在他所著的《中苏战争》中也说：“苏联正在策划对中国的战争，将是一场世界上从未经历过的战争，也就是说不但使用原子弹，而且将使用氢弹。勃列日涅夫上台后，虽然对火箭核战略进行了调整，提出核战争和常规战争双轨并行，将核威慑分为全面战争和有限战争威慑两个等级，并且重点放在有限战争上，但调整后的核战略，仍然坚持三个目标：一是苏联准备实施第一次核打击，二是首先打击对方的硬目标，三是要打赢核战争。珍宝岛事件前后，苏联所奉行的正是这样一种核战略。一直到上世纪 80 年代初，苏联才重新对核战略进行了调整；1985 年戈尔巴乔夫上台后，进一步否定了核战争的可能性，强调核战争意味着人类的毁灭，认为在核军备竞赛漫长而昏黑阴暗的隧道中看不到胜利的尽头。”

其实，从1960年开始，苏联多次对中国境内进行骚扰，使中苏边界问题尖锐化。虽然中国政府1960年8月和9月两次主动提出就边界问题进行谈判，但苏联政府矢口否认中苏存在边界问题，拒绝进行谈判。直至1964年2月25日，苏联才同意双方在北京举行边境会议。可是在会谈中又拒不承认沙皇政府签订的条约是不平等条约，致使谈判破裂。

1964年10月，勃列日涅夫上台后，不但继续推行赫鲁晓夫的政策，而且使中苏关系进一步恶化和紧张。在赫鲁晓夫时期，苏联在中苏边界驻军只有10个师，到了勃列日涅夫时期，增加到54个师，达100多万人。与此同时，苏联在中苏边界进行的挑衅事件明显增加。1966年1月，苏联同蒙古签订了带有军事同盟性质的《苏蒙友好合作互助条约》。同时，还在中苏边界进行针对中国的多次军事演习。苏联在远东布置的中程和准中程弹道导弹只有70枚左右，但是上世纪60年代后期，苏联在远东的导弹武器不断加强，例如1969年5月，进驻蒙古的苏军兵力达到20万并配备了能够进攻中国核基地兰州和包头的导弹。

1968年春天，莫斯科把坦克开入布拉格，结束了杜布切克的“自由化”。毛泽东对此十分敏锐，恰如其分地把勃列日涅夫称为“新沙皇”。

1969年夏，勃列日涅夫召开国际共产主义会议，并且提出一个莫斯科制定的东南亚条约组织计划，其形式为亚洲集体防卫条约。对此，毛泽东讽刺说，“新沙皇”的做法是既要当婊子，又想立贞节牌坊。

预计勃列日涅夫会向中国施加军事压力，重演入侵捷克斯洛伐克的事件。对此，毛泽东无所畏惧，毫不妥协，向全中国人民发出号召：“要准备打仗”。毛泽东向全世界表明，中国不会被军事威胁吓倒。

早在1968年，勃列日涅夫就曾召集苏共中央全会，研究中苏战争的可能性。珍宝岛事件发生后，克里姆林宫不仅采取步骤调动坦克、飞机，还调动了导弹，妄图对中国发动“预防性战争”，或对中国“为数不多的核设施”进行一次“外科手术式”的突袭。甚至设想过联合美国，共同对中国的核设施实施核攻击，破坏作为中国核武器研制基地的新疆罗布泊、兰州及其他地区的设施。

1969 年 8 月 27 日，美国中央情报局局长赫尔姆斯秘密地向少数记者透露，苏联代表向其东欧盟国通报了可能对中国核设施进行先发制人的打击的情况。美国情报机构透露，苏联驻远东空军已进入一级战备状态，种种迹象表明，苏联指挥部正在从“战略上”设想、研究和准备对中国进行一场核战争。

“面对新的沙皇战争叫嚣，我们不能单纯去组织防御，应该触一触勃列日涅夫的神经，看他敢不敢去动那个核按钮。”

1969 年 9 月 23 日和 29 日，美国、苏联地震监测台及卫星，几乎同时都收到了能量巨大的震动信号，马上判断出中国又进行了两次核试验。

奇怪的是，数天过去了，中国所有新闻媒体都悄无声息，连一条简短的消息都没有发，好像这事没发生过一样。外电对此议论纷纷，其中美联社指出：“中国最近进行了两次核试验，不是为了谋求某项具体成果，而是临战前的一种检测手段。”

这次地下核试验和 300 万吨 TNT 当量氢弹空投试验，等于警告勃列日涅夫，如果你敢按动核按钮，中国就会立即给予还击。

10月，中国政府严正声明：“一小撮战争狂，胆敢袭击中国的战略基地……那就是战争，那就是侵略，7 亿中国人民将奋起抗击，将用革命战争消灭侵略战争。”

为什么没有撕下核武库封条

中苏边境冲突是零星的、局部的，即使在珍宝岛冲突中，也没有一次遭遇战持续时间超过几小时，但是中苏冲突却具有极大的危险性。因为这是两个拥有核武器的国家进行地面作战的唯一事例。人类进入核时代以来，除中苏冲突之外，核国家之间的对抗，要么是间接的，要么是没有发展成相互之间的地面战斗。然而值得深思的是，拥有核优势而且咄咄逼人的“新沙皇”，最终还是没有撕下核武库的封条。这究竟是为什么呢?

最根本的原因，是中国有充分的精神准备和战争准备。

首先，中国发展核武器，一直坚持三个宗旨，即保证不首先使用，目的是为了防御，最终目标是彻底销毁核武器。对于试图发动核战争的“新沙皇”来说，中国的核武器是不可忽视的反击手段。中国当时最主要的轰炸机“轰 -6”，是一种亚音速中型轰炸机。它是在苏联“图 -16”轰炸机的基础上改造而成的。虽然在 1970 年才首次报道进行大量生产，但在 1968 年就开始服役了。珍宝岛之战期间它的数量虽然不多，但可以装备一个百万吨级的核弹，已对苏联的乌拉尔以东地区摆出了一种威慑的姿态。1972 年，中国部署这种轰炸机的数量已达到 100 架。从 1969 年到 1970 年，部署在中国东北、西北的中程导弹已达 50 枚。由于这种导弹的射程可以达到西伯利亚城，当苏联 1969 年开始在中国边境部署重兵时，中国增加了部署的数量。如果苏联要对中国使用核武器，其决策者就不能不考虑到：它所面对的对象不仅不像捷克斯洛伐克那样软弱，而且有能力进行核报复，中国可以从中苏边境的任何一个地方向苏联领土纵深发动进攻。

不仅如此，中国陆基导弹的分散、隐蔽和机动性，也使得中国在受到先发制人的攻击后，仍然能够保持对对手的第二次打击能力。这种情况，使超级大国的国防决策者往往无法确定卫星是否探测到了中国所有的导弹基地。20 世纪 80 年代西方的观察家都认为，没有一个国家能在第一次打击中摧毁中国所有的陆基导弹。

中国有备无患的一个更引人注目的方面，是建立起了以防御为主的核战略体系。毛泽东提出增加国防的三条措施——深挖洞，广积粮，不称霸。全国大中小城市人口和工厂进行了疏散，有效地限制了侵略者使用核武器的效果。小山内宏对 20 世纪 70 年代中国修建的民用防空地道设施的评价是：“中国和瑞典同是世界上拥有最大规模的一般民用地下防空设施的国家，7 亿人口几乎都可以进入地下隐蔽。这些地下避难设施，即使受到苏联强大的百万吨级核武器的全面攻击，也将会出现极高的‘存活率’。”

叛逃到西方的苏联高级官员谢甫琴科说，他认为苏联之所以没有对中国进行核袭击，“除了美国警告苏联，这样会导致美苏间严重对抗外，还在于中国有了充分的准备”。事后，美国学者也认为，若不是中国严阵以待，“苏联甚至可能在 30 分钟内突袭并摧毁中国微不足道的核力量”，此外，“中国的原子弹无疑是苏联人避免使用核弹头攻击的理由，而通过这一事件，中国人肯定会更加坚定地认为，他们在建立核威慑方面投资是明智的”。

苏联当年没有撕下核武库封条的第二个原因，是美国的警告。1962年古巴导弹危机之后，苏联领导人对另一个超级大国美国产生了敬畏。因此，苏联在把袭击中国的计划付诸行动之前，还必须了解美国人的态度。苏联通过驻外武官对美国进行试探。基辛格建议对苏联的“试探”作出更加严厉的反应，以防止苏联在核武器问题上进行冒险。美国不仅明确回绝了苏联关于苏美共同对中国进行核攻击的主张，还通过美国驻波兰大使，把苏联的企图通报给中国驻波兰大使。1969年1月20日，中断了两年的中美华沙大使级会谈又恢复了会谈，美方代表斯托塞尔在发言中申明，美国不谋求“参加针对中国与苏联共同主宰世界的谋划”，“美国准备考虑派一个代表团到北京去同你们的官员直接讨论问题”。这就是尼克松总统刚刚入主白宫，采取的新举措之一。尼克松派黑格先遣人员到中国，黑格对周恩来说：“美国非常关心中国的生存能力，所以，我们双方有共同点，可以共同对付苏联。”周恩来对黑格说：“我们反对霸权主义，反对任何国家在任何地区称霸的企图，这是中国的一贯立场。中华人民共和国的生存，不需要任何国家或集团来保护。”

这时，美国对越南及东柬埔寨的侵略，使美国人民十分不满，经常有群众示威，尤其俄亥俄州国民警卫队开枪打死了州立肯特大学四名学生。1970年5月9日，有十多万群众在白宫南面的椭圆形广场示威，尼克松与基辛格不得不从被抗议示威群众团团包围住的房子搬到白宫地下室。正是由于美国内困外患，急于撤出越南和柬埔寨，才使尼克松找到了中美解冻的思想。

其后，基辛格又两次秘密访问中国，向中国领导人赠送了有关苏联军事活动的、敏感性极强的情报，其中包括与中国接壤地区的苏军及其活动情况。这些情报，都是通过窃听、高清晰度卫星拍照和其他途径得到的。美国的警告，很难说对苏联有多大影响，但至少也使苏联在动用核武器方面增加了顾虑。使苏联更加不安的是：如果把相当数量的核武器消耗在对中国的作战中，那么苏联在美苏核力量对比中就会处于相对的劣势，从而显著降低苏联对美国的核遏制力量。在这种情况下，假如美国从背后对苏联发动核进攻，就可以在不受损失或少受损失的形势下，给苏联以歼灭性打击。这种战略设想，使得莫斯科的决策者坐立不安，在考虑同中国进行全面核战争时瞻前顾后，犹豫不决。

基辛格回忆说："尼克松认为，1969年3月苏联和中国军队的边境流血冲突，就是这样的机会。由于害怕莫斯科进行一次先发制人的进攻，或者是一次全面战争，中国人希望找到一种对抗苏联压力的反威胁力量。就在那个时刻，美国微妙地向北京发出了信号，表示有兴趣从根本上改变两国之间的关系。"这是美国内困外患时期，尼克松想借此机会与中国改善关系的真实写照。

苏联没有撕下核武库封条的第三个原因，是苏联认为在对中国的核战争中得不到任何利益。

首先，要使用核武器杀伤中国半数以上人口，彻底破坏主要军事设施和军事力量，从而消灭其战争能力，至少需要10亿吨乃至40亿吨级的核攻击力量。但是在短时间内使用这样多的核武器，会产生大量的放射性，"死灰"也将飞扬起来。这就使得苏联一部分地区不能不受到中国境内核爆炸的影响。这种地理和气象的后果，不能不使苏联在对中国发动全面核战争的问题上受到制约。

其次，假如苏联对中国进行全面核攻击，必将遭到全世界人民的反对和谴责。世界人民将把苏联看成使地球上的环境蒙受巨大破坏的罪魁祸首，看成图谋屠杀大量人类的罪犯。

再次，全面的核攻击即使能给中国以沉重的打击，但从地面的一切都遭到巨大破坏和完全污染的中国那里，能得到什么实际利益呢？

莫斯科在中苏边境冲突中没有撕下核武库的封条，还在于中国的武力反击有理、有力、有节。珍宝岛事件，周恩来总理指示："我们主要是守卫住珍宝岛，炮弹至多打到江边，不要再向纵深打，不要误伤了苏联的边民！"他还一再叮嘱："注意，我们打的是一场局部的边界战争，一方面要打疼，一方面不要扩大。不打疼，我们的边防战士和老百姓不愿意，他也不老实；扩大了也不行……这就要求我们必须具有战略思想啊！"

正如美国原子弹之父奥本海默所说："两个大国中每一方都能够毁灭对方的文明和生命，当然也有毁灭自己的风险。可以把两个大国比作一个瓶子里的两只蝎子，每一只都能杀死对方，但是，必须冒着毁灭自己的风险。"

1969年9月11日，苏联总理柯西金参加越南胡志明主席葬礼回苏途中，周恩来邀请柯西金在北京机场进行会谈。柯西金说，虽然我们走了一段弯路，但并不遗憾，我们很高兴到这里来。原来柯西金一行中转环节耽搁了一段时间，他未能得到何时到北京的回音，而不得不取道印度回国。9月10日，当柯西金飞到塔吉克首府杜尚别时，才得到回音；于是，又转经伊尔库茨克在9月11日上午到达北京，整整转了一大圈。两位时代的巨人，性格和命运相近。柯西金比勃列日涅夫开朗，从斯大林起，历任领袖都很器重他的才干，但是却没有人认为他是一个潜在的竞争对手，他的行动并不为实现个人野心服务。周恩来更是这样的人，虽然他们两人代表的身份不同，但友谊和感情大于争执和敌视，坦诚相见，为共同的命运着想。

柯西金与周恩来会谈都取得了谅解，所以周恩来说："我们应该努力实现两国关系正常化，中心问题是边界问题，要停止边界的武装冲突，撤出有争议的地区。我们试制核武器，只是为了打破核垄断，我们不会首先使用核武器。"

柯西金本人反对对中国进行核打击，但他不承认苏联想打仗。周恩来邀请柯西金会谈的目的之一，是向他表明北京没有向苏联发动战争的意图和可能，而且要从他那里查明：可能对中国核设施发动先发制人打击的"传说"是否属实。

在英国《星期六邮报》刊登"苏联正在讨论打击中国在罗布泊核基地的可能性"文章的第三天，即9月18日，周恩来给柯西金发去一封密信，信中建议双方承担不动用武装力量，其中包括核力量的相互攻击的义务。9月26日，柯西金也给周恩来回了一封密信，建议"实行严格监督，使中苏边界得到无条件维护"。

1969年10月20日，中苏边界谈判在北京举行，中苏边界的紧张局势才逐渐缓和。1970年5月1日，毛泽东主席在天安门曾对苏联代表团副团长说：我们应该谈判，谈出个睦邻友好关系来。要耐心，要文斗，不要武斗。莫斯科曾宣称，它曾四次使中国免受美国的核攻击；而美国官员们私下里暗示，美国同中国的接触，使中国免遭苏联的核攻击。这些话很难完全相信，但也说明了一个问题，两个超级大国都曾试图对中国实施核打击。于是，这场由美国传递，苏联一手制造的中苏核危机产生的"核冬天"，擦肩而过了。

二十、五角大楼的“末日计划”

世界上第一个造出原子弹、打过唯一一场核战争的美国，自从核垄断被打破以后，就不得不对可能发生的核战争耿耿于怀。一旦核战争打响，谁也没有把握出来收场。或许，这就是世界末日，于是美国的“末日计划”应运而生了。在美国华盛顿有一个神秘的地下指挥中心——末日避难所，可在核战时进行全美的作战指挥。

2857试验中队和总统的黑皮包

1949年8月29日，苏联爆炸了第一颗原子弹，五角大楼的将领们焦躁不安。很快，一支由直升机飞行员和机组人员组成的精锐部队——第2857试验中队，进驻了宾夕法尼亚州的空军基地。一般的人只知道这支部队是军民联合营救分队，其实他们真正的任务是在发生核战争的时候，营救美国在任的总统。

众所周知，核武器有着极大的破坏力，如何在遭到核袭击时，迅速组织起有效的核还击呢？美国五角大楼认为最关键的是要保护好在任总统的安全，同时还要发挥总统统率全国的作用，这就是为什么美国总统的贴身随员的手里总是提着一只神秘的与总统形影不离的黑皮包的原因。

美国总统的黑皮包被戏称为“橄榄球”，现在称之为“核按钮”。如果美国一旦遭到核攻击，它能立即提示身为三军统帅的总统该如何采取应变措施：必须遵循紧急行动要领行动，指示空中指挥所在12分钟内完成升空准备；召唤总统的军事顾问赶来会合；完成反击行动。包里还有一台无线电报话机，紧急情况下，总统可直接通过它向核部队发布命令。一旦他用密码发出开火的指令，整个核打击机器将迅速开动起来，例如藏在 30 米深的地下密室里的核弹“民兵 III 号”，接到命令后可立即飞向攻击目标。

黑皮包平时放在白宫东馆的地下室，总统外出时紧随左右。它用复合锁锁住，内装实施上述计划的各种文件、机密基地名单、紧急广播程序及确认总统身份的认证卡。但到目前为止，还没有一位总统正式地学习过它的使用方法。

那么，除了总统之外，核部队的将领们有没有可能悄悄地导演一场核战争呢？按现有体制，这是难以成功的。美国战略空军的空中指挥中心有一个火箭发射键盘，可以点燃所有的民兵式导弹群。但空中指挥中心和单个的地下发射井执行着同一个安全制度。任何军官，不管其军衔有多高，都无权发射一件核武器。在 B–52 轰炸机内也有这样的安全措施。除此之外，所有的核轰炸机遵守一条防备误警的安全线，在它们飞往敌国途中，没有第二道特别指令不许越雷池半步。所谓第二道特别指令，也就是总统的声音必须直接传到战略空军各部队的指挥所，此法是想避免一小撮军官为谋私利擅自发动一场核战争。在印度洋和格陵兰上空巡航的核轰炸机也是直接接收总统的口令。

总统的地下避难所

“末日计划”是五角大楼的主人们精心策划的。倘若有一天，敌对国的核弹向美国飞来，2857 试验中队作出的第一反应就是乘直升飞机迅速飞向白宫，飞行员们戴着防止原子弹火光伤害的墨镜，身着能挡住核辐射的橡皮紧身服和牢不可破的靴子，当然还带有总统和第一夫人穿的特殊防护服，以最快的速度把总统带到一个绝对安全的地方。

绝对安全的地方指的是大山中几座挖好的洞穴和停靠在大西洋沿岸的那艘坚不可摧的“诺桑普顿”号通信船。

第一落脚点是被称为“地下五角大楼”的山洞。面积为 2000 平方米的芒特韦瑟深藏在坚固无比的绿岩山脉之中。1960 年 5 月，艾森豪威尔总统组织了一次“末日计划”的模拟演习。

警报拉响了，华盛顿上空升起了一股巨大的“蘑菇云”。总统的直升机则早在原子弹爆炸前就离开华盛顿，当飓风般的冲击波肆虐的时候，总统早已进入地下避难所。美国的核弹也早已经过总统的口谕，飞向攻击目标。

紧接着，政府部长和美国最高法院的法官也被空运到这里。1.8 米厚的大铁门并未因为他们的到来而马上开启。因为他们是在核袭击以后赶到的，所以必须要先接受核辐射检查。在一排仪器前面，几名内阁部长开始接受检查，突然，一台铜制的座钟响起来了，顶上的一盏闪光灯也亮了起来。计算机很快打印出他们受辐射的数据。

沉重的大门打开了，没有受到损伤或辐射的政府要员被送到战时办公室，进行正常的领导工作。轻度辐射者被带到消洗室，用浴液洗身。严重者洗身后即被送进医院治疗。

芒特韦瑟能容纳数千人。进入者都是特殊花名册上的要人。凡系误入者或名单之外者，格杀勿论。在地下避难所，只有总统和政府部长有私人住房。保管库中存放着总统预先录制好的讲话，通过移入地下的广播电台向全国广播，号召公民抵御核战争。

美国国会的“核避难所”选择在距华盛顿 400 公里的罗安诺卡。1965 年，艾森豪威尔总统来此山中度假，看中了一座名叫格林布里的五星级豪华乡间别墅旅馆。于是，总统亲自下令，在旅馆的地下建造美国的核战时临时国会会址。

营建工程是庞大的，也是秘密的。地下世界所有房间的墙壁都足有 0.6 米厚。它有个巨大的椭圆形大门，卡车都可以直进直出。一旦发生核战争，这扇大门会立即关闭。

格林布里避难所除了可容纳国会人员外，还有可供重要的军事、政治、情报首脑们使用的办公室和住处。整个建筑，有自建的自来水系统、空调及电力系统，其仓库内贮存的食物可维持一年以上的消耗。

据美国一名前国家安全委员会的官员说，在美国首都华盛顿，有一个神秘的地下指挥所，可在核大战时进行全国的指挥作战。这个地下情况室是上世纪 60 年代初肯尼迪总统下令建造的，利用了原白宫的保龄球场。

这个只有两个房间的地下室被称为“情况室”，里面配有最先进的通信设备，可以和世界每个角落的美国军事和外交机构保持联系。白宫人士说，这里一向是反映涉及美国安全的突发事件的场所，这些突发事件包括肯尼迪总统 1962 年处理古巴导弹危机和里根总统处理中东人质危机的事件。

政府高级要员使用的地方还有其他场所——同白宫隔一条马路的老行政大楼里是处理较大危机的中心，离白宫数英里的五角大楼里有一个全国军事指挥中心。但一旦发生核战争，所有这些将全都“毁灭殆尽”，从设备方面看都经不起原子弹轰击。按照计划，一旦发生核战争，总统将由一架直升机载到一架 E-4 飞机上——这架飞机将担当空中指挥所的职能。

有人怀疑这个计划是否切实可行。卡特出任总统后不久，在椭圆形办公室里按动按钮来测试这套制度。按照这套制度的设想，在 10 分钟之内就能把直升机召到白宫草坪上。但是，据白宫的一些官员说，20 多分钟之后，他们还在等着被送出白宫。白宫官员说，已经采取了一些措施来加快直升机的反应时间。但据这些官员证实，这种总统撤离白宫的制度还是有问题的。他们说，情况室也许将成为总统的最后指挥所。

“末日计划”行得通吗

似乎天衣无缝的“末日计划”能否行得通呢？这实在还是个问号。

当年艾森豪威尔亲自审定通过的“末日计划”，作为最高机密存入五角大楼的保密柜后，总统似乎依然心有余悸。在一次模拟演习中，当内阁部长向他报告说：450 多名白宫官员“被顺利疏散”时，艾森豪威尔冷笑一声，提醒说：“果真那么顺利吗？要知道，当真的核弹即将爆炸或已经爆炸时，这些人都会变成疯子，都会歇斯底里。”

艾森豪威尔对“末日计划”信心不足，实在是理由太多了。在一次“末日计划”演习期间，艾森豪威尔和他的护卫部队在接近芒特韦瑟的时候，一辆满载猪的卡车进入狭窄的道路。护送车队只得停下来，在卡车慢慢地后退到山间之后，护送车队才得以通过。艾森豪威尔不无忧虑地说，如此精心设计的计划可能毁于一群猪。

实施“末日计划”是为了保证总统和政府机构的安全，而根本的目的，是为了保证美国在遭到核袭击时，能组织起有效的核反击。但在实际操作中，常常会遇到一些意外的变故，致使“末日计划”频频告急。

1979年11月9日，白宫主人像往常一样在他的办公室处理日常事务，2857试验中队的直升机正在进行每月一次的定期检测。突然，美国北美防御系统的计算机发出警报：苏联向美国发动了核进攻……

“末日计划”迅速展开。10架24小时处于一级战备的美国战斗机从本土和加拿大的基地紧急升空，战略核导弹也进入待发状态。就在总统即将打开黑皮包的时刻，导弹雷达却没有发现目标信号，升空的飞机也没有发现来袭的机群。

虚惊一场，原来是计算机操作人员误装了一盘美、苏战争演习的模拟磁盘。

还有更玄乎的虚假情报，弄得美国总统里根尴尬至极。

1980年7月6日凌晨，美国北美空军防御系统的地下观察室内，一位刚换岗值班的观察员，像往常一样，漫不经心地看着闪烁的荧光屏。多少年了，他们的荧光屏从来没有过真情报。有朝一日，苏联的核弹真的打来之时，这玩意儿顶不顶用呢？正在他心神不定的时候，突然屏幕上出现了一批耀眼的斑点，他定睛一看，斑点在不断变大，且正在向美国本土靠近，而且越来越多，顷刻间，已是一大片，布满了屏幕……年轻的观察员惊呆了，因为这意味着数千枚来自苏联的核导弹正在向美国袭来！于是，他慌忙唤来了值班军官。在场的人大气不出地盯着屏幕，看到那密密麻麻、铺天盖地而来的“导弹”，想到即将到来的灾难，一种末日来临之感油然而生。

核袭击警报一次拉响，拦截战术导弹、战略反击核导弹、战略核轰炸机按照指令进入一级战略状态，听候五角大楼的最后指令。美国国防部立即紧张地运作起来，里根总统听到的是他几乎不敢相信的消息。如果从发现情况的时间算起，预计10分钟后，来袭导弹将进入美国国土，15分钟后将可攻击美国本土内一些重要城市、设施和战略目标，25分钟后美国将全部毁灭于核灾难！要作出最有效的反击，就是在5分钟之内发射导弹进行空中拦截，同时进行报复性核反击，这样距离作出决断的时间只有不到5分钟了。

难道制定了20多年的“末日计划”真的要实施了吗？里根在急速思考之后，迅速抓起了直通克里姆林宫的苏共总书记勃列日涅夫的“热线”电话，要求苏联对“在美国上空出现苏联导弹一事作出解释”，苏联国家和军事领导人立即“断然否认”，并要求美国立即进行核实和检查仪器。果然，在发现“情况”后3分钟，满头大汗的工程师们解除了“紧急状态”。原来那来袭的“导弹”竟是一块大规模集成电路的芯片故障造成的一场虚惊。

尽管又是有惊无险，但里根总统在苏联人面前丢了面子。

由于苏联的解体，美国“末日计划”的制定者对处理危机的方案进行了彻底的重新评估。一些核战争避难处将用来存放机密文件和用做办公地点。应急计划和无价值的危机处理章程正在重新加以研究。

如今，美国五角大楼的“末日计划”已执行了几十年，它并没有失去存在的意义。相反，当今世界头号核武器大国——美国，总有一些政客和战争狂人，一方面否认《全面禁止核试验条约》，另一方面叫嚣着加强试验、布置美国弹道防御系统 NMD 和 TND。

目前，由于美、俄双方所拥有的核武器日趋饱和，大大超过了“相互确保摧毁”的需要，两国终于达到了“核恐怖均势”，谁也不敢首先发动核战争。因为“可以把这两大国比作一个瓶子里的两只蝎子，每一只都能杀死对方，但是，必须冒着毁灭自己的风险”。

地球上总有一些战争狂人存在，所以世界不会太平。

“9·11”事件启用“末日避难所”

“9·11”恐怖袭击事件的当天，美国总统、副总统及政府要员按60年前制定的“核战争末日避难计划”，分别迅速进入了遍布全美各地的“末日避难所”，即夏延山地下指挥中心、白宫地下指挥中心、地下五角大楼、备用五角大楼、战略空军地下指挥中心等。

白宫地下指挥中心，又称总统紧急作战指挥中心，位于白宫东侧地下深处，能经受1枚小型核弹的直接命中，可确保躲入的总统、副总统等要员不间断指挥。所以“9·11”事件发生后，副总统切尼、总统安全顾问赖斯、运输部长等进入这里，立即启动了全面核战争爆发时的“政府持续计划”。切尼与正在佛罗里达州一所学校里的布什总统取得联系，力劝布什延期返回华盛顿，以免遭到恐怖分子的袭击。紧接着，切尼命令特工处把美国总统的法定继承人——议长哈斯特、参议院多数党领袖罗伯特·拜伊德以及内阁全体成员全部紧急疏散到各指定的秘密避难所。例如藏身到地下五角大楼或备用五角大楼、夏延山地下指挥中心。而布什总统却躲到了有美军最可靠、最有效、最先进的指挥控制和通信设备的“战略空军指挥中心”。这些设施全是建成以来首次全面启用。美国统治者制定的“末日计划”，着实让他们先经历了一番末日避难所的亲自体验，着实是莫大的讽刺。

二十一、"核恶魔"能进入"核冬天"吗

1954年，美国在比基尼环礁岛进行了第一次氢弹试验，苏联1955年氢弹空投成功，世界真正进入了核时代。施放核弹将形成"核冬天"，人类将被毁灭，因此人们称核弹为"核恶魔"。

"核恶魔"

1954年4月，美国在比基尼环礁岛进行了第一颗热核炸弹爆炸试验。当一个1500万吨级的核装置爆炸时，放射性回降物顺风蔓延，使一个长530公里，最宽处近100公里的狭长地带，受到了极严重的污染。即使在上风向，离爆炸点30公里以内的地区，也受到了严重污染。全部污染区约达到18000平方公里。当时大片毒云从无人的太平洋上空飘过，"微尘雨"落到了捕金枪鱼的日本渔船"福龙丸"的渔民身上，结果烧焦了他们的皮肤，使他们染上了重病。这时全世界才突然了解到放射性尘埃带来的新威胁。

原子弹爆炸产生的破坏力，主要表现在冲击波、光辐射、贯穿辐射、放射性污染和核电磁脉冲。其实，核武器的五大杀伤破坏效应，除核电磁脉冲外，其余4种中的任何一种，都能置人于死地。尤其是放射性污染，对人体损害无声无息，使人难以察觉。

核爆炸必然产生锶90、碳14、铯137和其他毒性物质。科学研究已经证明，放射性尘埃污染将会对人的骨骼、血液产生可怕的影响，使人就像传说中的魔鬼缠身一样，患上各种千奇百怪的疾病，最后被慢慢折磨致死。

在这次试验前，比基尼岛上的居民事先被撤到了其他岛上。25年之后，美国政府本来打算重新向比基尼岛移民，可是后来发现岛上的生态已遭到彻

底破坏，而且无法估计这种状态还会持续多久，最后不得不放弃重新向岛上移民的计划。

核爆炸产生的放射性尘埃不只是污染了比基尼岛而且污染了马绍尔群岛的其他四个岛，甚至是远离爆炸点数百公里的一些小岛。

在马绍尔群岛的这次核试验的20年间，因受放射能侵袭引起并发症而致死的人，一个接一个地陆续出现。据调查，朗格拉普岛的19名在1954年核爆炸时已10岁的儿童中，有17名由于放射性污染而发生了甲状腺肥大，还有的人发育受到严重影响。例如，有两名儿童在12岁时，从发育上看却像7岁左右的孩子，而且经过诊断发现，他们的骨骼发育只相当于5岁和3岁的孩子。

美国曾在海湾战争中首次使用贫铀武器。这种武器对环境和人体健康造成的危害已引起人们的广泛关注。如美国参加海湾战争的士兵得的“海湾战争综合征”，以及伊拉克畸形婴儿和癌症病人猛增的罪魁祸首就是“战斧”导弹带有贫铀，这种导弹能够穿透防弹目标，美国A10地面攻击飞机带有反坦克的铀子弹。此外，“阿帕奇”直升机也带有这种武器。英国“鹞”式战斗机上带有贫铀武器。因为铀比钢重2.5倍，比铅重1.5倍，飞机能够从更高的高度发射带有铀的炸弹，而且杀伤力更大。

1999年4月15日，南斯拉夫联盟严厉斥责以美国为首的北约国家轰炸南斯拉夫时使用了带有少量浓缩铀的炸弹和集束炸弹（严格说是贫铀炸弹），这两种武器是“日内瓦公约”禁止使用的。

美国人H·沃塞曼和N·所罗门写了一本书《我们是自杀者》，书中列举了许多“自杀”的残酷事例。

第一个事实：从1946年至1962年，美国在太平洋进行的多次大规模核试验中，遭到辐射的美国军人将近30万。

“在1946~1962年期间，士兵们通常奉命前往进行核试验的地区。他们的任务不断变换，进行核试验的地点也不断变换，但有一点从未变化——放射性尘埃和官方关于这些尘埃是无害的保证。士兵被派往受污染的目标和有放射性尘埃的地区，不告诉他们危险的程度，也不发给他们专门的防护服装。参加试验的舰只由于受到辐射燃烧沉入海底，而船上的服役人员不过让他们退役了事。”

原子武器试验中，常有同试验毫无关系的人员惨遭横祸，不仅有日本渔民丧生，而且太平洋海域的生态系统也遭到破坏，海水将放射性物质带到很远的地方，从而殃及了海洋中的动植物。同时，美国军队中的许多老兵，在遭到辐射之后，没过几年，就因患各种罕见的癌症和精神失常而逐渐死亡。

第二个事实：内华达州的核惨祸。

从 1950 年到 1960 年，在内华达州核试验场，美国进行了 200 多次核试验，使大气层受到了严重的核污染。辐射会对人体细胞组织产生坏死的影响。原子辐射给内华达州的许多居民带来了惨重的灾难，使他们苦不堪言：癌症蔓延，大量新生儿智力和体力发育不良，男子出现不育症。

第三个事实：“核魔鬼”带来了死亡。

除内华达州外，含有大量放射性尘埃的乌云还笼罩了犹他州、亚利桑那州的天空。与内华达州一样，这些地方也成了死神特别频繁地光顾人间的阴森之处：患白血病死亡的人数，是全国死于这一疾病平均人数的 21 倍；儿童死于癌症的人数，也高出全国平均数的 1.5 倍。

1968 年底，美国报刊上宣布了一个惊人的数字：在 1951~1966 年间，由于进行核试验所产生的核辐射，造成了美国近 375000 名未满周岁的儿童死亡。

1992 年的一期《莫斯科新闻》，披露了苏军 1954 年 9 月在真实核战条件下进行演习并遭到辐射侵袭的内幕。实战演习是在哈萨克斯坦荒漠附近的托茨克进行的，参加演习的是一个齐装满员的步兵军团，一共有官兵 4 万多人，分为红蓝两方。当时，一枚核弹在两方阵地之间离地 1150 英尺的空中爆炸。在震耳欲聋的大炮轰鸣中，红方士兵冲入令人窒息的放射性尘埃中，试图突破蓝军阵地。许多士兵没戴防毒面具，没穿防护服装。由于遭到辐射，到 1992 年的时候，演习参加者只有 1000 多人还活着，而且这些人当中也没有一个人身体健康。

核爆炸时形成的核火球，烈焰腾空，熊熊大火还会引起空气的抽吸作用，导致破坏性极大的飓风出现。这时，风暴温度可达摄氏 1000 度甚至更高，出现“风暴性大火”。这个温度可以熔化玻璃和某些金属。人一旦遇到这种致命的大火，即使不被烧成灰烬，也逃脱不了窒息致死的厄运。躲在坚固掩蔽内部的人，能够不受冲击波的伤害，但却躲不过风暴性大火所带来的死亡。

“核冬天”

1982年和1983年，联邦德国和美国的一些科学家就开始发表颇有分量的论文和研究报告，核大战可能带来灭绝人类的“核冬天”效应，并有根有据地阐述了惊世骇俗的“核冬天”理论。

“核冬天”理论的基本观点是：一场50亿吨当量的核爆炸所掀起的尘埃和引起的大火，必产生大约22500万吨的烟云。这些核烟云升空，将会把地球或北半球笼罩起来，遮挡住阳光对地面的照射。

由于烟云遮盖，天昏地暗，地球上几乎没有白天，因而温度急剧下降（一般都降低摄氏30度左右），即使在夏天，也将变得和冬天一样寒冷，甚至比冬天更加寒冷。江河湖泊冰封，植物因停止光合作用而枯萎，恶劣的气候和放射性污染，使农作物颗粒无收或无法食用。核战争中即使有幸存者，这些幸存者也将饥寒交迫，一片混乱，面对一个死寂的、流行病蔓延的、没有白天和温暖的世界，人类很难生存下去。一些科学家断言，如果发生大规模热核战争，就很可能把北半球的现代文明彻底摧毁，甚至可能把人类拖入灭绝的可怕的深渊。大规模热核战争，对于整个地球上的生命而言，都将是一场灭顶之灾。

“核冬天”理论上还只是一个推测，并没有也不可能用实验来验证这个理论。这就难免使人产生这样一个疑问：“核冬天”理论是否有充分的根据？

恐龙灭绝是“核冬天”理论的依据

据研究，恐龙对地球的统治旷日持久，达到2亿年。它可能是迄今为止在地球上生活过的最有成就的生物。可是在6500万年之前的白垩纪，在一段不长的时间内，强大的恐龙却全部灭绝了。

长期以来有的科学家认为，这一剧变是由小行星或彗星与地球发生碰撞引起的。一颗直径为6英里的小行星在与地球碰撞时，会把相当于它体积60倍的岩石粉末抛射到大气层中，其中很小一部分——恐怕有10亿吨重的粉末——曾在高度为10英里或10英里以上的地方进入大气层同温层，在同温层滞留数年之久，并逐渐蔓延至整个地球上空。这样，就使地球失去了光明，使光合作用不能正常进行。光合作用的中断，又会导致陆生植物、浮游生物以及以植物为食的动物出现大范围的死亡。

科学家认为足够大的行星猛烈撞击地球，与大规模核战争发生时把大量尘埃抛向天空，遮断阳光，引起全球生态系统的剧烈变化，这两个过程的效应是一样的。

火星表面极为寒冷。1971年，以美国康奈尔大学天文学教授卡尔·萨根博士为首的一批天文学家，对“水平–9号”宇宙探测器从火星上发回的关于火星尘爆的信息，进行了详细研究。他们发现，尘爆过程中有一个有趣现象：火星上空大气层的温度很高，而火星表面却正好相反，显得极为寒冷。

是什么原因造成了这种反差呢？经过研究所得出的结论是：火星上空大气层温度高，是由于火星上空的尘埃层吸收了大量太阳辐射的结果。火星表面的低温、寒冷，则是由于火星尘埃的阻隔，使火星表面照不到阳光所致。由此可见，核尘埃达到一定的浓度和厚度，“一手遮天”，遮断阳光，造成“核冬天”不是没有可能的。

火山爆发时造成某些地区没有夏季。历史记载中最大的一次火山喷发，发生于1815年4月10日和11日。当时，印度尼西亚松巴哇岛上的坦博腊火山（高约4270米）的1/3被抛向空中，不仅造成该岛与之毗邻的另一个岛上至少8.8万人丧生，而且大量火山灰被喷向高空，这些火山灰不久就飘落到1000英里远的地方。被抛射到大气层的火山灰的体积总共有100立方英里。遮天蔽日的火山灰，使方圆300英里的范围内，即使到了中午时分，天空仍然是一片漆黑。这种状况持续了一两天。

不仅如此，这次火山爆发还在欧洲和北美造成了“无夏之年”。火山喷发形成的烟柱高达10~20英里，一直进入大气层的最高层——同温层。由小颗粒的火山灰所构成的一片巨大的烟云，逐渐在地球上空扩散开来，并在次年夏季飘游到欧洲、北美上空，遮断阳光，导致那里1816年夏天的消失。

研究者从已搜集到的论据中得出了三个结论：（1）尘埃，尤其是烟尘，其中包含核爆炸时产生的烟云，假如在空中达到足够的浓度和密度，而且持续一定的时间,笼罩了地球,那么,整个地球就将处于严寒和黑暗之中。(2)"核冬天"是一场可能发生的大规模的物种灭绝的灾难。尤其是核大战带来的"核冬天"如果发生在春季或夏季,由于日照的锐减和严寒的侵袭,那么,不仅河流和山涧都将封冻,而且大部分庄稼和其他植物,都会遭到毁灭,许多动物也将死于饥饿和寒冷。日照水平和气温3个月之后可能恢复到正常,然而"核冬天"所造成的大毁灭已无法挽回。(3)人类很难经得起核大战的摧残。有人指出,即使北半球有相当多的人在核战争的直接杀伤下得以死里逃生,也很难想象他们怎样应付随之而来的寒冷、饥饿、电力缺乏、供水不足、污水系统堵塞中断、交通运输困难、流行病、医疗救援匮乏以及几乎无处不在的核污染和战后产生的巨大心理压抑等一大堆问题。

另外,一场大规模的核战争将造成尸横遍野的恐怖景象,战后数十亿人和动物的尸体得不到埋葬,那些耐寒的以死尸、腐物为食的动物很可能恶性膨胀、大量繁殖。那时候,人们面临的世界,很可能是一个以老鼠、蟑螂、苍蝇为主的幸存生物的世界。

早在1953年,世界武器库中储备的核武器,就已经超过了足以引起严酷"核冬天"的限度。随后,两个超级大国拥有的核武器更是与日俱增。有识之士对此无不忧心忡忡,反复提醒人们警惕核大战的发生。也许,人们对核恶魔、核妖怪的惨绝人寰认识得越是清楚,越是充分,核大战、"核冬天"降临的机会就会越少,人类的安全就会越有保障。

理智的呼唤

美国制造原子弹的科学家奥本海默和爱德华·泰勒,在研制原子弹的时候理智非凡,当原子弹扔到广岛、长崎造成巨大惨祸,科学家良心受到极大震动。然而,1949年8月,苏联有了自己的原子弹之后,泰勒曾大发雷霆,他梦寐以求的目标是使美国永远保持优势。因此,他作出的反应是,生产一个威力更大的原子弹,这种原子弹的威力应比原有的原子弹大一百倍,实际上是要制造一个用核聚变引爆的氢弹。1949年秋天,他发动了一场制造"超级原子弹"(当时对氢弹的称呼)的运动。他试图说服他所能找到的所有决策者,一旦拥有这一神奇的破坏力极大的核武器,美国就能再次夺取对苏联的核优势。可是，理智的酣睡却妨碍了他对另外一些问题的思考。例如，如果竞赛双方都想夺取核优势，那么你争我夺的局面何时才有尽头？假如没有止境和尽头，双方所拥有的数量与日俱增和杀伤力越来越大的核武器，对世界和平与人类安全究竟是祸还是福？假如没有尽头，需要把多少人力、物力、财力填入这场竞赛的“黑洞”？

1949 年 10 月下旬，即泰勒正紧锣密鼓地发动制造“超级原子弹”之时，以美国物理学家奥本海默为首的原子委员会却一致投票反对研制新原子弹。他征询了其他成员的意见，公开的表态是认为有技术问题：“超级原子弹”太大，它将使用太多的可裂变燃料。实质上是他对研制这一武器持保留态度，不赞成制造氢弹是出于道德考虑。他警告说：“超级原子弹的性质决定了它不可能仅限于军事目标，而实际上几乎是一种种族灭绝的武器。”美国原子弹之父的警告，竟受到美国法西斯三 K 党麦卡锡议员的陷害。

历史上纳粹德国原子弹未响之谜，不少研究者认为在很大程度上应归功于现代物理学的泰斗之一沃纳·海森堡。笔者不认为是这样。

德国本是现代物理学的发祥地。第二次世界大战开始时，“第三帝国”不仅在创制原子弹理论方面处于领先地位，而且具有获得了至关重要的核材料的工业实力，还拥有世界上最出色的科学家，其中包括奥托·哈恩、迈特纳以及主持纳粹德国的原子弹科研工作的海森堡。海森堡年仅 31 岁时，就因其在量子力学方面的研究成绩而荣获诺贝尔奖。他不仅首创测不准原理，而且在本世纪初创立的新的原子模型方面，也是功不可没的。

令人迷惑不解的是，纳粹政权在短时期内就改善了许多创新性的战争机器，如自动武器、喷气式发动机和第一枚进入太空的火箭等，但是核武器的制造，甚至任何一样与核武器接近的装置，都与纳粹德国无缘。这是因为希特勒指示不能马上应用于战场的武器靠后安排。另外，虽已做了大量试验，但却一次次遭盟军破坏。后者是主要原因。

为了唤醒酣睡的理智，科学家从历史的角度发出了理智的呼唤：核大战可能断送人类文明，人类必须销毁核武器。这呼唤，似乎是“核冬天”理论的一种回声。

二十二、美苏核潜艇海难之谜

1954年1月，美国第一艘核潜艇“鹦鹉螺号”建成下水。

1958年7月，苏联第一艘核潜艇“十一月号”建成下水。

由于核潜艇可作为活动的导弹基地，使之成为了第二次核打击力量的中坚。所以，各国竞相研制、生产核潜艇。

人们预料，将来，陆海空三位一体的战略核力量将以海上战略核力量为主。

然而，美国仅在20世纪60年代就发生了20余次核潜艇海难，苏联核潜艇海难事故次数更多。有的海难至今还没找到发生的原因。像“库尔斯克”号核潜艇大爆炸，实在太蹊跷，5年后才惊爆内幕。而美国“长尾鲨”与苏联“共青团”号核潜艇突然失踪的事件，至今还是个谜。

核潜艇的威力与发展

常规潜艇要想长期埋伏在占地球面积71%、平均深度达3800米的海洋里是不可能的。然而，核潜艇的续航能力、适航能力，使它可以在世界各大洋中纵横驰骋。

未来大规模的立体作战，若设在地面上的导弹发射井以及作战指挥部被对方“第一次打击”所摧毁，那么埋伏在深海、能够发射核导弹的战略核潜艇就能出其不意地给对方以还击。

就是说，只有核潜艇才是未来核威慑力量中最富有生命力的武器，它是第二次世界大战后海军军事技术上空前的大变革，也是世界各国军事竞争的焦点。

例如，“9·11”事件后，美国为了报复，美、英两国的核潜艇向阿富汗发射了巡航导弹。

1999年，美、英核潜艇在爱琴海发射导弹轰炸南斯拉夫。

但20世纪90年代以来，俄海军核潜艇的数量减少了2/3，携带弹道导弹的核潜艇从1990年的62艘削减到18艘（其中包括失事的“库尔斯克”号）。普京上台后，为重振往日雄风，力图加快海军建设步伐，立即恢复了中断4年的核潜艇建造计划。

核潜艇依其装备，可分为鱼雷核潜艇和导弹核潜艇。若以承担的任务不同，又分为攻击型核潜艇（主要武器是远程自导鱼雷）和弹道导弹核潜艇（主要武器是弹道导弹）。前者是与敌方面对面作战的战术性武器，后者是在大海深处静无声息地作战的战略性武器。

现在各国核潜艇既能发射巡航导弹，也能发射各种型号的鱼雷；既能反潜，也能攻击水面舰艇。

由于巡航导弹的出现，模糊了战术核潜艇与战略核潜艇的界限。巡航导弹与核弹头结合，可使装有该种装备的攻击型核潜艇具有战略威慑的作用。

核潜艇越造越大。苏联“台风”级弹道导弹核潜艇1978年开工建造，1980年10月潜航，水下排水量26500吨，长171.5米，是为抗衡美国装载“三叉戟”弹道导弹的核潜艇而建，是世界上吨位最大的潜艇。世界上最小的核潜艇是法国的“红宝石”级攻击型核潜艇，长73.6米。

“俄亥俄”级是美国海军现役最先进的战略导弹核潜艇，1976年4月开工建造，1979年3月下水，1981年11月服役，到1997年9月最后一艘服役为止，在长达17年中共建造了18艘。据称，当今世界最先进的攻击型核潜艇是美国“海狼”级核潜艇，被称为“21世纪的核潜艇”，每艘造价21亿美元，1989年10月开工，1994年1月下水，1995年5月服役。排水量9150吨，艇长99.4米，水下最大航速35节，下潜深度600米，人员130人。

核潜艇速度一般都在30~40节（常规潜艇18~20节），38节相当于时速70公里。目前，最先进的核潜艇水下最高航速已达42节，下潜深度可达900米，可连续工作10余年，航行100万海里；可在水下逗留60~90昼夜，主要取决于氧气量的储备、给养和艇员的体力。

核潜艇广泛采用卫星定位技术，解决了隐蔽性和准确性。

美国有以 18 颗卫星为基础的“导航星”全球定位系统。苏联有 24 颗卫星配置在相隔 120° 三个约 2 万米高的近圆轨道上，可为地面和海上机动兵力提供连续、定时的定位数据。

“剑鱼”撞沉“K–129”？

1968 年 2 月，太平洋舰队“K–129”号从堪察加基地出发执行计划外的战斗巡逻任务，潜艇上装备有 3 枚带核弹头的 R–13 型弹道导弹，以及 2 枚核弹药鱼雷。

3 月 8 日，潜艇未能按规定汇报航行情况和战斗位置，苏联海军中央指挥所在确认潜艇可能失事之后发布警报，太平洋舰队情报局在此期间得到一份重要情报：与“K–129”号潜艇在亚瓦琴兹科海峡巡逻的同时，美国海军“剑鱼”号多用途核潜艇曾在相邻水域活动，极有可能是在秘密跟踪苏联潜艇。

而就在“K–129”号失踪的三四天后，“剑鱼”号核潜艇抵达日本横须贺基地，其战斗甲板损毁，当晚在高度保密的情况下进行了紧急维修。

根据情报，可以判定，美军“剑鱼”号核潜艇秘密跟踪“K–129”号潜艇时因距离过近，不慎相撞，导致大量海水涌入“K–129”号潜艇舱室，后者很快就沉没到 5200 米深的海底，具体方位距离堪察加 2300 公里。

但美国当局对此予以坚决否认。

后来美方想打捞出潜艇，得到密码本、作战文献、加密无线电联系设备，这样就可掌握苏联海军全部无线电联系情况，破译密码，掌握属于绝对机密的苏联海军密码原理。

美国“珍尼弗”行动是在高度保密的情况下进行的，当时只有尼克松总统、中情局局长科尔比、行动主赞助商和掩护人休斯知道这一行动的真实情况。

7 月中旬打捞工作正式开始，打捞船用浮筒系住苏联潜艇艏，向上拉升。但在拉升到一半时，曾受到撞击的“K–129”号潜艇艇体承受不住拉力，从第 3 隔舱处断裂，艇尾沉入水中，美国人只打捞出了艇艏。

除了两枚核弹药鱼雷外，没有其他有用的东西，密码本和加密通信设备也不见踪迹。

1975年7月，潜艇打捞事件曝光后，苏联外交部曾向美国国务院递交抗议照会：“你方违反国际海洋法，秘密打捞我方潜艇。”美方回复：“你方未公布自己潜艇沉没的事实。根据国际法，这是遗弃的无主财产。”

苏联海军总司令戈尔什克夫宣布“K-129”号潜艇沉没海域无限期举行“战斗友谊”演习，禁止任何无关船只往来。美国国会迫于压力，明确禁止当局继续进行打捞行动，“珍尼弗”行动到此结束。

由这件事，引发了美国间谍飞机被苏导弹击落的事件，世界嗅到了核战争的气息。

1983年8月31日夜，一架从美国安克雷奇飞往汉城的波音747客机在萨哈林岛上空被苏军击落。美国媒体称，机上共有269名乘客，其中包括69名美国公民。那时从华盛顿到汉城，成千上万人上街游行，控诉邪恶帝国苏联的行为。

其实这是美国精心策划的一次间谍行动。苏联远东军区司令伊万·特列季亚克大将20年后道出了其中的秘密：“波音747进入我国领空有很多机会可以击落，但怕会引爆我们堪察加半岛潜艇或其他设施上的核弹。如果迫使对方在我军机场降落，若美国人引爆飞机，我们的战略航母就停泊在附近，上面也有核武器，将会造成什么后果呢？所以导弹击伤了飞机，并没有击落，它又滑行了17公里到达中立水域上空爆炸。正因飞机内爆而解体，可以断定是一架间谍飞机，所以一旦迫降，飞机内爆，一切秘密装置便会荡然无存，又会给我国造成想象不到的巨大的破坏和损失。”

多个国际委员会调查都承认，苏方的做法是符合国际惯例和国际法的。机上死亡人数不是美方宣布的269人，而是29名间谍。于是美国当局与苏方达成交易：苏方无罪，也不要公布被击落的飞机是间谍飞机。这事就此过去，以后不要再提。

叶利钦后来访问汉城时，曾向韩国送交了两个黑匣子，而黑匣子里的胶片却留在了俄罗斯，等待重见天日的一天。

“共青团员”号为何永沉大海

“库尔斯克”号比“共青团员”号核潜艇海难更糟，爆炸之谜难于寻找。

而“共青团员”号爆炸失事，由于有艇员被救，找到了失事原因。当时外国人估计，打捞失事的“共青团员”号大约需要苏海军一年的预算。就这样“共青团员”号就永沉海底了。

1989年4月7日上午，距挪威海岸490公里的挪威海中立海域深处，苏联“共青团员”号核潜艇在完成了例行巡逻任务后，悄悄返回基地。

寂静的大海深处好像时间过得特别慢。11:03控制台机械师尤金眼睛突然发直了，一个仪表数据吓得他话都说不出来了。七号舱温度指示超过70℃，是不是电气线路故障造成的，他不敢想了。

“火……火，七号舱……烧起来了。”尤金结结巴巴地向艇长报告。

七号舱温度上升到80℃，“灌注氟利昂。”艇长命令！七号舱已变成一座火炉，喷出管道的压缩空气助长着肆虐的火龙。

接着五、四号舱噼啪的危险声将潜艇垂直舱卡住，各舱电话中断，然后燃烧起来。这时艇距海面150米，距海底1000米。

海军上尉奥尔洛夫是电脑遥控组的指挥组长，在这生死攸关之际，如果指挥电脑键盘上出现任何差错，都会艇毁人亡。尽管他不知道潜艇将浮出海面，还是像秤砣一样沉入海底，只见他娴熟地关闭反应堆，降低舱面平衡度，确保放射区冷却正常进行。他知道这几个动作的价值，至少北大西洋不会再现“切尔诺贝利”核事故。

11:14，“共青团员”号潜望镜伸出了水面，艇壳上厚实的橡胶保护层已熔化，海水与烧得发烫的钢板接触后，生成了浓浓的蒸汽。

13分钟后机舱内出现有毒气体，大量一氧化碳压进了防毒面具中，大家中毒了。当一架飞机拍来电报，预计18时有渔船相救，大家才稍松了口气。

16:24，舱内氧气再生罐突然发生爆炸，钛壳炸裂，海水涌入，10来秒钟，潜艇尾部淹入水中。

17:08，这艘世界上最大的核潜艇沉没，永远地沉睡在大洋深处。

从水下失事潜艇逃生上浮到海面的艇员，在海面气象和寒冷条件下，生命力十分脆弱。69名艇员中，有34人由于体温过低，心力衰竭以及溺水而丧生。

美国“长尾鲨”号失踪之谜

美国是世界上核潜艇最多的国家，也是核潜艇事故最多的国家。然而，最使人感到奇怪的事故是“长尾鲨”号核潜艇突然失踪事件。

1964 年 4 月 10 日，美国“长尾鲨”号核潜艇在百慕大三角地区北端一片 2600 米深的海域作潜水试验而失踪。

配合试验的水面舰“云雀”号记下了如下事实：

10 日晨，预定海域波涛滚滚，“长尾鲨”按计划进行超过 300 米的深潜试验。

6∶30，淡淡的晨雾刚刚散开，“长尾鲨”开始下潜，巨鲸般的舰身沉入水中，水面上只露出那架灵巧的潜望镜。

8：10，下潜到 150 米深度。

8：35，距测试深度还有 90 米，潜水舱内空气不断排出，储水舱徐徐进水，舰艇缓缓下沉。

这时，一只气压表的红色指针急剧乱晃。艇长担心会发生意外，随即命令：“排水上浮！”

但无论操作员怎样揿动电门，排水上浮系统都不听使唤。“用高压空气吹除压载水舱”，艇长再次发出指令，仍无效，只有嘶嘶的空气泄漏声，不见艇上浮。声呐紧急呼叫，没一丝回音，仍然只是嘶嘶的空气声。随后听到来自深海的可怕的声音：水密封舱破裂、潜艇断裂、海水压烂艇体的轰鸣声。

“云雀”号按约定的联系措施，扔下一枚枚手榴弹，也没有任何来自“长尾鲨”的回音。

后来进行大规模搜索，借助深水器“阿基米德号”10 次大面积搜集，才发现了完全陷进淤泥中的一只 2 吨重的压缩空气瓶，其他什么也没有发现。

后来，美国做了大量试验，证明核艇下潜到水下 300~400 米将承受不了过高的压力而解体沉没。

惊心动魄的海底逃生

1983 年 6 月 24 日，苏联攻击型核潜艇“K–429”号被派到堪察加半岛东部白令海执行训练。海军大尉阿列克谢·古谢夫作为视察人员随往，他认为该艇当时状况不良，出发前还在修理，不易出海。但上级无视他的报告，强令出海。

艇长博卡罗夫大尉命令下潜，紧接着事故就出现了。负责控制下潜设备的乘员昏昏欲睡，忘记了控制下潜速度，潜艇下潜过快而直抵海底，下潜不到 1 分钟，就听到潜艇撞到海底的沉重的响声。然后所有照明设备便全部失去了作用，艇内陷入一片漆黑。

艇长不知所措，视察员阿列克谢·古谢夫立即命令与核反应堆控制舱联系，但已无任何反应。估计该舱人员当时已全部牺牲。2 小时后，电池爆炸，随即产生毒气，所幸当时大家还比较冷静，核潜艇沉在只有 42 米深的海底。

第二天早 7 时许，4 名艇员由鱼雷发射管缓缓游出并浮出海面，向救援部队通报情况。42 米的水深对潜水员仍有生命危险，但当时只能那样做。乘员依次从鱼雷发射管慢慢游出，整整耗费了三天时间。艇长从管中游出的一刹那突发心肌梗塞而死。

三天后鱼雷发射管开始进水，视察员和另外 5 名艇员最后也设法游了出来，视察员游到距海面 10 米时，因肺破裂，口吐鲜血昏迷被救出，经医院抢救，才脱离了生命危险。全艇共有 14 名艇员牺牲。

后来认定事故的原因为艇员缺乏训练和指挥不当。

潜艇后来被打捞上来，但是导致事故发生的真正原因仍深深地埋在海底。

苏联“K-431”号大爆炸

1985 年 8 月，苏联太平洋舰队的“K-431”号核潜艇，按计划在海参崴（即符拉迪沃斯托克）附近的恰日马角海湾更换潜艇上两个反应堆的活性区。

当顺利更换完第一个反应堆的燃料后，在换装第二个反应堆时出现了麻烦。当把所有放射性燃料放进反应堆后，盖上了顶盖，然后往密封舱内加压，检测其密封性能。船头的反应堆检测结果不正常，但换装队队长却隐瞒了实情，没有报告，认为第二天“悄悄”排除故障，将顶盖密封圈内异物去掉，再装好就是了。

第二天，平台上的吊车开始起吊重达 12 吨的顶盖，反应堆的防护网和其他保护装置同顶盖一起被吊了起来，正在这时，一艘捞雷船以每小时11~12海里的速度从海上驶来，激起的波浪使平台发生晃动。吊在钢缆上的反应堆顶盖和整个防护系统被超限度抬高了，反应堆失去了平衡，连锁反应开始了。

一阵撼天动地的爆炸声之后，仿佛来自地狱般令人眩目的绿色氖光瞬间弥漫了整个天空，紧接着出现了一个巨大的红色火球。爆炸之后的平台成了一片火海。

随后，又颤悠悠地出现了一个火球，周围滚烫的海水翻滚着，冒着白色蒸汽。

作业队的11个人瞬间被强大的热气流“蒸发”了，后来在事故现场只找到半截手臂。根据手上的一枚戒指判断，爆炸时产生的辐射当量相当于9万吨TNT。平台的吊车被抛到离海湾很远的地方。重达12吨的盖子冲天而起又落到潜艇上，将吃水线以下厚达20毫米的高强度钢板砸穿。

顿时，海水涌进反应堆舱室，潜艇着火，爆炸碎片飞向四面八方，“K-431”号沉没了。

二十三、爱因斯坦的遗嘱与原子弹

1955年4月18日凌晨1:25被誉为“现代物理学之父”和“原子弹之父”的爱因斯坦因动脉瘤破裂出血，一颗跳动了75年的心脏停止了跳动。

当天中午，一辆灵车向普林斯顿城外的火葬场缓缓行驶。

没有花圈、没有乐队、没有任何宗教仪式，只有他生前最亲近的12个人，迈着沉重的步履，跟在灵车后面默默地为他送葬。

在沉寂肃穆的火葬场上，当爱因斯坦的遗体就要送入火中时，爱因斯坦的生前好友那坦教授走上前来，一边擦拭着滚涌的泪水，一边缓慢地、一字一顿地默诵起悼念的诗句：

……这一切，他在黑夜的沉寂中，
用感人的力量创造的一切并未带入坟墓——
产生的光和热留给了人间，
他那灵魂灌溉了人类的心田。
他像明亮的彗星，
从星丛间飞向我们；
他又把霞光四射的、
自己的火花送入了永恒！

这是诗人歌德写给他的朋友席勒的悼亡诗。此时，用来寄托对伟大的爱因斯坦的哀思，再恰当不过了。

后来，他的骨灰被撒到了一个秘密地点，但他的大脑，迄今仍在美国供科学研究之用。

世界各国受过他的思想感召的人以各种方式悼念他。但让人难以理解的是这样一位伟大的科学家的葬礼为什么会这样简单？

这是遵照他生前遗嘱，死后不举行任何葬礼，不做坟墓，不立纪念碑或任何纪念性标志，骨灰由几个亲友秘密撒向天空，随风四处飘扬，为的是不让人间留下任何可供朝拜的“圣地”。“除了我的科学理想和社会理想，我的一切都将随我一起死去。”

越是不让人纪念的人，那颗明亮的心，那高尚的灵魂和那清澈的理性，却永远留在人间。

但是，最让人们不解的是爱因斯坦在遗嘱中将骨灰秘密撒向人们不知道的地方。究竟是什么原因让爱因斯坦作出这样的决定呢？又为什么保存了大脑呢？

从《爱因斯坦文集》中发现，1930 年在《我的世界观》一文中，他说“战争是多么卑鄙、下流！我宁愿被千刀万剐，也不愿参与这种可憎的勾当”。他是个“战斗的绝对的和平主义者”。1933 年 9 月 9 日，爱因斯坦公开抗议希特勒迫害犹太人，被法西斯秘密警察跟踪，为避免迫害，他全家连夜渡海到英国后辗转至美国。从此，他改变了反战态度，向全世界大声疾呼：法西斯就意味着战争，积极号召反法西斯力量武装起来，对抗法西斯的武装侵略。这就是他积极建议罗斯福总统研制原子弹，并且要抢在德国之前的原因。

德国法西斯侵占了欧洲捷克斯洛伐克、波兰，然而美国和英国却迟迟不愿开辟欧洲第二次世界大战的战场抗击纳粹希特勒，只有苏联迎头抗击。爱因斯坦作为美国人和犹太人十分感谢并呼吁支援苏联的抗德战争。他说：“俄国不同于西方大国，它支持西班牙的合法政府，对捷克斯洛伐克提供援助。俄罗斯人民团结一致反抗外来的强大敌人，在每个无限地牺牲自己和忘我的模范中，我看到了他们为保卫胜利果实的坚强意志和普遍愿望的证明。”最后他说：“我们和我们的子子孙孙也都该对俄国人民大大地感恩，感谢他们承受了如此巨大的损失和痛苦……我们必须在我们一生的每时每刻都意识到他们的伟大牺牲，让我们由此行动起来吧！”

1945 年 7 月 16 日，原子弹试爆成功，由于德国纳粹也已被消灭，爱因斯坦等科学家坚决反对将原子弹投向日本去做大规模杀伤试验，并坚决反对美国研制氢弹。当他得知美国向日本投下原子弹后惊恐地说：“军备竞赛现在却带有歇斯底里性质，可能导致全面的毁灭。”然而杜鲁门总统却不顾科学家的反对，依然进行了大规模核试验，还称爱因斯坦是“原子弹之父”，把原子弹造成灾难的仇恨集中到他的头上。这更让爱因斯坦感到给人类造成了罪孽。

遭受原子弹杀伤试验的日本百姓对美国的仇恨集中到了被当权者称为“原子弹之父”的爱因斯坦这位科学巨匠的身上，美国政客们暗喜。

这件事让爱因斯坦终生苦恼，他一再责备自己，因为他积极建议罗斯福总统研制原子弹，才使世界走上了核竞赛。

在他 70 岁生日写给好友 M·索洛文的信中说道：“在这不幸的时刻，我感到在我的工作中没有任何一个概念会很牢靠地站得住，我也不能肯定我所走的道路一般是正确的。当代人把我看成是一个邪教徒而同时又是一个反动派，活得太长了，而真正的爱因斯坦早已死了。”“最痛苦的是大规模发生的社会事件，完全受盲目的冲动所驱使，所支配。”

在写给莱奥·贝克 80 岁的献词中，爱因斯坦赞扬曾被纳粹逐放的德国著名历史学家一生乐于助人，不知恐惧为何物……这是伟大道义领袖的素质，能使人类在其自作自受的苦难中得到安慰。那些人“企图兼有智慧和权力，极少能获得成功，即使成功，也不过是昙花一现”。“蠢人的多数在一切时候都是无敌的，并且总能坐操胜券。”“谁要是把自己标榜为真理和知识领域里的裁判官，他就会被神的笑声所覆灭。”爱因斯坦把那些不负责任的政治家视为蠢人，视“权力者”为昙花一现的人物。

为了防止威胁整个人类生存的核战争发生，他于 1946 年发起组织了“原子科学家非常委员会”并担任主席，坚持不懈地宣扬和平信念，反对美国研制氢弹，尤其反对麦卡锡主义迫害知识分子，也因此被麦卡锡等人咒骂为“美国的敌人”、“颠覆分子”，直到 1954 年底麦卡锡主义成为历史垃圾。他告诫：“我们这个时代，科学家和工程师担负着特别沉重的道义责任，因为发展大规模破坏性的战争手段有赖于他们的工作和活动；但是对于他们在不可抗拒的强迫下所做的事，个人是不负责任的，因为他完全依赖于他生活在其中的社会，所以必须受它支配。”“国家是为人民，而不应该是人民为了国家。”“当前世界政治上所处的可怕的困境，同我们的文明疏忽了这方面的罪过有很大关系。要是没有‘伦理教育’人类就不会得救。”

这就是爱因斯坦晚年呼吁加强“伦理教育”的原因。他时刻在责备自己，因为过去常对学生强调“要使科学造福人类，而不成为祸害”，可是现在“科学家却已倒退到这样程度，他居然把国家政权强加给他的奴役当作不可避免的命运接受下来，他甚至自甘堕落到这样的地步，竟然顺服地献出自己的才能，去帮助完成那些注定要造成人类普遍毁灭的工具。”

1955 年 4 月 14 日，爱因斯坦感到不舒服，他觉得腹部右侧剧痛。医生们诊断为主动脉瘤，建议动手术除去，他拒绝了。4 天后，他因腹腔主动脉溢血而去世。他的遗愿是祈求世人将他遗忘，彻底回归大自然。

人类科学的巨人——爱因斯坦，人类能遗忘吗？

爱因斯坦去世前，一位科学家说，如果把莫扎特等历史上一些伟大天才的大脑，都摆在眼前，我们就可以从细微处观察他们的大脑结构，看一看到底是什么东西隐藏在这些大脑内部，让这些人具有了与常人不同的素质。于是爱因斯坦欣然同意在他死后保存他的大脑，供科学研究之用，希望给人类作贡献。

后来，加拿大麦克马斯特大学研究揭示，爱因斯坦大脑下顶骨部位比一般人的下顶骨发达。另有科学家发现爱因斯坦大脑与计算有关系的区域要比常人多出 15%，也许这些发现部分解释了为什么爱因斯坦有如此高的智商吧。

二十四、中国核潜艇第一代设计者的激情岁月

潜艇核动力反应堆是一项技术极复杂、难度极大、涉及专业多、研制周期长的工程。

1958年，中国海军在研制压水型核反应堆的同时，组织专门机构研制隐蔽性和机动性能好、航速高、续航能力大、潜航时间长、攻击力量强的核潜艇。

核潜艇的设计和制造，反映了国家工业、技术和人才的实力。

中国海军经历了百年沧桑，第一艘核潜艇在渤海湾胜利下水，是1970年12月26日。

“核潜艇，一万年也要搞出来”

设计第一艘核潜艇时，条件很差，一无技术资料，二无必要的实验设备和现代化的计算工具，全凭科研人员的苦干精神和创造力。按照核潜艇的实际需要，根据国外公开的数据，反复研究、计算、论述，终于在1960年6月完成了方案设计第一稿，拿出了一个《核潜艇动力方案设计（草案）》。各单位领导及全体人员大受鼓舞，中国人有把握建成自己的核潜艇。

科研人员完成的《〇九方案设计（草案）》，将来不仅仅是如何完成一艘核潜艇的研制任务，而更多的是着眼于如何把反应堆、核动力事业建设好，使之不断地研制出各种用途的、先进的、安全可靠的核动力堆，以便更有效地为军需民用服务。

也就是说，在为海军研制第一艘核潜艇的同时，还想到为建设一支先进的、有战斗力的核潜艇舰队这个战略目标，不断提供各种新型的、高效率的核动力堆。同时也可以为海军的水面舰只应用核动力创造条件，还可以为陆军在沙漠缺水地区作战提供小型的可移动式核电站，为建造中型核电站提供

条件，甚至对原子火箭上天也画上了一笔。“〇九”事业是一幅多么美妙、多么波澜壮阔、广泛应用核动力的前景啊！

60多年前，北京怀仁堂召开了中央军委和国务院一些部门领导出席的不寻常的会议，讨论中国核工业的建设和发展问题。

经过党中央书记处会议通过，毛泽东圈阅，要集中力量搞原子弹，核潜艇暂缓，支援第一线。

上世纪60年代初，国家经济困难，缩短战线，需要集中力量搞原子弹和导弹，加之浓缩铀供应难以满足核潜艇需要，这时国家决定核潜艇不列建堆计划。

由于苏联撕毁了关于援助中国建设原子能工业的协定和合同，“〇九”工程受到重创。这时毛泽东指示：“要下决心搞尖端技术。赫鲁晓夫不给我们尖端技术，极好！如果给了，这个账很难还的。”1961年7月，中央指示缩短战线，突破原子能技术，“〇九”暂停。美国政客说，中国几十年也搞不出原子弹和核潜艇。赫鲁晓夫说，中国核潜艇的设计图纸在莫斯科，不在北京。毛泽东听到这些话十分气愤，斩钉截铁地说：“原子弹我们要有，氢弹也要快”，“核潜艇，一万年也要搞出来”。

“〇九”宏图在磨炼中崛起

“〇九”与我国原子弹几乎同时起步，却比“自力更生、奋发图强”的原子弹研制更复杂、更困难，道路更艰辛！

毛泽东说，“核潜艇一万年也要搞出来！”在那艰辛的岁月里，是一支强心剂。

中国原子弹空投成功后的1965年7月，中央专委批准了“〇九”工程上马，并要加快步伐！争取在1970年建成核潜艇陆上模拟堆。在1971年核潜艇下水。

经过五六年努力，第一艘核潜艇经过数千名职工和海军指战员及“〇九”设计人员共同奋战，终于在1970年12月26日这天下水，1971年国庆节前正式下水。

中国独立自主设计建造出了中国第一艘核潜艇使中国成为世界上第五个

具有第二次核打击力量的国家。

这座由核能而潜航深海，延伸的国土，一座可与任何核大国匹敌的海上长城，捍卫着祖国的万里海疆的安全，真是民族的骄傲，海军战士的自豪。第一代设计者和建设者在那艰辛的岁月、自豪的事业中的奉献和追求，时时给人一种无比的激励、自豪与荣耀。

二十五、切尔诺贝利核电站灾难及其危害

1986 年 4 月 26 日凌晨，苏联乌克兰境内切尔诺贝利核电站发生大爆炸。造成直接经济损失数十亿美元，间接经济损失数千亿美元。其危害将会影响人类一百年。

1979 年 3 月 28 日，美国三里岛核电站事故，堆芯失水熔化，造成大气和水流严重污染，直接经济损失 10~18 亿美元。

切尔诺贝利核事故比三里岛核电站事故严重得多，是已知的世界上最大的核事故。

这次事故在世界上造成的巨大危害性影响，使各国开始重新考虑核能的安全性并加强了这方面的国际合作。

在各国对核事故都严加保密的情况下，切尔诺贝利事故是如何被发现的呢?

飞来横祸

1986 年 4 月 27 日这天晚上，像受到某种神秘感应似的，晴朗的天空罩上了一层浓云。瑞典全国天色阴沉，北部的山林中飘着颤抖的雪花，南部的城镇里落下阵雨。

当绝大部分人已坠入梦乡时，雷达站的军人仍然严阵以待。他们一边不断向上级报告情况，一边焦虑不安地守在监测仪旁，密切注视着看不见、摸不着却十分危险的“敌人”。

4 月 28 日清晨，瑞典首都斯德哥尔摩北部 160 公里处的福斯马克核电站突然响起了警报。

在核电站工作的人对警报非常敏感。值班的安全人员立即进行了检查，结果发现是一名上早班的工人在经过站内一个要保障高度安全的区域时，引发了自动警报器。经过对这名工人进行严格检测，发现他穿的蓝色鞋套上有核辐射尘埃。同时在刚来上班的其他工人身上也发现了类似情况，问题开始变得非同小可。警觉的安全人员已经开始怀疑是自己工厂的核反应堆出了问题，并立即动员了四十多名专业维修人员对核反应堆进行了彻底检测，但结果表明反应堆并没有异常情况发生。只是在核电厂外部发现核辐射量高出正常水平的 4.5 倍，其原因却不得而知。

为了保障人员绝对安全，福斯马克核电站的厂方负责人还是决定将该站的六百名非必要人员全部撤出，并逐一进行了身体检查，同时也把异常情况通报了国家安全部门、当地政府和电台、电视、报纸等公共媒介，以便于及时提醒人们做好应变准备。

此时瑞典国家核研究中心也在核反应堆外部发现了急剧增加的核放射物尘埃。而瑞典的邻国芬兰、丹麦和挪威在这天也发现了同样的问题。最初被怀疑的对象有苏联的地下核试验发生意外泄漏，航行在波罗的海的核潜艇出了事故，在空间的核动力卫星损坏坠毁大气层等。

检测结果表明放射性尘埃中含有氡、氙、碘、铯和钴等物质，其中铯 134 的含量要比铯 137 的含量少得多。科学家们由此断定，瑞典及北欧其他国家日益增加的核放射尘埃来自某个邻国发生了严重泄漏的核电站。

近日的风向、云图气象资料表明，这个发生了重大核电站事故而至今秘而不宣的邻国很可能就是苏联波罗的海沿岸的某个国家。

而且，这股从东南方向随风席卷而来的辐射浪潮已经形成了一片放射性云层，并继续向东欧和西欧的上空飘去，危害的地区还将继续增多。

4 月 28 日晚九点零二分，苏联电视台发表了一条简单的答复，第一次承认位于乌克兰的切尔诺贝利核电站发生了事故，一个原子核反应堆受到了损坏。

事实上，这时距事故发生时间已过去了整整六十个小时。

稍后，苏联官方发表了公告："切尔诺贝利核电站发生了事故，一座原子反应堆受到损坏。正在采取措施以消除事故的后果，并向受害者提供援助。

已成立了一个委员会专门着手处理这一事件。”与此同时，塔斯社用较大的篇幅报道了美国的核电站自 1979 年以来多次发生的这类事件，并宣称：“切尔诺贝利核电站的事故是苏联第一次发生这类事故。”

果真如此吗?

起码十多年以前曾在苏联南乌拉尔地区生活过的人不会这么看。1957~1958 年那个冬季的一天，大型核工业聚集区乌拉尔就发生过一起惊天动地的爆炸。强烈的气浪如同火山爆发一般把放射性尘埃和各种核物质喷洒到天空中。据说其威力相当于 1945 年美国投放在日本广岛的原子弹的一百倍。

事故原因是苏联在南乌拉尔地区搞了一个军事核反应堆。在核废料处理环节还没有解决好的情况下，当时苏共中央总书记赫鲁晓夫为跟美国人竞赛，不顾科学家的反对下令提前开炉运转。为了节省核废料处理费用，苏联当局把核废料都堆积在乌拉尔的林区之中，从而形成大规模的放射性废物贮存专场。

核废物中心的钚是一种不易溶解的元素。乌拉尔地区核废物中的钚，大部分被土壤所吸收。当它与水作用后，触发了链式反应。水被迅速加热成水蒸气，水蒸气压力增大而产生的强烈爆炸，造成了这场骇人听闻的核灾难。

切尔诺贝利事故中受到污染最严重的国家应该是波兰。其首都华沙离出事地点只有四百英里，因此波兰对这起核事故非常关切并采取了积极措施，防止核电站溢出的放射尘埃危害波兰人的健康。波兰在 4 月 29 日即宣布对牛奶销售实行限制，并说波兰东北地区的儿童有可能受到切尔诺贝利核事故的辐射污染。空气中放射性的碘落到植物上，有可能通过牛奶传播到人体中去，因此专家们提示目前不要食用喂青草饲料的奶牛所产的牛奶。

这时罗马尼亚有些地区的放射性物质的增长也已大大超过正常限度，政府向有关地区十八岁以下居民发放了碘化钾。南斯拉夫空气中的放射性尘埃明显增加，政府要求居民不要利用雨水，不要饮用放牧于野外的牛羊的奶，不要吃新鲜蔬菜。

5 月 6 日，苏联《真理报》第一次较详细地报道了切尔诺贝利核电站事故的经过。当切尔诺贝利核电站第四号机房深夜发生事故时，“爆炸毁坏了反应堆机房的建筑，同时发生了火灾”。从仪器上发现有放射性物质这一现象来看，事故可能发生在4月26日凌晨一点二十三分。由于爆炸后机房屋顶起火，高温使消防人员的靴子陷入了熔化的沥青中，浓烟使人呼吸困难。部分放射性物质外溢，然后在反应堆里起火。灭火非常复杂，因为不能使用水和化学物质。从4月26日早上开始疏散核电站所在地的大约25000名居民。集中和疏散这些附近地区的居民总共用了四小时。离出事地点130公里的基辅市出动了大批车辆参加疏散工作。

那事故的真相究竟是怎样的呢?

反应堆爆炸原因及惨状

切尔诺贝利核电站位于苏联乌克兰加盟共和国首府基辅市北郊130公里的地方，是一个著名的大型民用能源工业工厂。该电站只是苏联众多原子能发电厂中的一个，共有四个核反应发电机组，另外还有两个发电机组在修建中。发生爆炸的建筑物是这个巨大的建筑群中四个建好的建筑物之一。如果从俯摄的照片上来看，这个建筑群由南至北成一条直线。每个建筑物里都有一个发电用的核反应堆，而发生爆炸的是最南端的一个建筑物。

已建成的四个机组分别于1977、1979、1982、1983年间被相继投入运行，每个机组都具有一百万千瓦的巨大功率。1983年，当第四号机组正式投入使用后，切尔诺贝利核电站的发电量占乌克兰总发电量的一半，同时，也成为大多数东欧国家的重要电力供应者。

苏联是世界上最早利用核能发电的国家，也是第一个建立原子能发电站的国家。然而，从技术，尤其是从安全防护技术的更新步伐上看，它的大部分核电站中的原子能反应堆都属于第二代压力管式沸水堆（又称石墨堆）。这种原子能反应堆，不像压水反应堆那样，都被外罩上一层“安全壳”，即全封闭的由钢筋混凝土构筑而成的坚牢厚实的防护层。所以从技术上说，这种反应堆很不安全，几乎没有什么有效的防御能力。而且这种反应堆，一旦控制人员技术失误或违章操作，很容易发生爆炸事故。而一旦发生爆炸，即使是轻微的爆炸都有可能使石墨燃烧，从而将堆芯熔化，进而摧毁厂房，造成有害放射性物质的大量泄漏。

1986年4月26日凌晨一点，工作人员开始准备在第四号发电机组上进行切断RBMK型反应堆保护装置的试验。由于工作人员违章操作而使电源突然中断，主要冷却系统因此停止了工作，反应堆失控了！堆芯温度迅速增高，进而被熔化。凌晨一时二十三分四秒，反应堆工艺管道内的载热体沸腾起来，水被强辐射立即分散成了氢和氧，浓度过高的氢和氧随即发生了大爆炸。中子流引起燃料核分裂，在RBMK型铀——石墨反应堆没有厚实安全壳保护的情况下导致大量放射性物质外泄，反应堆燃起熊熊大火。当时火焰从炸飞了的建筑物顶部窜出，高达三十余米，黑夜被照得如同白昼。四号机组中的“核魔”挣脱了核反应堆这一“魔瓶”的瓶口，核燃料碎块、高放射性石墨块被抛出，散落在堆体四周，而堆体和厂房已被完全毁坏。摄氏2000度的高温和高达一万伦琴/每小时的放射剂量吞噬了现场的一切，翻滚的浓烟从反应堆中涌出，扶摇直上，笼罩了整个电站，又向四面八方蔓延。更要命的是，它和蒸发的核燃料迅速进入到大气层中，给周围地区造成了强烈的核辐射，继而被风刮到更远的地方。

现场周围到处充斥着一股非常强烈的臭氧气味，工作人员的眼皮、喉咙都有一种强烈刺痛，呼吸不畅、胸部滞塞，表现出强烈的放射反应。许多人就这样被大火和强辐射夺走了生命……

警报尖利刺耳，厂区一片混乱惶恐，放射性烟云遮天盖地！

大爆炸之后，火势迅猛发展起来。虽然爆炸起火的只有第四号机组，然而各机组之间的距离仅有一百五十米，而且都修建在同一个机房内。如果第四号机组的局势得不到有效控制，蔓延殃及其他机组，引起紧邻的三个原子核反应堆的连锁爆炸，那后果是难以想象的。所以当务之急是必须控制火势蔓延最危险的区域，即机房屋顶，它可能成为第四号机组和其他机组，特别是第三号机组的“联系环节”。

在大量放射性物质仍在不断释放的情况下，工作人员冒着极大的危险关闭了有关阀门，消防队员冒着扑面而来的热浪攀上屋顶去压制几十米高的火焰。他们用手套排除爆炸碎片，靴子浸在熔化的沥青中，如果太靠近出事的反应堆，就可能立即死去，而危险的高辐射则会毁掉他们的后半生……但在这个关键时刻，谁也不能退却！

由于现场情况复杂，燃烧物质特殊，核能和化学能同时释放，着火区域放射性较强，给灭火带来极大困难。因为扑救核反应堆引起的大火，不能使用任何水和化学品。水和化学品一旦被射向反应堆，将会立即化为强烈放射性的蒸汽。唯一可行的措施是用沙子、黏土、硼、铅、白云石等物质，将反应堆严严实实地覆盖起来，以在释放放射性物质的堆芯上形成隔离层，阻绝空气，封固源顶。于是政府调了大批空军直升飞机。

成群的直升飞机，满载着一袋袋沙子、硼、白云石和沉重的铅条飞到四号机组上空对它进行“轰炸”，有时飞机飞临的区域其放射性都不是以每小时毫伦琴计，而是以每小时几十伦琴计，这时就必须设法躲避高辐射。为了躲避高辐射，飞行员在空中往往要折腾几十分钟才能将“炸弹”投到目标上去。这样经过半个月的奋战，直到 5 月 11 日，五千吨的沙石才将“魔瓶”那破损的瓶口堵住。

惨重的代价

切尔诺贝利核电站地处普里皮亚特河畔，该河流与面积为 920 平方公里的基辅水库相通。而基辅水库又是基辅市民的主要饮水来源。如果放射性物质渗入普里皮亚特河，再污染基辅水库，这必然殃及子孙后代。为了不留后患，苏联政府决定在反应堆底座之下，再浇铸一层混凝土厚垫，以使反应堆底座与地下土层隔离。为此，政府当局从各地抽调大批矿井工人，挖掘了一条直径 1.8 米，长 136 米的斜井隧道，直达反应堆底部。由于矿工们是在污染严重的条件下作业，所以他们每天分八班，每班工作三个小时，每个施工队只作业十五天就轮换下来。完成这项艰难而特殊的工程，前后花去了整整两个月的时间。

在电站区内射线固然危险，而放射性尘埃更为可怕。如果道路可以冲洗，那么河岸、水库、电站的屋顶、院子和堆满木材、部件、建筑材料的基地怎么办？化学家们找到了一条出路，他们研制了一种专门的溶液，把它涂在物体上，物体表面就会变成一层薄膜，把尘埃、砂料和其他东西都粘在上面。喷涂这种溶液的任务有时也由直升飞机完成，六辆液罐车把那种化学溶液灌进米 26 直升飞机。飞机起飞时非常沉重，要知道机身里装了差不多 20 吨溶液。经过二十分钟的飞行，飞机到达四号机组的上空。这次飞得很低，仿佛一伸手便可以触及反应堆，高度只有 60 米。但目标不是四号机组，而是三号机组的屋顶、基地和河岸。

为了防止核辐射的进一步扩散，基辅到核电站所在的小城设立了许多核辐射监测站，过往车辆都要经过辐射测量器的检查。车轮是最薄弱的环节，车辆污染不超过半毫伦琴始得放行。在 30 公里电站区边界上的几个村庄里盖起了巨大的仓库，那里堆放着抢运到切尔诺贝利核电站去的材料、商品和机器等。经批准进入 30 公里电站区的人都必须戴上特别的防尘口罩和帽子。

为了防止污染的扩散并进一步消除污染，苏联决定：在污染范围内的农作物一律禁止收割，必须全部翻耕深埋。电站周围必须挖地三尺，把受核污染的表土翻埋地下。对于污染地区的河流、水系，则修堤截流将其排放到特定地区。苏联空军还专门派出气象飞机前往事故地区消除雨云，以避免降雨造成污染扩散。对受污染较小的建筑物、生活设施则用净水清洗。

使人特别担心的是在事故期间有孕和事故后不久受孕的妇女。她们总数有 2000 多人，每个孕妇都受到医生的特殊监护，因此所有婴儿都得以正常出生。

辐射的后果在短期内是看不出来的，需要经过较长时间才能显示出来。特别是苏联，是在事故后 36 小时，也就是在辐射量已达到危险程度时才下达疏散令的，因此在绝大多数疏散的居民中实际上是“播下了致命的祸种”。由于切尔诺贝利核电站位于基辅供应水库附近的两条河流的汇合处，因此一些西方专家担心该地区的水源有可能受到辐射污染。一些科学家甚至预言，在以后十年内，居住在切尔诺贝利周围地区的数百万居民的癌症发病率将会很高，三年或五年后就可能会出现第一批白血病患者，在随后的几年里将会有更多的患者。

据西方科学家估算，核电站事故将使苏联的粮食产量减少 2000 万吨，苏联将不得不在长达五十年的时间里，禁止在事故现场十公里范围内耕作和放牧，在十年之内禁止在现场一百公里范围内生产牛奶。这就是说，半个世纪的漫长时期内，核电站周围的千万顷沃土肥田将是一片奇特的荒野大漠。这样，苏联不得不增加粮食和副产品的进口。同时，由于电站中四个机组全部关闭，苏联的电力损失将近10%，整个基辅地区的工业生产将会出现严重危机。

切尔诺贝利事故不仅给苏联造成了直接的严重后果，而且也产生了严重的间接影响。这次事故对当时苏联雄心勃勃的核能计划是一个打击。苏联为了弥补石油生产的不足，计划到1990年将核电力量提高一倍以上。这次事故无疑为计划的实现投下了阴影。

苏联的核能设备在国外本来有一定的市场，这次事故已使芬兰、巴基斯坦等国重新考虑引进苏联的核能技术问题。

由于捷克、斯洛伐克、保加利亚、匈牙利和东德的核电力计划在很大程度上采用了苏联技术，切尔诺贝利事故使东欧处于一片恐慌之中。捷克有一座同切尔诺贝利相似的核电站距奥地利只有三十公里左右，这使奥地利人非常不满。百姓数次示威抗议，捷克还是不愿损失巨资而抛弃，最终建造了近20年，才于2000年10月初发电。芬兰已购买了两座苏联制造的反应堆，因它没有安全外壳而使芬兰人惶惶不可终日。

事故发生后，西欧一些国家分别监测到苏联核电站事故溢出的放射性物质。瑞典、西德等国对苏联的东欧国家入境人员逐一进行放射性污染检查，而且严禁从苏联和东欧进口蔬菜、水果、食用油、酒、粮食、肉类等新鲜食品。一些国家的露天游泳池和儿童游乐场纷纷关闭。每个人的心头都对污染缭绕着一片恐慌的阴云。一位英国核专家说，这次事故的放射尘埃可能要危害几十年。但许多专家却指出，迄今飘到西欧地区的放射性物质的含量不足以给人体健康带来危害。瑞典学者欧勒姆说，在法国上空发现的铯和碘的微粒量不足以留下痕迹，构不成危害。

1991年4月25日，乌克兰一位调查切尔诺贝利核电站事故的专家弗拉基米尔·绍夫科希尼说：已有7000人死于切尔诺贝利核电站事故放出的核辐射。他指责道："苏联政府总是把这场事故造成的后果缩小到最低限度。他们清楚这场事故造成的后果有多大，却故意想给人们制造一种什么事也没发生的假象。"

1992年6月，基辅再次公布数字，承认已有8000名乌克兰人死于切尔诺贝利的核辐射，该事故还严重污染了苏联境内最肥沃的土地。

据苏联报刊透露，有15万人的甲状腺受到大剂量放射性碘的严重侵害，患甲状腺癌的比率大大升高。在乌克兰地区，儿童患白血病的比率高出正常标准的二至四倍。放射性后遗症畸形的儿童大量涌现：有缺胳膊少腿的，有连体畸形的，有头大豁唇的，有四肢发育不全的。他们大都因父母染色体变异，损坏了遗传基因所致。众所周知，放射性对人体的长期作用将导致遗传因子受到破坏，增加遗传的突变，而这些突变会世代相传。

危害一百年

20世纪70年代的两次石油危机，迫使世界各国为发展经济，制定了能源多样化的政策。由于核能干净，运输方便，富有经济性，各国竞相兴建核电站。截至20世纪80年代后半期，全世界约有370个核动力反应堆在运转。

和平利用原子能已是时代的要求。

为了解决核安全问题，结果却提高了核电的成本。核电站对西方资本家的吸引力也开始变小。实际上到20世纪80年代初，西方各国的核电站计划都在收缩。尤其是美国，40年没新建核电站，转向国外输出核电站和核反应堆技术。

在事故14周年前夕，俄国原子能部副部长说：俄必须使10座正在建造和计划建造的核电站尽快建成并投产，一些老式核电站进行了技术更新。目前运行的9座核电站29个反应堆机组中类似切尔诺贝利机组的有11个，其中的某些设备已更换，可确保安全运行发电。

苏联的工业大部分集中在西部，但是该地区缺少石油、煤炭等能源资源，靠从西伯利亚运来的煤炭发电很不经济。据有关专家计算，在苏联西部用核电站发电的成本要比用西伯利亚煤发电的成本低30%。同时，苏联正在加速发展经济，计划到20世纪末使工业产值翻一番。为满足国内的能源需求和同西方国家在核工业方面竞争，苏联仍然要坚持发展核电站。那么，这次事故发生后，它在核电站的设计、制造、施工、管理等方面有什么改进呢？

苏联现有的核反应堆主要是三种，即石墨减速堆、压水堆和快中子增殖堆。总的说来，压水堆和快中子增殖堆更可靠些。这次切尔诺贝利核电站的石墨反应堆出事后，苏联将更多的注意力转移到了压水堆和快中子增殖堆上来。相对来说，压水堆比石墨堆投资高，设备要求加工精度高。过去苏联在发展核工业和保障核电站安全方面与其他国家，特别是西方国家合作较少。切尔诺贝利核事故发生后，苏联表示将会为“安全发展和平原子能”加强国际间的协作。1986 年 7 月，在事故发生后三个月，国际原子能机构在维也纳召开首届特别大会，有 80 多个国家（包括苏联）参加了会议，会议一致通过了《及早通报核事故公约》和《核事故或核辐射紧急情况援助公约》。这两项公约是在加强核安全领域里的国际合作方面迈出的第一步，对人类和平利用核能有重要作用。在国际原子机构主持下，又召开了核损害责任的国际会议，通过了关于核事故责任的《巴黎公约》和《维也纳公约》的联合议定书。

从人类发展的前景看，人类可能面临的是环境发生灾难性的变化而无法逆转的进程。类似切尔诺贝利核电站这样的核事故所产生的后果正是这一类的。

但切尔诺贝利事故与美苏核竞赛期间试验的大量核武器所造成的环境污染相比，简直不值一提。

仅在 1945~1977 年期间，美国就进行了 600 次原子和核装置的爆炸，其中 236 次在空中，5 次在海下，其余在地下。按五角大楼的估计，在大气层进行的核武器试验中有 25~50 万军人和文职专家受到了辐射。而这些核试验地球环境受到的污染则更是灾难性的，许多地方的生态平衡遭到了彻底破坏。在 1984 年 2 月 15 日进行的一次地下核爆炸后，美国内华达州的莱涅——梅萨的人们发现，大地从人们脚下塌陷下去了……

苏联在这方面所进行的试验也同样多，后果同样严重。

现在环境保护的呼声已在世界范围内引起了共鸣。但往往是臭氧层出现了空洞，才开始讨论是否停止使用氟；核电站爆炸了，方寻求改进……如此环保，改变不了人类处境恶化的总趋势。

在切尔诺贝利事故后一年多的时间里，切尔诺贝利核电站内的第一、二、三、五和六号反应堆又相继恢复或建成开始运转。与此同时，爆炸后被关闭的四号反应堆里仍存有一百二十余吨核燃料。事故发生后，救援人员在反应堆外建起了一座混凝土外罩，以防止核辐射外泄。但据说一场里氏五级的地震就足以摧毁这个呈阶梯形的外罩，而这种强度的地震每 27 年就可能在当地发生一次。想想这种景象，让人不寒而栗。

事故发生后，西欧国家一直在讨论如何帮助乌克兰关闭切尔诺贝利核电站和控制核污染扩散。1994年7月，西方七国集团领导人在那不勒斯峰会讨论了乌克兰的核问题，并作出要求乌克兰关闭切尔诺贝利核电站的决定，同时还把乌克兰的财政援助与核问题挂钩。当时，乌克兰虽然与俄罗斯、美国共同签署了销毁乌克兰境内核武器的声明，但却没有加入“核不扩散条约”，乌克兰的核武器、核电站安全仍然是西方各国最担心的一个问题。

但是乌克兰坚持既然关闭切尔诺贝利核电站的要求是西方七国提出的，那就不能让乌克兰来负担关闭费用的大头，况且经济困难的乌克兰也没有这样一笔钱——据估算，关闭该核电站的计划至少需要40亿美元。

1995年12月，乌克兰与西方七国签署了就关闭切尔诺贝利核电站进行合作的备忘录，西方七国表示准备向乌克兰提供26亿美元贷款，5亿多美元无偿援助，用于关闭切尔诺贝利核电站及其相关项目。

但1996年4月初，双方在基辅结束的谈判中，就向乌克兰提供上述贷款和援助的方式仍未能达成协议。西方七国专家建议，应成立一个公共机构，拟定停止切尔诺贝利核电站发电的计划，最终来确定关闭核电站的全部费用和西方在其中所占的份额。西方七国的态度显而易见：谁也不愿意负担这笔巨额费用。但在事故过去多年后，切尔诺贝利的阴影仍在困扰着世界各国的人们，仅此一点，人们即可看出这次事故的危害和影响。

国际原子能机构1994年在巴黎召开的研讨会上，发表过这样一份调查报告：在当年参加切尔诺贝利核事故救援行动的1.5万名工作人员中，有6000人的后代出现了核辐射造成的病理现象，同样的现象也见之于从事故现场疏散出来的数千人中。他们中许多人正遭受疾病的折磨。西方专家们说，要控制切尔诺贝利的核泄漏并消除那次核事故造成的核污染至少需要一百年。

2000年9月，乌克兰总统库其马宣布，为了乌克兰人民和欧洲各国人民的长远利益，切尔诺贝利核电站将于2000年12月15日彻底关闭。

联合国原子能委员会辐射效应科学委员会发表报告说，切尔诺贝利核电站事故被视为历史上最严重的人为灾难，“导致上万人丧生，无数人发病，影响未来数代人，甚至危害一百年。”

二十六、战后美国发动的四次战争为何都与原子弹有关

1945年7月16日，美国原子弹试爆成功，美国当局认为不借助苏联的力量促使日本投降的可能性很大，便由早先急切希望苏联对日作战，转为担心苏联对日宣战，影响美国独占日本及其在远东的战略地位。所以美国为使日本投降采取了两种措施，一是加大在日本各地飞机轰炸，使用更多的爆炸威力更强的新型凝固汽油弹，甚至原子弹，并投《波茨坦公告》宣传单。另一方面降低促令日本无条件投降的投降条件，许诺可以不废除天皇制，诱其投降。

为什么美国炫耀是原子弹才使日本投降了呢？因为这样才达到了美国人的心理平衡要求。西方战线苏联立了头功，东方战线美国立了头功，美国想以此来树立其在远东的霸权地位。

从此，原子弹成了美国取得胜利、威胁别国的法宝。侵略别国霸占领土有了原子弹的威胁和保证，美国肆无忌惮地发动了朝鲜、越南、伊拉克和阿富汗战争。

朝鲜战争与美国原子弹恐吓梦

60多年前美国操纵联合国通过非法决议，给予美国为首的15国派兵越过“三八线”向鸭绿江和图们江进犯“合法化”。麦克阿瑟认为，中国不敢参战，而且即使敢，他也不担心。他让杜鲁门总统放心，“我们不再担心他们（中国人）的干涉，他们没有空军……”当美军越过三八线，深入北朝鲜，中朝人民经过艰苦奋战，终将侵朝美军由鸭绿江赶到了“三八线”以南。这时“联合国军”统帅麦克阿瑟只好乞求于原子弹，“只有用原子弹，或至少

跟他们说我们要用原子弹”，来遏制中国军队的进攻势头。霍普金斯大学以“核武器战术使用”提出建议：“朝鲜战争为我们提供了研究战术核武器的最佳时机”。要求在朝鲜半岛进行常规轰炸时，先对实施目标进行模拟核轰炸。这时，美国竟借口朝鲜战争，开始研制杀伤威力更强大的核武器——氢弹。1950 年 11 月 30 日，杜鲁门在记者招待会上宣称：在朝鲜战场不排除使用原子弹的可能。美国要在朝鲜战场使用原子弹的风波，使国内外一片慌乱，引起了欧洲人民游行抗议，英国首相艾德礼立即到美国劝阻。麦克阿瑟还提出对中国东北进行轰炸，杜鲁门怕引起第三次世界大战的罪名落在自己头上，没有同意。

1952 年底，艾森豪威尔竞选美国总统时，巧妙地利用了美国人对朝鲜战争的厌倦，他保证当选总统后迅速使朝鲜促成停战谈判。

可是，艾森豪威尔一当选上了总统也十分嚣张，叫喊要使用原子弹，挫败“中共的人海战术”：“为了能结束朝鲜战争，确实需要采取核打击威胁”，于是这位新总统也做起了“原子弹恐吓梦”。

美国“求助于原子弹”，毛泽东态度十分明确：“同美国人打仗，要准备打前所未有的大仗，还要准备他打原子弹。他打原子弹，我打手榴弹，抓住他的弱点，最后打败他。中国不怕核战争，原子弹没什么了不起。”艾森豪威尔没想到毛泽东十分强硬，丝毫不在乎美国的核威胁。

原子弹吓唬不住中朝人民。于是，艾森豪威尔刚入主白宫时那份强烈的原子弹情结渐渐淡薄了。艾森豪尔上台半年多，实现了停战谈判。但美国的核恐吓激发了中国研制原子弹的决心。

“秃鹫”计划与越南战争

朝鲜战场原子弹梦流产后，美国四处寻找发挥原子弹威力的机会。1954 年，美国为解困越南奠边府法军免遭覆灭，秘密制定了“秃鹫”计划。计划有两种实施方案：在美军飞机上涂上法国军徽投掷原子弹或美军航母装载原子弹打向奠边府。由于英国首相丘吉尔反对，法军又害怕受原子弹危害，当“秃鹫”计划举棋不定时，法军指挥部被越南人民军攻占了，“秃鹫”计划落空。但是，美国为了遏制共产主义在亚洲扩张，仍一直寻机参战。

1962年，由于古巴导弹危机，导致了美苏关系紧张。这时中印边境冲突，中国研制原子弹让肯尼迪担忧。他认为，中国一旦拥有了原子弹，将比苏联更可怕，所以1963年美苏英三国签订了“部分禁止原子弹试验”，以限制中国研制原子弹。同时肯尼迪几次暗示苏联赫鲁晓夫联手对中国原子弹研制场地进行一次“外科手术”。在赫氏没同意的情况下，为了牵制中国，美国派遣12000名顾问及作战人员帮助法国人，对付越南共产党的游击队。1964年秋，美国海军军舰借口遭到北越鱼雷艇攻击，轰炸越南北方。1965年，美军登陆岘港，又联合韩国、泰国、澳大利亚、新西兰等国军队全面进攻越南北方。

美国在越南投入兵力近50万，在越南投下的炸弹吨数比第二次世界大战投放到欧洲的总数还多，但约翰逊内阁一直担心中国与北越可能有秘密协议，担心会引入中国，重演朝鲜战争的悲剧，所以不敢大举入侵北越，也不敢大规模轰炸北越。这时越南战争使美国进退两难，战场上既打不赢，又不敢撤，约翰逊内阁焦头烂额，恰遇新总统选举，尼克松在竞选演说中最具吸引力的承诺是：“我将在六个月之内结束战争。”

尼克松1968年成为新总统，表示要推行“越南化”政策，让美军逐步撤出越南，但随后却侵入柬埔寨，进攻那里的北越军事基地，B-52战略轰炸机对北越进行全面轰炸……连续多年的战争加剧了美国国内种族矛盾、民权问题，使国家处于极度分裂状态，给美国人民造成了巨大的精神创伤。战争除了让美国人付出更大代价外（美军死亡5.8万人，2千多人失踪，耗费4000多亿美元），一无所获，更带来了一场严重的社会危机和1973年的世界经济危机。在尼克松快下台的1973年才结束了那场使美国陷入危机的战争。

侵占伊拉克的理由——寻找核武器

2003年3月20日，美英联军违背联合国宪章，不顾世界绝大多数国家的反对，发动了侵略伊拉克的战争。

人们最难理解的是，世界各地反战示威，联合国不允许美国进攻伊拉克，联合国核查人员正在伊拉克进行是否有核武器的核查，美国和英国竟突然以海陆空齐发杀入伊拉克。布什说伊拉克可能有核武器。

当世界很多人批评甚至声讨布什时，美国政客们却鼓吹“有限主权论”为美国的霸权、无赖行径辩护，说什么“美国为何不理会联合国而对伊拉克发动先发制人的战争，显示主权不再能够提供绝对的保护，若一些国家的政府正在策划使用核装置或已经采取了这样的行动，他们的国家主权就不应该受到保护，甚至取消这个政府的政权。因此这个国家就失去了主权，就可能会受到攻击、清除或被占领”。这难道不是美国一贯的弱肉强食的政策吗？

2004 年，美国竞选总统约翰·克里说：“美国对伊动兵太多，国防预算开支太大（到 2004 年已 4000 亿美元），使国库出现严重预算赤字，刺痛了美国人。同时，在伊拉克的伤亡每天在蔓延，美国士兵死伤这里有，那里也有。而现在又不能退兵，拖到什么时候才能结束？所以，伊拉克战争让美国人白白地流血流汗，是布什搬起石头砸自己的脚的愚蠢举动！我当总统立即撤兵。”

经过 6 年多的伊拉克战争，美国花费了近万亿美元，死亡 4 千多士兵，美国人民反感了，并且引发了美国金融危机，从而带来了 2008 年的全世界的经济危机。

阿富汗战争——拉登可能有原子弹

2008 年，新竞选总统奥巴马承诺他一旦当选，上任 16 个月内从已战 10 年的阿富汗撤兵。

不管是“16 个月撤兵”或“负责任地撤兵”，还是授予他诺贝尔和平奖，是人们对他的重大期望，这似乎提供了一个奥巴马兑现承诺的绝佳机会。可是就在这时，他却在阿富汗增兵 3 万，先增兵再撤军，真是在搞战争“游戏”。不但奥巴马在阿富汗增兵，他还要求他的盟国也多多派兵……立即使支持他坐上总统宝座、结束布什执政时期发动战争的千百万选民失望：阿富汗增兵是耗资巨大的失败之举！

2001 年 10 月 7 日，美国究竟为什么突然大规模空袭阿富汗，进行地毯式的旷日持久的轰炸呢？是因为美国怀疑阿富汗的本·拉登可能有原子弹。

“9·11”事件，使纽约世贸中心的双子塔被恐怖分子劫持的民航客机撞击坍塌，昔日纽约的重要标志性建筑瞬间成为瓦砾堆，它埋葬了被视为美国财富的象征，也埋葬了数千名无辜的人。谁是凶手？美国不但想找出，还要狠狠报复！

据以色列情报人员透露，本·拉登一直想以200万美元的代价，从苏联的哈萨克斯坦购买一件战术核武器。

尽管西方人士不相信本·拉登会有一颗“自己的原子弹”，但拉登雄厚的财力以及过人的活动能力，令人为此提心吊胆。

1998年8月20日，美国向苏丹和阿富汗发射了75~100枚“战斧”式巡航导弹，奇迹般躲过了攻击的拉登当晚声明：“我们要用行动回答美国人的导弹。”

“9·11”恐怖袭击一个月后，美国特工人员告诉美国高级官员，恐怖分子曾获得1枚爆炸威力1万吨TNT当量的核炸弹，正是1990年代初苏联军械库丢失的一枚核炸弹，并将偷运到纽约。

美国只有几名高级官员知道这一高度机密的情报，并有意对这一消息保密，是为了不给纽约的市民带来更大的恐惧。正像美联邦调查局长米勒说的：“虽然目前没有足够证据显示恐怖分子拥有核武器，但是捆绑在常规炸弹上的放射性物质仍可造成小型的核灾难。”

美国原子弹之父——奥本海默曾警告当权者：“不要使用原子弹，因为两个大国中每一方都能够毁灭对方的文明和生命，当然也有毁灭自己的风险。可以把这两个大国比作一个瓶子里的两只蝎子，每一只都能杀死对方，但是，必须冒着毁灭自己的风险。”

阿富汗战争局势，使人又不得不回忆起美国政府希望大家忘掉的朝鲜战争和越南战争。因为现在伊拉克、阿富汗战争与朝鲜、越南战争都是在原子弹威胁下美国发起的侵略战争。

二十七、太空核灾难与核弹失控

美国在20世纪60年代发生过20余次核潜艇事故，苏联核潜艇事故更多。同样，火箭上天也会发生事故，尤其以核反应堆作动力的火箭更为人们担心。

美国科罗拉多州，有一座由淡红色花岗岩所构成的普普通通的小山，名叫夏延山。指挥全美国防空活动的北美防空司令部就深深地隐藏在这厚达半公里的岩石底下。在这个与世隔绝的地下堡垒里，有一间100平方米见方的房间，房间里布置着许多带有电视屏幕的控制台，墙上还有面积很大的显示屏。这间浅绿色的地下室就是北美防空司令部的空间防务中心，它是美国空间跟踪活动的心脏所在。这儿的所有仪器设备，一天24小时都要目不转睛地注视地球周围外层的空间活动。

核动力的“宇宙”-954号

1977年9月18日，苏联“宇宙”-954号卫星从拜科努尔发射场升空后不久，美国空间防务中心的空军技术人员就发现了它。

美国当时正在发展预警卫星，并且在苏联边境周围设置了一些偷听装置，这些装置用无线电、雷达、声呐等手段，通过测量地震波和大气压力等变化，来遥感苏联运载火箭的发射。一旦卫星被运载火箭送入轨道，北美防空司令部设在世界各地的30个空间监视台、站网，便利用雷达和光学跟踪设备，对这颗卫星的运行进行观测。观测到的数据被送入空间防务中心的电子计算机，经过计算机的分析整理，可以得到这颗人造卫星的运行轨道参数，其精确度很高。

北美防空司令部的技术分析人员发现，“宇宙”-954号发射的倾角是

64.98 度，轨道周期 89.65 分，轨道的近地点 259 公里，远地点 277 公里。他们把“宇宙”–954 号卫星的轨道同以前已辨明身份和功用的苏联卫星的轨道进行对比，十分肯定地得出结论：这是一颗海洋监视卫星。

“宇宙”–954 号卫星的确是一颗海洋监视卫星，美国人说它是一种雷达型间谍卫星。它长 14 米，重约 5 吨。卫星上载有高分辨的海洋扫描雷达，用它的抛物面天线监视着从北极到南极的辽阔海洋。它的无线电发射机，能把收到的数据转发给苏联的地面站。美国人不知道苏联正在不断地改进这种卫星监视海洋舰艇活动的能力，特别是企图用它来跟踪潜航在深海里的美国核潜艇。

苏联人采用的办法，是发展一种能够敏锐地感觉到海水表面附近浮游生物生活规律变化的雷达。这种浮游生物活动规律的变化，正是由于受到潜航于水下的核潜艇扰动所引起的。因此，如果发现这些生物运动规律的变化，就不难推测出水下潜艇的行踪，从而发现以前无法跟踪的美国核潜艇的行踪。这就意味着“宇宙”–954 号卫星具有侦察水下潜艇活动的能力。对美国来说，“宇宙”–954 号构成了一种新的威胁。

另外，“宇宙”–954 号卫星与众不同的是，它使用了核反应堆供电，而不是一般卫星所用的太阳能。“宇宙”–954 号卫星使用的核反应堆，重 508 公斤，总直径 2.58 米，中心直径 0.6 米，燃料为二氧化铀，重 49 公斤，工作温度摄氏 1170 度，用硅—锗热电偶以 2% 的效率将 40 千瓦的热能转换成电能，可提供 500~800 瓦的功率。

那么，苏联这颗卫星为何不使用一般的太阳能电池而使用核能呢？原来，这颗卫星为了能够得到更佳的监视效果，使用了高分辨的海洋扫描雷达，而这种雷达功率较大，一般的太阳能电池难以满足它的需要。

美国专家经过分析认为：当功率大于 17 千瓦时，飞行时间大于一周，这种情况下采用核反应堆发电就比较有利。因为 17 千瓦的功率如果由现在世界上最先进的太阳能电池来供电，太阳翼的面积最低也要 2500 平方米，这就是说卫星上要安装 25 米宽、100 米长的太阳翼，显然是很不方便的。从重量上看，太阳能电池翼重约 750 公斤，而核反应堆只有 700 公斤左右。并且，随着功率的增加，单位功率所需要的重量太阳翼电池几乎不变，而核反应堆却随之降低。另外，由于封闭式循环，核反应堆加热的燃气轮机组采用了气浮轴承，所以，几乎不存在轴承的磨损，因此，它的寿命可达 5~10 年。

但是，使用核能的卫星必须处理好一个问题，即当卫星寿命完结、将要坠入大气层焚毁之前，为了避免让核反应堆掉回地面发生放射性污染，必须开动小型助推器，把核反应堆同卫星本体分开，把反应堆单独推向一条高轨道，也就是从 200 多公里的海洋监视卫星轨道，把核反应堆送到高度 1000 公里的高轨道。在那样高的轨道上，核反应堆可以运行几百年，甚至上千年，而卫星其他部分则会坠入大气层焚毁。

坠落恐惧

“宇宙”–954 号卫星上天之后，起初情况尚好，可是到了 10 月 10 日左右，苏联人就发现控制装置发生了故障，“宇宙”–954 号卫星的运行轨道开始发生变化。这一异常现象被英国著名的佩里所带领的业余观测小组和设在科罗拉多州的北美防空司令部的观测站注意到了。

北美防空司令部 20 年来准确地连续跟踪发射的飞行体，空间中每一个卫星或火箭、卫星的残骸，其位置都与科罗拉多州夏延山底的科罗拉多斯普林斯的北美防空司令部相联系。北美防空司令部的电子数据处理装置监视着这些飞行体，一旦发现飞行体有异常现象，立即向五角大楼和白宫发出警报，并自动向秘密机关发布命令。但是，美国人认为：苏联在发射“宇宙”–954 号卫星的前两天，已于 9 月 16 日发射了同样的海洋监视卫星“宇宙”–952 号。“宇宙”–952 号于 10 月 8 日才转移到高度约 930 公里的轨道上。如果“宇宙”–954 号是与“宇宙”–952 号相同寿命的卫星，美国人估计 10 月 10 日左右转移轨道是预先安排好的。

12 月初，“宇宙”–954 号卫星的周期已缩短了 0.4 分，美国人感到这颗卫星可能出现故障了，他们预测这颗卫星长此以往下去，势必会坠落地球。

此时，苏联人也已经感到这颗卫星出现了十分严重的故障。这颗卫星已经完成了侦察任务，应当同核反应堆分开的时候，但不知由于什么故障，分不开了。呈现病态的“宇宙”–954 号带着它的核反应堆慢慢从正常轨道下降，每转一圈就降低一点儿高度，眼看不久就会进入大气层坠毁。

1978年1月6日，“宇宙”–954号呈异常状态，其轨道急剧下降到近地点240公里，远地点270公里。这时，卫星陷入随时都可能落到地面的状态。

美国人开始感到不安，如果“宇宙”–954号核动力卫星降落到地面，发电机及其碎片所放射的射线量能够使人致死，“事态将是极其严重的”。

当美国断定苏联已完全不能再控制卫星时，即于1月12日向苏联摊牌。美国总统的国家安全事务助理布热津斯基，在白宫召见了苏联驻美大使多勃雷宁。

布热津斯基向这位大使指出，根据美国电子计算机对苏联卫星轨道下降趋势的分析，这颗卫星可能会坠落在北美大陆的某一地区，为了做好预防工作，美国政府要求苏联政府说明这颗卫星上携带了什么危险物品。

多勃雷宁曾是一名空气动力学家，当然非常清楚这个事件的危险性，他答应立即向他的政府请示以后回答。

过了一天，苏联大使给予了“含糊的保证”，没有提供详细、确切的说明，美国方面不甘心，连续打了两次电话进行催问，要求苏联提供更多细节。

1月17日，布热津斯基再次召见多勃雷宁，问他这颗卫星上的核燃料究竟会不会在重返大气层或撞回地面时，像原子弹那样爆炸？苏联大使坚持说：

“它不是一颗核弹，不会发生爆炸。”

“……原因不明，采取计划外飞行形式，开始下降……”

苏联人说得轻描淡写，轻而易举地将事故说成是“计划外飞行”。苏联科学家列昂尼德·绥陀夫院士则进一步解释说：

“由于减压速度太快，导致人造卫星在飞行中和自然界的或人工的某种物体产生了冲突。”

但是，内行人都知道，根据概率分析，卫星撞上陨石的可能性极小，而别国也并未派飞行器去袭击它。

美国政府不相信苏联人的话，下令挑选一批受过防止核污染训练、能够进行核辐射探测工作的美国空军人员，包括熟练的核技术专家，组建一支应急部队，准备随时飞往出事地点。美国政府还把这个消息通知了北大西洋公约组织的14个成员国，以及日本、澳大利亚和新西兰。

1月24日6时53分，美国设立在夏威夷马维岛上的一个观测站的值班员突然发现了异常情况："看啊，那是什么？"

随着他的一声惊呼，只见天空中一个物体发出耀眼的红光，向东北方向急速坠下，从加拿大的夏洛特群岛上空掠地，而后斑斑点点地散落在加拿大的大奴湖地区。

24日当天，美国和加拿大的官员向新闻界接连发布消息："苏联的一个携带着一个微型核反应堆的军事卫星，今天在人口稀少的加拿大北部地区落了下来，但是没有造成辐射或核爆炸的危险。"

在华盛顿，美国官员说："这个反应堆大概是在这个小型宇宙卫星重返地球的大气层时烧毁了。"

在渥太华，加拿大国防部长巴尼·丹森说："这个卫星通过大气层时，人们看到它燃烧了很长一段时间，有98%或更多一点的可能性，这个卫星在大气层中烧毁了。"

同一天晚上，苏联塔斯社称："在加拿大北部上空大气中烧毁的、携带核发电机的卫星，是由于加压失效而脱离轨道的。"

坠落收获者

苏联核动力卫星刚刚落地，美国总统的国家安全事务助理布热津斯基就被人唤醒，通知他，苏联核卫星终于坠毁了。

不久，加拿大当地目击者的报告送到了特鲁多的手中，卫星坠落本国的情报得到了证实，一个命名"晨光行动计划"的搜索活动迅速展开了。

这颗卫星落到了耶洛奈夫以东大约180公里的地方，那是一个比较偏僻的地方。在北极猛烈的风暴和严寒袭击下，除了生长手指那么粗的矮小松树之外，很少有其他植物，到处岩石起伏，湖泊星罗棋布。

24日当天，加拿大外交部召见了苏联大使约科列夫，一位高级官员对他说：加拿大政府感到失望的是，这一事件没有得到莫斯科的预先警告。苏联大使无言以对。

加拿大国防部长巴尼·丹森与苏联当局进行了接触，他向苏联提出要求：支付加拿大寻找卫星碎片和可能存在的散落物的一切费用。他说："尽管加拿大和美国愿意承担搜索的费用，但是，根据国际协议，苏联有责任赔偿污染造成的损失。”

1月29日，美、加搜索人员在特隆河一个直径为2米的冰穴中，发现了卫星碎片一样的东西，此地位于高贝克湖西南288公里。30日，正在调查的美、加当局宣布：“在加拿大西北部的贝克湖西南约400公里处发现了卫星碎片，是与原子反应堆无关的卫星本体的碎片。”

但是，关于重要的原子反应堆，美国能源部认为“在离地面5万米的高空已被烧尽”。2月2日，加拿大空军宣布：在加拿大北部的冻土地带，发现了长30厘米、宽10厘米的扁金属片，并探测到平均每小时最多200伦琴的放射性。

美国和加拿大之所以对搜索残骸有这样大的劲头，当然有其原因。

“宇宙”–954号非同一般，它携带了一个核反应堆为动力的核电源，美国不知道此时苏联的技术发展到了什么水平。苏联这种卫星的坠落，给美国及其西方盟国的情报机关带来千载难逢的机会，美国和加拿大的军事技术专家希望通过分析卫星残骸，了解苏联对这种海洋侦察手段究竟已经掌握到什么程度，希望从那一片片残渣中分析出苏联核反应堆设计、冶金材料和卫星上侦察设备方面的宝贵情报，以促进自己核动力间谍卫星的发展。

苏联人也清楚美国人的意图。所以，在美、加联合搜索期间，苏联也焦急万分，万一美国人掌握了卫星上的秘密怎么办？所以，苏联向美、加两国表示“非常愿意加入搜索活动”，但美国和加拿大却一眼看透了苏联的目的，毫不客气地拒绝了苏联的要求。

4月4日，加拿大国防部长巴尼·丹森宣布：“加拿大花费了600万美元的巨款和2个多月的时间，寻找坠落在加拿大的苏联核动力间谍卫星残骸的工作已经告一段落，足以作为要求苏联赔偿其放射性污染对加拿大造成危害的法律依据，但不能消除放射性物质对那个地区人民健康造成的损害，我将送苏联一张关于寻找活动耗费的经费及放射性造成环境破坏的通知单。”

加拿大政府出面向苏联提出抗议，并提出索赔，要求苏联赔偿600万美元，但苏联只答应赔偿300万美元。

危害能否消除

这一事件震惊了全世界，因为过去一直保密的军事卫星行踪神秘，虽然无时无刻地存在着，但多数人仍不识其真面目。现在，突然将其本来面目暴露在大庭广众之下，而且还有带着令人恐惧的将随时降落在人们头上的危险性，这怎能不叫人惊恐万分呢？

专家们指出，这次核卫星落在无人居住的荒郊野外完全是一种侥幸，如果这颗卫星在天上多转一圈，那么它的坠落地点将正好在人口稠密的纽约，而且坠落的时间将是早上交通拥挤的高峰时间。

美国《杂志》指出："宇宙"–954号卫星的核反应堆含有49公斤高浓缩铀，包含的威力大约有10万吨TNT当量，相当于第二次世界大战结束前，美国投在日本广岛的那颗原子弹威力的5倍。虽然它在坠入大气层时不会爆炸，但是，如果把这颗卫星的全部辐射都散射到纽约，那么，它所引起的杀伤范围，大约要达到6亩地以上。该刊还说，事实上，"宇宙"–954号卫星坠落过程中已经在上层大气中形成了一片放射性云层，延伸到40公里长，向东飘移。

前联邦德国波鸿天文台台长、波鸿空间研究所所长明斯基教授说："苏联'宇宙'–954号卫星的坠落，等于是一个核发电站从地球轨道上掉了下来。"

"苏联卫星上的小型核反应堆在加拿大上空的外部大气层爆炸开来的时候，一定会形成一种蔓延300~400公里的核裂变物质云。"

美、加专家进行的联合调查的结论是："宇宙"–954号的原子反应堆进入大气层时，在没有烧尽之前，微小的粒子已从高空飘落，乘着北风，放射性粒子像尘埃一样散布在约8万平方公里的广大的预测坠落轨道的南侧一带。其实，各种说法都言过其实，因为反应堆有熔化部分，不易破碎而大量扩散。

这次核卫星坠落事故引起了公众的不安和抗议。加拿大群众曾经聚集在蒙特利尔的苏联领事馆前举行示威，抗议苏联核卫星在加拿大的坠毁。美国《新闻周刊》援引旧金山一位退休邮政工人比尔·理查森的话说："最糟的事情，就是知道这一类事情可能发生，它使你醒悟到，这种飞来横祸随时可能落到你的头上。"

许多美国人对美国政府向公众长期隐瞒核卫星可能坠毁的消息表示强烈不满。麻省理工学院的物理学教授亨利·肯德尔抗议说：“我们完全有权利要求了解自己头顶上到底有什么东西在飞行，以及它们什么时候要出毛病！”

人们普遍产生了危机感。法国《航空与宇宙》杂志说，卫星或其碎片再入大气层，掉到地球上已不是新鲜事，它往往在人们不知不觉中发生。美国芝加哥居民曾捡到一块重达 10 公斤的苏联卫星残骸。芬兰领土上也曾掉过苏联“宇宙”号卫星碎片。该刊还列举了大量其他已经发生过的事实：

1964 年，美国海军一颗带有核反应堆的卫星发射失败，在印度洋上空烧毁，它的放射性物质散布到了全世界。

1968 年，美国一颗气象卫星发射失败，它的钚 238 核燃料箱掉到了圣巴巴拉海峡，被完整回收。

1969 年，一艘日本货船上的海员，在海上被苏联卫星的碎片砸伤。

1969 年，两个苏联月球探测器都带有核反应堆，它们在返回大气层时烧毁，散发出辐射线。

1970 年，美国“阿波罗”–13 号月球飞船因途中发生故障返回地球，它的燃料箱落入太平洋七八千米深的海底，至今无法找回。

1973 年，一颗苏联核动力卫星坠毁在日本以北的太平洋中……

就在苏联“宇宙”–954 号核动力卫星坠落事件发生后不久，1982 年 8 月 30 日苏联发射的“宇宙”–1402 号核动力卫星又一次失控。这引起了更加强烈的反应，各国的地面跟踪台、站都对它的行迹进行了追踪，预测它在什么时候将落入什么地区，应采取什么相应的措施来防止放射性物质对人类的危害。为了能使反应堆在进入大气层时完全烧毁，苏联人从地面发出指令，把反应堆与卫星分离开来，这样就能保证核燃料在大气层中不会完全烧毁，从而减少对地面的放射性危害。反应堆无法与堆芯分离，所以此后，带反应堆的核动力卫星被淘汰了，而由核电池代替了核反应堆动力。

1982 年 12 月 28 日，“宇宙”–1402 号卫星解体成了 3 部分，一部分于 12 月 30 日烧毁，主体部分于 1983 年 1 月 23 日坠入大气层烧毁，其残片散落于印度洋中部海域。但是，这并不是事情的完结，人们最关心的是卫星上的核反应堆部分将会给人类带来什么。2 月 7 日，反应堆部分进入大气层烧毁，但是堆芯并未受到破坏，没有放射物扩散，残片落点离巴西东海岸1800公里。直到此时，人们才松了一口气。后来，科学家改进技术用能量高的核电池取代了核反应堆，同时发射进入太空的装置安全性也大大提高了。

“大力神”突然咆哮

美国拥有一种陆基战略导弹——大力神，它是装备两级液体推进剂的洲际弹道导弹。它有两个兄弟，即“大力神 –I”和“大力神 –II”。它有证可查的大小事故就有100余次，最为严重的是1980年9月的一次意外事故。

1980年9月上午10时57分13秒，1000万吨的弹头，竟自发地飞出地下井，落到井前100米处，发出了天崩地裂般的巨响。大爆炸摧毁了庞大的弹体，750吨重的混凝土井盖被炸成碎片，发射井变成直径75米的巨大弹坑。当场炸死1人，炸伤4人，房屋被焚，幸运的是弹头并未爆炸。

这次大爆炸是由于一次偶然的意外事故引起的。爆炸前一天，一名技师在发射井内进行例行的检修，不慎将一个扳手套筒失落，套筒掉到井底，反作用力将它弹回来击中了第一级燃烧剂贮箱，并使之间生裂纹。液体燃烧剂从裂纹处被挤压出来，井内燃烧剂蒸汽与空气的混合物浓度随着时间的延长而增加。这种情况被发射井值班军官及时发现了，并立即向战略司令部报告，请求处置措施。

但是，由于事关重大，谁也不敢匆忙作出应急措施。战略空军司令部的将校们，采纳了“大力神 –II”导弹制造承包商——马丁公司代表的意见，作出没有危险等待事态稳定的判断，没有下令采取紧急处置措施。6小时后，战略空军司令部才命令两名抢险队员下到井里堵漏。可惜，已经晚了。爆炸已是不可避免。

此事件仅仅一个多月之后，美军又差点酿成一场世界战争的灾难。

1980年11月19日，美国德堪萨斯州麦康奈尔空军基地正在进行一次“大力神”导弹可靠性的模拟演习。

两名操纵导弹的军官在接到固定的“启动”密码信号的时候，必须同时将钥匙插进开关，打开蝴蝶形状的阀门，使两种化学品混合在一起发射导弹。一名上尉和一名中尉按照规定的程序开始演习时，奇怪的事情发生了，蝴蝶状阀门控制锁突然发出一道绿色的光。照理是不该有这种光出现的，于是两名军官同时旋动开关。

按照程序应该出现指示灯光，通知他们试验已经开始了。可是，出乎意料竟出现了“准备发射”和“开始发射”程序的通知，这就意味着不是演习而是真的要发射导弹了。就在这千钧一发之际，上尉果断地关掉开关、拔掉了电线。

经事后查证，这枚导弹的制导系统是对着苏联的，如果发射了，苏联肯定还击。那时，大力神就成了新的世界大战的导火索。经调查，事故原因是维修人员忘了把“启动”信号换上“检修”信号所致。

苏联火箭酿大祸

1960 年 10 月 23 日，苏联一枚洲际导弹（B–16）原定这天将苏联火箭送上火星，一方面为在美国召开的联合国大会祝贺，另一方面更要显示赫鲁晓夫参加大会的威力。

当天，已经将 B–16 用大吊车直立在发射场，可是专家检查发现故障，因此推迟了升空时间，有关人员就地为这枚装满燃料的火箭进行烧焊修补工作。这种做法，严重违反了安全操作规程。但是，为了赫鲁晓夫所谓的政治上的需要，苏联火箭部队总司令尼得林元帅强令，24 小时后必须发射火箭，从而导致了这次大灾难。

10 月 24 日，在火箭升空前的 30 分钟，工作人员还在抢修一只配电器。当时，点火令已下，但第一节火箭未能燃烧。据科技人员分析，是点火电路的一块部件出了故障，需要马上更换这块部件。正当两位工作人员动手更换时，一位粗心者把导弹发射前检查内部装置用的电缆——操纵缆插错了位置，致使不该此时启动的第二节火箭的发动机启动，绿色的火苗引着了第一节火箭的燃料箱，随着一阵惊天动地的大爆炸，直立着的火箭倒了下来，一片火海和浓浓的烟雾笼罩了整个发射场。

火箭发射小组负责人帕费洛夫因及时发现灾难，急忙跑入控制中心的掩体内，才避免了死亡。他在医院昏迷了三天才恢复知觉，一年后出院，成为这一灾难的幸存者，而火箭四周许多站在梯子上或工作平台上的科技人员、工作人员包括火箭部队总司令尼得林元帅、苏军副总参谋长巴甫洛夫期基、原子（电子）专家、教授54人全部遇难。

还有报道说，遇难的专家及领导小组成员有59人，还有32名火箭专家烧伤后在医院死去。

苏联导弹总设计师杨格利，他当时正和约希费杨教授、姆雷金将军躲在一个角落里抽烟，爆炸发生后，他立即上前抢救而被烧伤，住进医院。

以勃列日涅夫为首的最高委员会追查这次惨案的原因，结论是：事故原因在于违反技术安全要求，缺乏应有的理智，忽视专家的意见。尼得林元帅下令直接在加注好燃料的火箭上排除自动系统的故障。因有人催促元帅快干，元帅又去催促下边……

善后工作结束后，苏联领导人下令：应刻不容缓地重新开始P-16战略导弹（相当于美国的“大力神”导弹）试验。

1961年2月21日，P-16（SS-7）洲际战略导弹第一次发射成功，射程11000公里，装载的热核燃料，爆炸当量为500万吨TNT以上，从此超级大国的军备竞赛进入了新的阶段。

世界为何不安全

1957年5月22日上午，美国一架B-26轰炸机载着一枚氢弹做例行巡航飞行。因为载有核弹，飞行员和随机人员都格外谨慎，生怕惹出意外。

11时17分，B-26飞临墨西哥州准备降落时，突然，一股强烈的气流袭来，B-26颠簸得像浪尖上的舢板。要在平时，飞行员和机组人员兴许会强行着陆。可眼下机舱内有一枚氢弹，他们不得不复飞。飞机爬上空中后，又遇上了罕见的大风，飞机的大幅度摆动，使氢弹在铁架子上晃来晃去。机械师唯恐出事，摇摇晃晃地跑过去拧紧氢弹的保险栓。没想到他刚一伸手，飞机猛地一个颠簸，他身子一晃就要跌倒。情急之中，他本能地随便抓住一样东西，想把身子稳定住。可他怎么也没有想到，他抓住的竟是投弹柄，氢弹立即把弹舱的门撞开，落了下去。

距机场不远处的荒丘上，传来一声爆炸声，机组人员一个个吓得呆若木鸡，以为闯下惊天动地的大祸了。可是并没有发生核爆炸。原来，只是氢弹中引爆用的普通炸药爆炸了，把地面炸出一个深 4 米、直径 8 米深的大坑，而那颗 19 吨重的氢弹，因没有安装某些必要的部件，没有发生核爆炸，而静静地躺在那大坑里。

1965 年 12 月 5 日，太平洋海域，美国“蒂康特诺佳”号航空母舰正在用升降机从舱中把飞机送到甲板上。这时，一架 A4E 型战斗轰炸机正在徐徐被吊起，突然升降机出了故障，这架携带着氢弹的飞机连同驾驶员、机械师坠入了大洋之中。

这次事故比上次飞机上掉下来的那枚氢弹更可怕。上次虽然危险，但毕竟在是陆地上，没有造成多大后果。这次在大海中，如果造成核泄漏，后果不堪设想。于是，美国政府立即派威廉·艾靖赴太平洋第七舰队调查这一事件。他在事后的一份报告上写道：

在日本冲绳附近洋面，“蒂康特诺佳”号航空母舰所载“A4E”战斗机，不慎滑下舰面甲板，沉落于海底。该处海深约 54 米，机上装有氢弹一枚，限于技术能力，氢弹与战机无法打捞……

这颗氢弹的爆炸威力，相当于 100 万吨黄色炸药的爆炸力，比美国在 1945 年 8 月投放到日本广岛的原子弹的爆炸威力强 70 倍！对这样一件相当重大的事件，美国当局竟然隐瞒了 23 年之久！

科学家认为，这颗氢弹如果一旦由于海底岩石的摩擦，或是弹壳经受不住海水的巨大压力而破裂，放射性物质就会有随时漏出的危险，日本沿海的大片地区和附近海域所承受的灾难，将是无法估计的。另据最新消息：美国通知日本，这颗氢弹已泄漏放射性物质。

1965 年 4 月 4 日，美国驻西班牙大使杜克、西班牙新闻旅游大臣伊里瓦尔尼，在西班牙海岸一段风光秀丽的海域，跃入只有摄氏 9 度的海水，嬉笑着游了 3.5 公里。当天晚上，西班牙电视台在新闻节目里播出了这条新闻。

大名鼎鼎的美国大使，当然不是为了在电视节目中露露面，而是为了消除人们对核污染的担忧。

早在 1 月 15 日，美军一架携带 4 枚氢弹的 B-52 战略轰炸机，在接受 KC-B5 空中加油机加油时，两机相撞，一同从 9420 米高空落到西班牙帕马雷斯地区。两架飞机上共有 7 人丧生，轰炸机上的 4 枚氢弹有 3 枚落在了地面，

1 枚坠入 1083 米深的海底。幸运的是当这枚氢弹坠入海中时，被一捕鱼人看到，并且准确地估算和记录了它的具体位置。

这 4 颗氢弹都没有发生爆炸。为了找回它们，驻扎在西班牙的美军以及西班牙的国民警卫队，还有闻讯赶来的美军灾难控制特种部队，在灾难发生地点进行了大面积立体搜索，很快，陆上的 3 枚找到了。军方根据捕鱼人提供的线索，派出 4 艘扫雷艇、2 艘海洋调查船和从美国调来的深海潜水器，经过长期的水下搜寻，终于把这颗氢弹打捞了上来，但它出水时，已经是出事后的第 79 天了，人们担心已经有了核污染。故美国大使游泳作秀，以此来消除人们的担忧。

二十八、法国核试验始末

第二次世界大战后，戴高乐以抗战领袖的姿态凯旋巴黎。20 世纪 70 年代，德斯坦·密特朗总统制定了“既不依靠华盛顿，也不依靠莫斯科”独立于两霸之外的政策。1966 年法国退出了北大西洋公约军事一体化组织，1967 年撤除了美国在法国的驻军和军事基地。

1995 年，新当选的法国总统希拉克，第一把火就是要恢复核试验。而这是在联合国《不扩散核武器条约》175 个国家通过决定之后，希拉克这一决定迅速引起了轩然大波。

约里奥与戴高乐拱起法国核力量

1960 年 2 月 13 日，非洲撒哈拉大沙漠的阿尔及利亚境内塔奈兹鲁夫特沙漠中，蘑菇云凌空升起，滚滚沙尘遮蔽了烈日，法国第一枚核装置爆炸成功。继美国、苏联和英国之后，“核俱乐部”又新添了第四个成员。

其实，法国研究核能在各国之前。

从原子核中释放出粒子或能量射线，是法国化学家贝克勒尔 1896 年发现的。1902 年，皮埃尔·居里夫妇分离天然放射性元素、研究鉴别及描述其放射性的竞赛席卷科学界，居里夫妇为此首先创建放射化学方法并发现了钋和镭。

1935 年，弗雷德克里·约里奥与夫人伊雷娜·居里由于发现人工放射性而获得了诺贝尔化学奖。后来他们研究中子轰击铀的反应，发现慢中子会将一个铀 235 原子分裂为两个较小的、原子质量大致相等的原子，产生更多的中子，又会释放出巨大的能量（即所谓的链式反应）。因此，约里奥·居里夫妇曾经不无忧虑地指出："很清楚，那些可以创造和破坏元素的人们，同样也能实现爆炸性的核反应。"

但是当时，约里奥这种过于超前的警告，并没有在法国引起广泛的重视。获奖后，法兰西学院设立了核物理教研室，他是首任领导人。在几年内，铀裂变这一发现就引发了原子弹的研制。德国、日本、美国、加拿大争先恐后地秘密进行着。

1939年3月，受纳粹迫害而逃来法国的德国同行汉斯·哈尔邦和奈夫·科瓦尔斯基与约里奥合作在伦敦《自然》杂志上发表了题为"铀核爆炸时中子释放"一文，表明在原子核研究领域，法国处于领先地位。不久，他们申请了几项涉及建造铀反应堆的专利。

1944年8月24日，巴黎沦陷后被盟军解放，法国参与了"阿尔索斯"行动，但获得的德国核研究成果却完全被美国垄断。

应戴高乐将军请求法国科学家与英国合作，并将重水和申请的专利交英国人使用，以保证使用英国研究原子能的权益。

后美国和英国达成《魁北克协议》，禁止将任何有关成果及信息转交第三国，从而撕毁了早先的英法合作。约里奥与戴高乐决定法国独立自主，自己干，使美国十分头痛。因为法国人说：法国的核力量可以与盟国合作，但不能与他们合并。后来美国帮助英国发展核武器，戴高乐恼羞成怒，一定要用法国的核力量装备自己的军队，决心使法国不能沦为二流国家。

1945年，约里奥说服了总统戴高乐，使他认识到了原子能的重要性，于是法国成立了原子能委员会，约里奥担任了高级专员。

建立和发展独立核力量，维护法国的独立自主和大国地位，这是戴高乐将军任总统期间制定的一项基本国策。因此，无论哪个政党执掌政权，发展和完善核力量都被列为优先的重点项目。

戴高乐说，法国决不会把自己的命运交给任何"超级大国"去控制，表示法国对外关系要采取"法国自己的立场，自己的政策"。

1966年1月，戴高乐视察法国原子能委员会利梅伊军事研究中心，对原子能部长佩雷菲特大发脾气："那你们就研究一下原子弹搞出这么多年了，未能研制出氢弹的原因，不能老是这样拖下去！你们听清楚，我要在离开爱丽舍宫以前看到进行第一次氢弹试验。”法国科研人员拼命干，于 1968 年 8 月 24 日爆炸了 270 万吨 TNT 当量的氢弹。

1991 年 7 月 15 日，法国在穆鲁罗瓦进行了第 192 次核试验，其后暂停试验。另外，为防止核武器因外界不利因素影响而发生自爆，法国还曾进行过 12 次核武器安全性能试验。因此，到 1992 年 4 月，密特朗总统宣布暂停核试验时，法国已进行过 204 次核试验。

冷战结束后，法国对军事战略进行了重大调整，推行以有限核威慑为基础的“多向防御”战略思想。新战略的基础仍是核威慑，但要求将核力量规模保持在“严格足够”的最低水平，更多是用作政治手段来威慑潜在对手。

维持暂禁两派妥协

20 世纪 80 年代末，美、苏两个核大国由全面对抗走向了缓和，双方达成了削减战略核武器的条约。核恐怖得以缓解，国际社会纷纷要求“核俱乐部”全体成员都参与裁军谈判，位居世界第三核大国的法国，受到的压力与日俱增。

1992 年，法国总统密特朗突然向国际社会发起了强大的政治攻势。他代表法国政府倡议其他核大国暂时停止核试验，推动《全面禁止核试验条约》谈判早早结束并签字生效，在此期间，法国将保持暂禁，直至最终放弃试验。

此举在法国政坛引起激烈争论。支持总统的社会党认为，法国若继续采取消极态度对待国际压力，在国际核裁军谈判中势必越来越不利。暂停核试验不仅可使法国化被动为主动，还可为法国参与国际事务取得政治资本。但法国民主联盟及保卫共和则认为，密特朗的倡议违背并牺牲了法国独立核力量的政策和国家利益，因而表示坚决反对。

密特朗总统被迫同意由三军参谋长朗扎德空军上将等 7 人组成军事专家委员会审议核政策，该委员会于 7 月提交研究报告，全面论证了恢复试验的必要性。但密特朗却予以否决，并宣布接受美国总统克林顿的建议，将暂停核试验的期限延长到 1995 年 9 月。

1994 年，法国《国防白皮书》指出：在未来 20 年内，西欧有可能重新面临某一拥有大量核力量与常规力量的国家或国家联盟的大规模入侵。因此，法国的核力量必须始终能够有效对付可能重新出现的重大威胁。

希拉克语惊世人

希拉克当选总统的当晚便发表电视讲话，强调自己是“全体法国人的总统”，令世人刮目相看。他表示将在今后7年任期内，领导“反失业斗争”，建设“一个生机勃勃、公正、高标准和合理利用公共设施的国家”，使法国成为“自由之邦、博爱之邦、机会均等之邦和团结之邦”。他还强调法国要继续充当“欧洲联盟的发动机”。

竞选期间，希拉克就恢复核试验问题并未明确表态。6月13日晚上，在西方七国首脑会晤前夕，希拉克在就任总统后的第一次记者招待会上，正式宣布终止前政府1992年作出的暂停核试验决定，“经过深思熟虑和广泛征求意见，我决定批准完成现有核试验计划。这一决定自然是不可更改的。”

希拉克上台后，法国不仅重新确认了法国既定的核战略，而且不顾美国的强大压力和德国、欧洲联盟的坚决反对，以及南太平洋地区反对扩散核武器的情绪，放弃了其1992年签署的《不扩散核武器条约》和前总统密特朗宣布暂停核试验的决定，甘冒受谴责和经济制裁的风险。

希拉克强调：“法国的立场是明确的，为捍卫国家至高无上的利益，有必要进行试验，以保持我国的核威慑。”国防部长弗朗索瓦·雷奥塔尔则说得更直接：“如果不进行核试验，我们将逐渐变成美国的附庸国。”

希拉克宣布，从1995年9月到1996年5月期间，法国将在南太平洋的穆鲁罗瓦试验场进行8次核试验，并同时宣布正在考虑关闭本土东部的阿尔比永基地。该基地地下发射井中部署的18枚S3D型核导弹是法国陆基核力量的全部家当。法国国防部已成立专家小组，研究撤除陆基核力量战备状态的可行性，关闭工作可能将在今后5~10年内完成。一旦此导弹基地被关闭，则未来法国“三位一体”核力量将只保留有弹道导弹潜艇和飞机两种平台。

明修栈道，暗度陈仓

联合国“《不扩散核武器条约》的审议和延长大会”于1995年4月17日开幕，175国与会，经过4周的激烈辩论和谈判，于5月13日以非表决方式通过了该条约无限期延长的决定。

此前，联合国安理会于4月11日通过了向无核武器国家提供安全保证的第984号决议。这项由中、法、英、美、俄共同提出的决议保证在无核武器国家遭到核武器的威胁和袭击时，首先是有核武器的常任理事国将立即按照《联合国宪章》的有关规定采取行动。

可是，法国于9月5日、23日、27日三次在南太平洋的法属穆鲁罗瓦环礁岛海底进行了分别为2万吨TNT当量和6万吨TNT当量的三次核试验，并宣布明年5月前还有若干次，以确保法国核武器安全性和可靠性。法国又为何匆匆决定恢复核试验呢？其恢复核试验的目的究竟是为确保核威慑的可靠性和有效性，还是背后隐藏了什么秘密？

希拉克总统在记者招待会上辩解说，法国应该拥有可信的核威慑力量，这作为最高国家利益，必须优先于其他所有考虑。同时，法国决定使用计算机和激光模拟核爆炸，确保在全面禁止核试验后继续研制和完善核力量，但只有通过核试验才能获得模拟所需的数据。

法国国防部长夏尔·米永坚决支持恢复核试验。米永认为，法国的防务建立在“拥有可靠和有效的核武器”的威慑基础之上，但法国核武器的可靠性只能保留到2010年，“若不进行新的试验，则法国核威慑到2010年将会失去全部作战效能”。

法国科学家一直在从事研究核模拟装置和实验室模拟的可行性研究。1986年，法国原子能委员会科研人员研制成功了8000焦耳功率的激光模拟装置，但能量太低，只能用来了解某些基本的核爆炸现象，尚无法取代核爆炸试验。取得突破的唯一途径是拥有高功率激光器。法国现已决定在阿基坦科学技术研究中心建造功率高达1.8兆焦耳的激光器，预计耗资100亿法郎以上，耗时6~7年。届时，法国将掌握核试验的模拟技术。

褒贬不一

在作出恢复核试验的决定前，希拉克就已充分预料到将在国内外引起强烈反响。果不其然，决定一出台，首先是在法国国内即分化为支持和反对两大阵营。

对于总统的决定，保卫共和联盟、国民阵线都表示“满意和欢迎”。

左翼党派和环保组织则大加指责。社会党第一书记埃马纽埃利称恢复核试验是个“严重错误”。若斯潘抨击它“同当前反对核扩散的主流背道而驰”。尽管法国一再声称试验不会对太平洋环境产生任何恶劣影响，但以南太平洋地区国家为主的有关国家仍提出了最激烈的抗议并进行抵制。特别是澳大利亚和新西兰，除中断与法国的军事联系、取消军用舰艇和飞机的访法计划、冻结法国公司参与两国军备采购项目的招标机会外，还宣布抵制进口和销售法国产品。

相比之下，德国和英国的态度最为温和，两国均表示体谅法国的决定。德国这样做主要是考虑法德合作的长远利益，称法恢复核试验是“法国自己的决定”，德国无意干预，并对法保证签署全面禁试条约的决心“表示祝贺”，试图以此委婉方式希望法国遵守诺言。

而对法国的决定，多数西方国家反应普遍比较平淡，美、加、日和一些欧洲国家都只以节制的态度深表“遗憾”。6 月 15 日开始的七国首脑会议有意回避了法国恢复核试验问题，会议宣言也“避免对法国提出批评”。虽然美国政府发言人对法国提出了批评，但法美首脑会晤的气氛并未受到丝毫影响。由于国际舆论的反对，法国于 1996 年 2 月底提前结束了核试验。法国声称，其核试验的目的是搜集进行计算机模拟核试验所需要的数据，同时也是为了保证其核武器的安全性与可靠性。

1998 年 7 月 31 日，法国太平洋核试验中心最终关闭，但法国并未因此而放弃它的核武器研制计划。早在 7 月 10 日，设在波尔多市的阿基坦科学与技术研究中心就已开始实施一项庞大的模拟计划——“兆焦耳激光”。这一系统是法国与美国劳伦斯 · 利弗莫尔实验室合作设计的，旨在确保 TN–75 和 TN–100 核弹头能始终处于发射状态。通过这个计划，法国人就可以在实验中实现小规模的激光模拟核爆炸。对此，观察家评论说：法国的核威慑已经披上了新装。

总之，法国核力量创造了三项世界第三的纪录，拥有“三位一体”战略核力量。

所谓“三位一体”是由战略空中核力量（战略轰炸机群）、陆基战略弹道导弹和战略海洋核力量（弹道导弹核潜艇）组成。其中，战略海洋核力量超过陆、空核力量的总和。

20 世纪 70 年代，美苏核潜艇越造越大时，苏联“台风”级弹道导弹核潜艇长 171.5 米。美国“俄亥俄”级是美国海军现役最先进的，长度大于 100 米。而法国的“红宝石”级攻击型核潜艇一体化，体积大大减小，长度仅为 73.6 米。

正是因为这样，法国核电站的核发电能力占全国电力的 80% 以上，而且大量出口核电站。另外，法国国土面积有限（55 万平方公里），有着较长的海岸线（2700 公里），而且核潜艇水下发射的弹道导弹有着更强的生存能力、突防能力和摧毁能力。法国海基核力量担负着法国 80% 以上的作战任务。

二十九、克什米尔的冲突——印巴核竞赛

1998年，世界上已有149个国家签订了《全面禁止核试验条约》，多数国家在为防止核武器扩散、消灭并最终彻底销毁核武器作出积极努力的时候，突然印度重重地打了他们一个耳光！

2001年5月11日至13日，印度进行了5次核试验。随后，5月28日至30日，巴基斯坦进行了6次核试验。

印度和巴基斯坦在克什米尔地区冲突不断，一旦印度发动攻击行动，巴可能加以报复。因此，人们担心：常规战争一旦爆发，可能会升级为核对峙。

谴责弥散的血腥味

半个世纪以来，本来就动荡不安的东南亚局势又骤然紧张起来，血腥味重新在印度挑唆下，直接喷向21万平方公里500多万克什米尔人民，印巴两国人民也惶惶不安。

印度进行核试验，国际舆论认为在“道义上是可耻的，政治上是愚蠢的”，应立即予以声讨。

联合国安理会发表主席声明，对印度进行核试验深表遗憾，强烈要求印度不要再进行任何试验。声明指出：印度的核试验同核武器或其他核爆炸装置的试验，实际上与已经停止的状况背道而驰，同全球争取核不扩散和核裁军的努力针锋相对。

印度核试验极为保密，美国也没有发现，这之后，美国官员从间谍卫星、海外特工得到可靠信息，巴基斯坦的军事设备运至试验场地也准备进行核试验。为此，克林顿总统立即要求巴总理谢里夫对“印度这一不负责任的行动

保持冷静”。但谢里夫无法对此作出承诺，他说，他压力很大，但巴“并不急于进行核试验”。

这时，美国可能会答应向巴提供一系列先进的军事装备和数亿美元奖励。

巴新闻部长侯赛因说，这个提议仅仅是“给癌症患者的一片阿司匹林”而已。

谢里夫说：“如果国际社会对印度没有什么反应，那我们将不得不试验威慑力量，我们要以牙还牙，以核还核，没有人能阻止我们这样做。我们完全有能力保卫我们的国家。在过去的15年或20年来，我们并没有试爆核弹，并不急于在印度试爆之后马上试验。”

印度核试验之所以会引起如此强烈的不安和义愤，除试验本身所具有的密度大、起点高、种类多和规模广泛等显著特点，和它同巴基斯坦等国家由来之久的紧张关系以及违背世界和平意愿，逆历史潮流而动等恶劣性质有关系以外，还因为它对核武器的狂热痴迷，深刻暴露了它妄图威胁邻国、称霸南亚的野心。

司马昭之心，路人皆知

2001年5月11日，印度第一轮核试验之后，总理秘书说，试验不是针对美国的，希望美国不要因为印度进行了3次地下核试验而对其制裁，希望美国能理解这是为了印度人民的安全。

随后，瓦杰帕伊匆忙致信美国总统克林顿，“中国和巴基斯坦的威胁，迫使其进行核试验以自卫”等。

瓦杰帕伊在这封信中说中国于1962年对印度发动了武装侵略，这是印度核试验的主要理由之一。印度这种论调遭到世界舆论谴责。

国际社会认为所谓“中国威胁论”不是印度进行核试验的“正当理由”，因为“看不出中国对印度构成的威胁”，是“印度的政治，而非中国的政治构成”了中印达成协议的“障碍”。国际社会还认为：印度的核试验使正在逐渐改善的中印关系趋于恶化。

就在印度核试验前的一个月，印度国防部长费尔南德斯还曾笑眯眯地对来访的中国国防部长说，印度对印中边界地区的和平与安宁表示满意。现在却脸色一变，说“中国威胁”，真是司马昭之心，路人皆知。

正像过去美国侵略越南，损兵折将，美国人民和世界人民强烈反对时，美国想从越南撤走，国务卿腊斯克说：如果中国政府放弃侵略政策，美国将从越南撤退。这真是贼喊捉贼的逻辑！

印度一方面踩着中国谩骂，另一方面却向美国屈膝求饶；一方面打了149个国家人民的耳光，另一方面却在南亚逞强。

印度核发展历程

印度和平的始祖是马哈马·甘地，他被尊称为印度“国父”。

美国给日本掷下的两颗原子弹，几乎把广岛、长崎两座城市夷为平地，对甘地的震动非常大，他认为原子弹对任何人都没有好处，同样可以毁灭研制和使用它的人的道德。因此，甘地发誓，印度决不研制核武器。

然而，甘地却被一名印度教极端分子杀害了。

1954 年 9 月，尼赫鲁将原子能委员会改为原子能局，他亲自兼任局长，并表示核能将只用于和平的目的，为人民谋福利。但印度受到外来威胁，印度将坚决以其所拥有的一切手段来捍卫国家利益，这是印度第一次公开表明欲拥有核武器的决心。

1956 年，印度第一座核反应堆开始运转。1974 年 5 月 18 日，印度在波克兰核试验基地地下 107 米处成功地进行了第一次核试验，威力为 1.5 万吨 TNT 当量。

有关专家评论说：“印度第一次热核试验在地下，氢弹试验在地下，全世界都还没有过，所以它的水平不低。”美国核军备管理专家也认为，印度爆炸规模相当广泛，从小型的战场核武器，到中型原子弹，进而到氢弹，印度把多种多样的核弹头和核武器作为目标而拼命追逐。

2001 年的这次试验大大加强了印度进行计算机模拟试验的能力，如果将来可能的话，印度有能力进行“亚临界”试验。

美情报机构失足，未卜印度核试验

美国的情报机构没有预见到印度的核试验，主要原因是一些官员有一种

“思维定式”，认为印度政府不会冒险进行核试验。在印度政府公布之前，克林顿政府根本不知道它要进行核试验。

美国中央情报局局长乔治·特尼特授命已退役的海军上将大卫·杰里迈亚领导一个调查组，去搞清楚为什么耗资几十亿美元的间谍机构都未能预测到印度的这次核试验。为此，美国情报机构应该下令“增加针对印度的情报活动”，并将这次失误称为“一个严重的问题”。

为什么美国“太空千里眼”竟然连博克兰基地的照片都没拍到，还直呼“我们上了印度人的当”呢?

印度科学家准确地计算出，美国专门用来监测南亚大陆的两颗间谍卫星在运行时，总有一段时间无法注视博克兰核基地，他们正好选择这些空当进行核试验的准备工作。

在核试验的前几小时，印度在远离核基地举行短程导弹试射，以达到分散国际视听的目的，同时又将间谍卫星的摄影机镜头从博克兰引向其他地方，等到间谍卫星的“眼睛”再回头转向博克兰核基地时，为时已晚，试验完成了。

印度这一经验是从1995年12月一次类似的事件中吸取了教训。当时美国卫星探测到核基地安装粗电缆，种种迹象表明印度在进行地下核试验的准备。克林顿总统敦促印度取消核计划。因此，印度不得不放弃，而改为通过地下渠道向西部沙漠运送器材。

还有报道说，印度故意选择在沙漠地区沙暴最严重的时候进行核试验，浓雾将使卫星拍不到清晰的照片。而沙漠中的持续高温，使得监测仪器的传感器往往失去其敏感度，这就给红外线侦察造成了巨大的障碍。

三十、氟污染与核调羹的秘密

1995年，美国总统克林顿签署了一项行政命令，要求将超过25年的百万份政府机密文件自动销密。

在被销密的百万份文件中有一份，引起了52年前的一个老话题：饮用水中为什么要加入氟化物？当地农民为何数次状告政府？“曼哈顿工程”与氟化物有何联系？后来，“曼哈顿工程”时期的放射性废金属又如何成了“核调羹”？这一切疑问，都让人深思！

氟化物、牙齿和原子弹

1940年代，制定“曼哈顿工程”的科学家们认为，人体小剂量地服用氟化物是安全的。这些政府文件表明，有关官员奉政府当权者之命，提供将“在诉讼中有用”的信息，并模糊对氟化物的不适当的使用与处理。氟化物是人们目前所知道的毒性最大的物质之一，生产武器级钚和铀就需要大量的氟化物。因此，氟化物很快就成为导弹项目中的工人及周围社会居民健康的头号威胁。

在“曼哈顿工程”造成一系列化学灾难后，一些研究结果显示了非常令人惊异的发现。例如，在新泽西州的下彭斯内克附近，生产氟化物的工厂发生了毒性事件，结果，农作物被毒害或枯萎，人畜患病，甚至死亡。秘密文件所披露的这些及其他事实与发表在科学杂志上的研究文章相抵触，那些文章为氟化物的积极效果大唱赞歌。

第二次世界大战结束后，在美国东北部，氟化物的排放引发了环境问题，结果，当地农民数次状告政府。军队和公共健康部门的官员们担心，如果那些农民胜诉，就会产生滚雪球的效应，有可能使原子弹计划无法继续使用氟化物。在冷战期间，事实证明，新泽西的诉讼案阻挠了原子弹的生产。当时，美国已经在大规模地生产原子弹。接下来，官员们便奉命保护政府的利益。

战后，试验和错误信息仍在四处散播。最明显的是，1950年代初，进行原子弹计划的科学家们掀起了一场运动，意在消除公众对于氟化物的恐惧。他们举办了有关氟化物毒理学的讲座，并宣扬氟化物在预防蛀牙方面的用途。在1945年至1956年间，在纽约纽伦堡进行的一项氟化物研究中，参与原子弹计划的科学家们对该项研究的设计和实施起到了重要作用。当时，氟化物被秘密地加入到了公共饮用水中。随后，当局又采取了一次保密行动，代号为“F行动”，在州卫生部的帮助下，他们秘密地从纽伦堡的居民身上采集了一些血样和身体组织样品。政府有关部门迫不及待地对氟化物在纽伦堡留下的后遗症进行了研究，这是一次以社区为基础的氟化物泄漏试验。

在这些曾经是最高机密的文件中，包括信件、备忘录和健康报告，它们令人们不禁产生了疑问：在氟化物的使用和推广中，美国政府可能触犯了公众的利益。假如“曼哈顿工程”的研究结果发现，较小剂量的氟化物也是有危害的，那么，这些发现就“有可能将原子弹计划及其签约人推向诉讼案，使他们被指控伤害人类健康，并面对公众的强烈抗议”。来自医院的报告表明，六氟化铀对中枢神经系统可能有相当大的影响……似乎最有可能的是，氟化物成分是造成这一结果的原因，而不是铀。

一些知情人士担心，“曼哈顿工程”将使研究者们越来越远离事实真相，不能客观地评价氟化物造成的影响，从而又使人们滑进冷战时期的境地。波士顿的福赛斯牙科中心的毒理学研究前任负责人菲莉斯·马莱尼博士说：“事实被掩盖了。现在有如此之多的氟化物泄漏事件，我们只是不知道它们究竟在制造什么样的后果罢了。”

其实，氟化物已经是一个老话题了，美国早期的工业污染者及其受害者最了解它。当政府宣称氟化物将减少孩子的龋齿时，那些造成工业污染的人又蠢蠢欲动起来，他们比今天的牙医更善于向公众讲述氟化物的好处。

氟化物是冷战时期遗留下来的一个问题。在冷战时期，美国的媒体不能抛开“国家安全”不顾，他们作为官方的喉舌，报道关于氟化物的消息，人云亦云。在制造原子弹和许多新工业产品，比如火箭推进剂、碳氟化合物、塑料等的加工过程中氟化物起了至关重要的作用，这些工业产品使得美国在第二次世界大战中成为了世界的领头者。但是美国的媒体却从来没有提到这一点：工业氟给全美国造成了严重污染，而原子弹计划和美国工业界却竭力为氟化物开脱，再三声称它是安全的，其动机何在？媒体对此也只字未提。

至少有十多家美国和英国的主流媒体曾表示对关于氟化物的报道很感兴趣，但后来又都迫于某种原因放弃了，极少有人提出质疑，以揭开事实真相。

英国《观察家报》2005 年 6 月 12 日报道：氟化物的水“致癌”。新公布的哈佛大学牙科医院研究发现，与氟化水的日常接触可能导致患癌几率增大，这是对儿童在发育关键阶段接触氟化物以及骨癌发病年龄之间的联系的首次研究。尽管骨肉瘤十分罕见，仅占儿童癌症的约 3%，但它极其危险。患者在病发 5 年内的死亡率约为 50%，而几乎所有幸存者都必须截肢，通常是失去下肢。

人体摄入的氟化物有一半积存在牙齿、骨骼等钙化组织以及脑部松果体内，但这其中 90% 以上进入骨骼。有关氟化物致癌的新证据是几经周折之后才被公之于众的，然而哈佛大学牙科医学院的一篇博士论文却一直未被允许发表，很多机构想阅读其内容，但都被拒绝了。

“曼哈顿工程”成了“核调羹”

如何处理美国用以生产原子弹的数百万吨放射性废金属？

美国能源部想出了一个“聪明”绝妙的解决方案：让废金属公司收购这些废金属，再卖给铸造厂。而铸造厂会倒手卖给制造商，制造商把它们做成日常商品：壶、平底锅、叉子、勺子（调羹），甚至眼镜框等。

美国一个企业统计，1996 年就售出了 7500 吨这种金属。如果能源部、核管理委员会和正在兴起的放射性金属加工工业能够随心所欲的话，这种废金属的再加工量能极大地增长，金属公司的产量将会成百倍地增长。

据预测，他们寻求的标准可能会导致美国发生 10 万例致命的癌症。

“我们正看着这个指数上升。”美国核信息与资源服务中心工作人员黛安·达里戈说，该组织坚决反对放射性金属的再循环使用。“想想那些你每天都会接触到的金属：宫内的避孕器、手镯、银具、裤子上的拉链、衣袋里的硬币、平底锅、皮带扣，还有你正在坐着的椅子、汽车或摩托车里的电池以及电脑电池等等。”

许多科学家认为，将任何高熔金属放到生产线中都是对健康的一种严重危害。

健康物理学之父卡尔·摩根一想到越来越多的放射性金属正在进入人们的家庭就不寒而栗。他尤其担心那些牙齿填充物，“最危险的放射性元素，就是那些人们无意识地吃到肚子里的金属物质，一个 α 粒子送入体内，那它不会对人体的细胞有任何益处”。

波士顿大学公共健康学院理·克拉普教授在调查马萨诸塞州的一个核电厂的工作人员时发现，低放射性辐射与白血病和甲状腺癌患病率上升有关。他质问道：“这得归咎于工业的疯狂。”

可是，田纳西州橡树岭的净化和恢复服务中心负责人说：“我们购买这些东西时，价格越便宜，这一行业的发展就越大。在废物回收业中，如果算上俄亥俄州、肯塔基州和印第安纳州，这个地区大约有 30 亿美元的利润。”

美国能源部也非常渴望将放射性金属脱手，它甚至雇佣了一个帮手来做这项工作——英国核燃料公司（BNFL），将生产原子弹“曼哈顿工程”的一部分所谓废金属，以 2.38 亿美元合同卖出，再通过别的渠道将这些金属运进那些缺乏严格标准的国家。

从 1993 年起，三个主要的美国石油公司：德士古、美孚和菲利普将 247.5 万公斤放射性金属运往中国。其负责人说：“这些石油公司将这些废金属卖给中国，就不必承担在美国清洁或处理这些放射性废金属的高昂费用。”

1996 年 6 月，中国海关在天津截住了一艘从美国驶来的载有 78 吨放射性废金属的货船，其放射性超过中国的安全标准的 30 倍。

1998 年 1 月，台湾发现有 178 幢建筑物受到了放射性污染。一些台湾地区官员了解到，这些公寓的建材使用的是带有放射性的钢条。但是向住户隐瞒了 10 年，这些公寓的辐射水平超过大多数台湾建筑物的 1000 倍。住在此公寓的人可能会患上先天性失调和各种癌症，放射性还会引起染色体变异甚至伤害遗传细胞等疾病。

三十一、“库尔斯克”号核潜艇爆炸之谜

2000 年 8 月 12 日，“库尔斯克”号核潜艇在巴伦支海演习中，突然爆炸沉没，艇上 118 人全部遇难。

“库尔斯克”号装备着 18 枚新型攻击鱼雷、22 枚“花岗岩”导弹。“库尔斯克”号的舰船核动力，是俄罗斯的核心机密。

“库尔斯克”号突然爆炸不能不让世界人民震惊，更让俄罗斯人民从梦中惊醒。普京总统下决心，要尽最大努力打捞，并解开爆炸之谜。

世界 30 多个国家的 1150 名记者报名参加打捞“库”号的报道。虽然俄罗斯已经在整个打捞作业海域禁止其他任何船只航行，但北约军队的侦察活动一刻也没有停止。指挥这次打捞任务的莫察克海军中将说：“单在上周我们就记录到 6 次挪威空军的‘猎户座’飞机的活动。”同时，有两艘美国核潜艇在该地区进行情报搜集活动，“注视”着打捞工作的进展。

人们会问，起初俄罗斯与荷兰和挪威签订合作打捞，后来为何放弃了与挪威打捞公司的合作？原来挪威打捞公司是美国的一家分店，尽管美国千方百计想插手，但也只能望尘莫及了。美国人不甘心，只有偷偷摸摸派出核潜艇在打捞区域不断游弋。

10月 8 日晚，将“库”号切割后，除去了被炸的鱼雷舱并同潜艇身分割。（降低打捞难度，减少危险性）被分割的含有两座核反应堆的“库”艇固定在荷兰“马蒙特”公司“巨人 –4 号”大型驳船上，经过两天时间拖到了位于巴伦支海科拉湾上的船坞。

又经过近一年调查取证，2002 年 7 月 26 日，俄罗斯总检察院总检察长乌斯季诺夫宣布：参加演习的“库”号核潜艇上人员在准备发射鱼雷时，由

于易燃物 H_2O_2 从鱼雷上一个微小的裂缝泄漏，鱼雷装置发生爆炸。爆炸引起潜艇隔舱内温度急剧上升至 2000℃到 3000℃的高温。随后，在第一次爆炸发生 2 分钟后，潜艇内存放的其他鱼雷发生第二次大爆炸。

爆炸发生时，潜艇第一到第五隔舱，以及第五隔舱 B 舱上的所有人员，在几秒钟内全部死亡。艇上只有 23 人撤到了第九隔舱。理论上分析，这 23 人本来是可以逃出潜艇而浮出水面的，因当时潜艇在水下 20 米的位置，海水很快通过被烧毁的通风管道“冲进”潜艇隔舱，他们在隔舱内窒息而死。

总检察长还说，“库”号上配备的这种类型的鱼雷以前在海军舰只上也曾发生过事故。

即使这样，也很难说清爆炸原因，难以解开爆炸之谜。

造成“库尔斯克”号悲剧的原因，有些使人不可理解。从摄像事实推测构成失事最后时刻所发生的事，是一次试射发生了灾难性错误，点燃了推进剂，引爆了鱼雷弹头，大爆炸把船头右侧即安装着鱼雷的舱室炸开了一个大洞，海水涌入，潜艇在数秒钟之内沉没。

关键是为什么会爆炸？

俄国防部长谢尔盖耶夫说：“‘库’号在巴伦支海演习中承担的任务是发射巡航导弹，然后用鱼雷摧毁主要目标。”他说：“关于第一项任务的完成情况艇长作了汇报。在 18 时前应报告第二项任务的执行情况，但到了 18 时的时候，与‘库’号失去了联系。北方舰队司令波波夫指示该潜艇报告其位置和行动。按规定，潜艇应在 4 小时内答复，‘库’号却没有这样做。”

谢尔盖耶夫还指出，8 月 13 日就在出事的“库”号旁边“发现还有一个物体”，指挥部曾下令借助水文考察船寻找不明物体，但“没找到”。

若这样，很可能是艇外干扰，距“库尔斯克”号很近，或几千米，有强激光武器或者微波束武器造成了“库尔斯克”号的灾难。

新研制的激光武器和大功率强微波束武器不仅能像核电磁脉冲那样攻击系统中未加防护（屏蔽）的电子设备，而且能像中子弹那样杀伤目标内部的人员。1997 年 10 月，美国陆军进行了一次反卫星激光武器试验，把自己的军用卫星打了下来。

俄罗斯航空航天局科学家亚·涅夫斯基说，宇宙中的陨星在向地球坠落过程中，产生强大的电磁波，不仅影响各种设备电路的正常运转，还可产生高强度的冲击波，并使局部温度升高直至燃烧。有可能击中“库”艇，导致快速沉没。然而，陨星坠落肯定有火球落入海中，演习场谁又看到了火球，有无记录？是否这只是一种科学原理的猜想。

在离“库”号很近的位置发射激光或微波武器造成的爆炸，恐怕不仅仅是科学猜想。

正像1975年11月，美国两颗侦察卫星飞到苏联西伯利亚导弹发射场上空，进行秘密“窥视”，忽然金光一闪，两颗卫星立即失控，变成“瞎星”而报废了。事后苏联守口如瓶，不声不响，美国则“哑巴吃黄连”——有苦难言，后来真相大白，这两颗卫星是被苏联试验中的地对空反卫星武器射出的激光击毁的。

美国舰载高能激光武器和微波武器的高能量高密度的电磁波束可对目标实施杀伤，尤其会对武器装备的电子设备造成威胁，轻则电路功能混乱，出现误码，失去作战效能，重则可致目标烧毁、引爆、自炸。

俄罗斯检察总长说的，“库”号鱼雷有小裂缝，泄漏了H_2O_2而造成爆炸，真的是这样吗？

让人感到奇怪的是，难道没有H_2、O_2浓度过高的报警系统报警？即是微小裂缝，为什么仅2天的演习，H_2O_2的浓度就能达到自爆的条件呢？爆炸后又是怎么推测出来的？是无奈的解释，还是“哑巴吃黄连”——有苦难言的表现？

不久前退休的挪威海军将军埃·斯科尔，向媒体透露了巴伦支海潜艇沉没事件。2000年8月12日，他接到通报，得知6架俄机进入挪威领空沿挪威海岸向南展开搜寻活动。接报后，他乘挪威海岸警备队飞机登空查看。斯科尔当时非常惊讶，因为俄机以前从未进入这个空域。他紧急拨通电话向俄海军司令库拉耶多夫询问此事，库拉耶多夫向他解释，是俄飞行员由于沉迷于跟踪不明潜艇而误入了挪威领空。

他还证实，8月19日美国“孟菲斯”号潜艇确实驶入挪威的卑尔根港，挪威记者当时还对该潜艇进行了拍照，但挪威军方确认，未对该潜艇进行任何修理。不过，斯科尔将军认为，“孟菲斯”号有些不对劲。其后，美军曾密令将该艇 12 名军官的妻子从美国接来。

那么是不是艇外干扰呢？艇外干扰一来不易被发现。二来即使发现了又没有证据。三则，这类事件，抓到了拒不承认，又奈何？所以，解开“库”号爆炸之谜极不容易。更何况，艇员全牺牲，又无黑匣子。

“库尔斯克”号上的两座功率为 190 兆瓦的反应堆是如何关闭的呢？

虽然当时还有活着的人，但却都无法关闭和打开密封舱门以及自动封闭紧急舱口，逃生舱门也失灵了。因此，人员无法逃生，而且潜艇控制系统已被局部炸毁。

当遇到紧急事故需要关闭核反应堆时，即向反应堆注射吸收中子的毒物，只要按动此系统按钮，结晶通入热水溶化，如 H_3BO_3，高压注入堆芯，几分钟后可实现逐渐停堆。

但像“库尔斯克”号爆炸，就不单是紧急停堆系统所能解决的问题，必须将吸收中子的控制棒快速插入堆芯。然而，局部破坏，是否能将吸收中子的物质完全塞进反应堆芯呢？

堆舱在潜艇中间位置，与其他舱室相比，堆舱密封性更高、抗压强度更大。在鱼雷舱爆炸时，堆舱艇员还活着，凭着他们的经验和操作要领，会马上手动旋转“控制棒”操纵器，将控制棒牢牢插入堆芯，这样反应堆才能被关闭。不可能凭艇的摆动或震动程度将控制棒自动插入堆芯。在这里，再精密的仪器还要人去掌握，不可能会自动关闭，即使有自动系统，恐怕也已失灵。

事故发生 5 年后，《澳大利亚人报》和《太阳先驱报》的报道及法国纪录片惊曝了内幕：克林顿花 100 亿美元掩盖了真相——美军潜艇击沉了俄“库尔斯克”号。

法国纪录片宣称，当“库”号遇难之前，两艘美军“托莱多”和“孟菲斯”号潜艇正尾随“库”号观察俄进行的一场常规军事演习。由于“托”号尾随靠得太近，与“库”号意外地发生碰撞，以为受到攻击的“库”号打开了它的鱼雷发射管，这时旁边的美军“孟”号发现不妙，立即向“库”号发射了一枚鱼雷，而引发了举世震惊的“库”号沉没灾难。

当时美国总统克林顿硬是通过外交手段和俄总统普京达成了秘密协议：为了掩盖“库”号沉没真相，美国愿意放弃借给俄罗斯的 100 亿美元债务。

俄接受了，同意掩盖真相。这可能是事实，但不完全是真的。难道美国会举手投降，承认它的过失吗？

三十二、“打赢核战争”的“移尸嫁祸”伎俩

第二次世界大战后，世界格局进入冷战时期，美、苏同盟破裂。美国的核讹诈、核威慑席卷世界各个角落，也将世界引入了核竞争的歧途。美国以原子弹为资本，在国际舞台上专横跋扈，不可一世。

据2005年美国解密的部分白宫历史档案显示，美国扩大核打击选择始于1969年至1974年尼克松任美国总统期间。尼克松最早提出在单一的全面核战争计划之外，增加多种核打击选择，包括进行有限的核战争。

1981年，里根曾签署命令：确定美国的核战略重点是准备与苏联打核战争，不仅要打，而且要打赢，美国想要以“星球大战”为代号的“核三位一体”军事训练，独霸世界。

1997年，克林顿总统向五角大楼下达了一份长达4页的绝密指令：放弃冷战时期“打赢核战争”的战略，转而强调“核威慑”战略。但是“仍需要核武器来阻止侵略”，新指令仍然允许美国在获悉敌方进攻的警报后发射核武器，而且可以在军事冲突中首先使用核武器。

布什的“移尸嫁祸”伎俩

核武器是一种极端恐怖的武器。“9·11”事件后，美国当权者更怕核武器降临美国，立即成立了“影子政府”，副总统切尼等人转移到防原子弹的办公地点“白宫地下防核指挥中心”，执行必要的应急措施。实际上是美国怕遭到核武器袭击，使美国陷入全面瘫痪或被毁灭的境地。

美国原子弹之父——奥本海默曾警告当权者：“不要使用原子弹，因为两个大国中每一方都能够毁灭对方的文明和生命，当然也有毁灭自己的风险。

可以把这两个大国比作一个瓶子里的两只蝎子，每一只都能杀死对方，但是，必须冒着毁灭自己的风险。”

现在早已不是广岛时期了，有核国家已从美国 1 家变为 8 家了（包括 1973 年便拥有 13 枚原子弹的以色列）。在“反恐怖”、“反侵略”以及诸如此类的行为中使用原子弹，注定会得到效仿，从而改变人类的命运。从这个意义上说，核武器本身便是恐怖，而且是登峰造极的恐怖，所以，那种“打赢核战争”的恐怖叫嚣，或先发制人的叫嚣，对人类是一种罪恶。事实上，美国渲染核恐怖威胁是别有用心的。

例如，2002 年美国发布的“核态势”报告，制定了使用核武器的秘密计划。布什政府责成军方制定了一项核机密的应急计划，以便对几个国家使用核武器。

从此，美国“打赢核战争”的恐怖叫嚣大棒又挥舞起来了。首先，对阿富汗进行了大规模空袭，进而侵占阿富汗，消灭了所谓具有生化武器和核武器的基地组织——塔里班及其头目本·拉登。接着，2003 年 3 月 20 日，美英联军怀疑伊拉克有生化武器和核武器，在联合国核查人员正进行核查，并将超过射程的违禁武器销毁时，美英急不可待，不顾联合国大多数国家的反对，竟然轰炸、侵占伊拉克，推翻了萨达姆政权。美国用这种借阿、伊有大规模杀伤性武器为名的移尸嫁祸伎俩，又开始对朝鲜、伊朗施展同样手法。美国霸权达到了“登峰造极”的地步。

正像法国国家科学研究中心研究员乔治·勒盖尔指出的，布什及其幕僚们在没有事实依据的情况下动辄搬出核恐怖威胁为己所用。他们并没有提出任何预防措施，而是借此来恐吓美国舆论，以便让美国民众接受弹道导弹防御系统、阿富汗战争、伊拉克战争及至新保守主义者的全套计划，从此，世界进入了核恐怖时代。

当美国“核态势”出笼时，俄罗斯报纸说，五角大楼决定试一试俄罗斯军人和政治活动的反应，美国试图把核武器从政治武器变成作战武器，这对美国自身也很危险，只有疯子才会计划对俄罗斯进行核威胁或核进攻。

全世界唯一“吃”了美国原子弹，每年都要举行“原子弹受害日”的日本不但不谴责，并对美国核政策表示了欢迎：美国“核态势”的报告最大特色是把恐怖组织及在开发大规模杀伤性武器的“无赖国家”作为假想敌，提出在对付中东及远东地区纠纷时，将使用核武器。可见，日本几乎成了美国的应声虫。

退出反导条约　再现核恐怖

2001年12月13日，布什上台半年多就宣布退出1972年签署的《美苏关于限制反弹道导弹系统条约》（《ABM条约》）。这是美国布什政府一意孤行，借口安全强化单边主义，撕破30年前的协议，导致国际军控新挑战，引起了世界新一轮核竞赛。

《反弹道导弹条约》，禁止大范围部署和发展反弹道导弹系统，限制了美苏双方在这方面的军备竞赛，也为双方限制和削减战略进攻力量提供了条件。因此，该条约成为美苏冷战期间军备控制的一个基石。冷战后，该条约对美俄继续进行核裁军以及达成全球性的核军备控制条约仍具有重要意义。

海湾战争后，美国的兴趣转到了战区导弹防御上，但其战区导弹防御计划中的有些项目受到《ABM条约》的限制。为此，克林顿政府曾与俄罗斯谈判修改该条约。根据美国的提议，只有针对再入大气层速度大于5千米/秒的弹道导弹进行了拦截试验的反导系统才被视为反战略弹道导弹系统，因而受到《反弹道导弹条约》的限制。

但是布什上台，一心一意要维护世界唯一超级大国的地位，建立以美国为主导的单极世界秩序，充当世界宪兵、独霸世界、统治世界、确保自己的核霸主地位。

要想独霸世界，充当世界宪兵，就得有更先进的武器。可是《ABM条约》限制了它的欲望。例如美军方已进行多次导弹防御试验，使用的拦截弹都是从陆基固定发射架发射的，尚未涉及《ABM条约》禁止的海基、空基及陆基机动系统。美国要使用海基雷达并在阿拉斯加动工兴建了5个拦截导弹发射井，也就是开始建立国家导弹防御系统基地，这些都明显违反了《ABM条约》的规定。因为《ABM条约》第五条第一款规定：双方保证不研制、试验或部署以海洋、空中为基地以及陆地机动的反弹道导弹系统及其组成部分。俄罗斯不同意修改，于是修改不成，美国干脆退出，以实现国家导弹防御系统

（NMD）和战区导弹防御系统（TMD），这是美国强权政治、霸权行径的一贯表现。

1996年9月，联合国大会全体会议上，158个国家投票通过了全面禁止核试验条约。也就是说，全面禁止核试验条约可能成为全球战略稳定的关键之一。该条约必须得到拥有核武器或拥有研制核武器潜力的44个国家的批准才能生效，已有30个国家批准了该条约，而美国却以条约妨碍美国国家安全为由，拒绝批准该条约。这就是美国要建立国家导弹防御系统，准备恢复地下核试验的主要原因，是要为将用于地区和国家导弹防御系统的拦截式导弹研制新型核弹药。这样美国就可以毫无顾虑地将核武器用于实战和拦截导弹。

美国的导弹防御已从最初的“国家导弹防御系统”、“地区导弹防御系统”、演变成“导弹防御系统”，其实就是“全球导弹防御系统”。这个“全球”还包括外太空。中国、俄罗斯等国早就提出签订一项禁止外太空军事化条约，美国一直反对。

当然，美国民众也担心核武器在太空爆炸所产生的破坏性后果，如爆炸使附近的民用和军用通信卫星失效，这也是当年“核爆拦截”计划中途夭折的原因之一。

然而，美国军方却试图打消民众的疑虑：让用于拦截导弹的核武器在别国上空爆炸。

美国将把“核爆炸拦截”的地点选在别国上空，而不是美国上空，破坏国际安定，这就更是世界各国坚决反对的原因，从而，也引起世界新一轮核竞赛。

研制小型核武器和第四代核武器

五角大楼的专家们指出，现行武器无法打击深藏于地下的掩体。据说，在70个国家中共存在1万个军用掩体，其中1400个与大规模杀伤性武器有关，它们能避免受到美国军队的打击。在恐怖猖獗的今天，华盛顿认为这个掩体是一大威胁，只有核武器能够（或可能）解决这个“技术难题”。

五角大楼向国会提出了“达到21世纪的目标”而进行的新试验的假设，

有必要“对付诸如地下目标之类的新威胁而开发新的能力”。这就是 2003 年 9 月，美国战略司令部首先排出的日程表，美国要研究四种新型核武器，包括增强型辐射（中子）炸弹；掩体炸弹——增强型核钻地弹；拥有 100 吨 TNT 爆炸当量的小型核战场武器，以及旨在把炭疽杆菌或神经毒气烧成灰的“战剂失效武器”。

近年来，美国的低当量核武器、钻地武器、高辐射武器、战剂失效武器（旨在摧毁敌人化学或生物武器库），有的已在侵占阿富汗、伊拉克和轰炸南斯拉夫时使用过。所谓研制的一种可减少造成间接伤害的小型核武器，其主要任务是摧毁敌方可能藏有生化武器或核武器的地下掩体，是为了作战更灵活，实现常规武器不可能完成的任务。这是欺骗民众，就像 1991 年海湾战争结束时，美国在伊拉克、科威特和沙特阿拉伯的战场上，留下了 300~800 吨含铀的反坦克炮弹物和其他爆炸残留物质，美国不承认贫铀弹是被禁用的“核武器”。

核武器实际上变成了无法使用的武器，因为 1994 年世界各国提出禁止小型核武器研究条款规定，禁止研究、开发、制造 5000 吨以下的小型核武器。所以美国拥有 100 吨 TNT 当量的小型核武器，正是钻了被禁规定的条款。

布什政府一心想要消除小型核武器和常规武器之间的差异，降低核武器的使用门槛。美国许多学者和专家都认为，研制全新的第四代核武器——纯热核武器的决定，正是这一意图的体现。

利用重原子核的裂变反应瞬时释放出巨大能量的原子弹是第一代核武器。

利用氢同位素氘、氚等轻原子核的聚变反应瞬时释放出巨大能量的氢弹为第二代核武器。

第三代核武器是 X 射线激光武器。在“武器防御计划”中，里根政府曾设想利用核爆炸产生强 X 射线摧毁来袭弹头，但进行的一系列试验并未取得很大成功。

而第四代核武器，即所谓的纯热核武器，不使用原子弹爆炸的能量作为核聚变的反应条件，因而不产生剩余核辐射，可以作为“常规武器”使用。

专家认为，对此类研究不加以限制，最终将为制造更先进的微型核武器，比如纯热核武器打开大门。

与当前的小型核武器相比，纯热核炸弹可能更小巧而且威力更大，且不会产生剩余核辐射。专家表示，“可以在48小时后带领部队进入核爆炸地区，因为不会有任何放射性残留物。这是军事上的优势，但这也可能降低使用这种武器的门槛”。

美国为核战争做准备的网络战

《核态势评估》报告提出了美国为确保在未来能够“击败任何侵略者”而采取的措施，其中之一是发展一个“可靠的，可生存的，能持久”的通信网络，即使在受到一场全面的核袭击之后，必须仍能继续运行。

为此而实施了一系列新计划，其中包括一项耗资两亿美元、为期8年的扩大和优化核战争计划的努力。同时，无线通信和个人电脑中所使用的商业技术将用来实现核战争作战者的长期梦想：在一场长期的核战争中也能够保持运行的系统。

这一现代化努力将寻求使现行核战争计划系统“更灵活，以适应所有各方面的情况”。新计划增加了在核战争计划中所列的“危险国家的数目”，并增加了需要加以考虑的打击目标的种类。这些现代化计划还设想扩大特别行动和电脑战在一场全面核战争中的作用。新的软件工具正在开发之中，以求缩短美国战略司令部为总统国防部长和参谋长联席会议提供核抉择所需要的时间。

军方的决策者希望即使在受到核袭击之后，高度自动化的系统和更先进卫星仍能行使职能。从2006年开始，最多将有5颗单价超过4亿美元的先进卫星被送进轨道，以保障总统与美国核部队之间的通信安全。

扩大的通信系统将在至少31个州和7个国家以及一些保密地点安装固定和移动的“可生存”通信终端。这些终端将安装在军队的总部、导弹发射点、轰炸机和支持核作战的其他收音机以及起支持作用的军舰上。

但是，真正的创新是69个“便携式终端”，它们体积小，一个人就可安装、操作和保养。这些通信终端的设计必须确保“在从受到核袭击之前到袭击之后的环境中都能可靠地运行”。

2002年6月，美国海军和空军推出了一个新的系统，在遭受核袭击期间或袭击之后，即便其他通信全部瘫痪，它也能够接收紧急信息。

总之，布什政府“打赢核战争”的“移尸嫁祸”伎俩和为核战争做准备的政策，使世界变得更加危险。

三十三、朝鲜核问题始末

1953年7月27日，朝鲜停战协议签署，双方协定3个月内召开高一级的政治会议，协商从朝鲜撤退一切外国军队。但是美国没有撤退，它在韩国驻兵3.6万，为美国随时撕毁停战协议，侵略朝鲜做准备。

对美国人来说，第二次世界大战和越南战争都得到了详尽的记录，而夹在二者之间的朝鲜战争却成了一场“被遗忘的战争”。为什么呢？因为美军遭到了军事史上最惨痛的失败，在世界人民面前暴露了最不体面的战争。

然而，进入21世纪以来，美国一些政客为何突然为“朝核问题”一再喊叫要再打一场“朝鲜战争”呢？是为挽回颜面，还是要显示“新型帝国”的威力和霸权行径？

其实，美国政策是导致朝核危机的主要原因。

朝鲜核问题由来

朝鲜1974年加入国际原子能机构。在1992年至1993年国际原子能机构对朝核设施进行6次检查后，美国与韩国突然恢复了曾于1992年暂停的联合军事演习，这时，朝鲜退出《不扩散核武器条约》缔约国地位。1994年2月下旬，经过美国前总统卡特的劝和与帮助，朝美达成妥协，美韩决定停止1994年度军事演习。同年10月21日朝美签署“框架协议”：朝冻结核计划，美国10年内为朝建一座200万千瓦或者两座100万千瓦轻水核反应堆，在没建成前向朝提供重油，作为能源补偿。这就是美国为确保朝鲜半岛无核地位，向朝提供安全保障并提供人道主义和经济援助的协议。

但是，协议进行得并不顺利，不是美日每年的军事演习，就是美韩针对朝鲜的军事演习。尤其是2002年11月25日，华盛顿以朝鲜准备重新启动可能用于军事用途的核计划为由，韩国、日本及欧盟四方宣布，今后切断对朝鲜的石油运输。这样，美国就单方面完全撕毁了朝美签署的“框架协议”，于是朝鲜在2003年1月10日再次退出《不扩散核武器条约》，驱逐国际原子能机构的监督员，并拆掉监视器。

2003年2月5日，朝鲜重新启动早已关闭的试验核电站。美国国防部长拉姆斯菲尔德说，朝鲜政府这一行为是威胁性的，即使美国把兵力投入到对伊拉克的军事打击，仍然有能力打击和阻止朝鲜进行核试验，美国要制裁朝鲜。从此，美国RC–135侦察机几乎天天对朝鲜东部沿海进行侦察。

美国为何帮朝鲜建核电站

起初美国为何愿意帮助朝鲜建核电站呢？可能有以下两方面的原因：

第一，美供朝的核电站已不属先进技术，属于淘汰产品。

1979年初，美国三里岛核电站发生了重大事故，堆芯失水熔化，造成大气和水流严重污染，损失10~18亿美元。所以1970年代底至21世纪初，美国几乎没新建一座核电站，想方设法将因三里岛核事故不再新建核电站的积压设备和失效技术卖给别国。

第二，美国对朝封锁40年，突然倾销轻水核反应堆，在于打击朝鲜核工业。

1980年代，朝鲜已有小型核反应堆和核电站，美国主动帮助朝鲜建大型核电站，朝鲜信以为真，放弃了自己的核电发展。实际上美国倾销核电站，目的是为打击朝鲜核工业埋下地雷。

美国承诺帮助朝鲜建一座200万千瓦或两座100万千瓦的轻水核反应堆。核燃料元件的后处理须由美方负责控制，朝鲜完全同意。然而后来，美国认为朝鲜政治上不顺从美国，不依附于美国，还称朝鲜为“邪恶轴心”、“无赖国家”。

本来缺电的朝鲜盼望2003年底轻水反应堆工程就可以完成并发电，美国却无理地违背了承诺，当朝鲜认识到并看清楚了美国态度，已忍无可忍，坚决丢掉、拆除美国埋下的“遥控地雷”，不管别人怎么说，重走“自力更生”

的路!

朝鲜是怎样造出核弹的

2003年，美国《新闻周刊》核弹专家宣布，朝鲜在秘密进行浓缩铀生产，金正日只要按下电钮，就可以引爆核弹。

2006年10月9日，朝鲜宣布进行了一次地下核试验。然而5天后，美国、日本还否认朝鲜有核弹试验，因为测不出有放射性的污染，反而说，即使有也是失败的、不成功的核试验、讹诈的核试验。可是一周后，韩国政府宣布证实了是一次规模较小的地下核试验。朝鲜这次地下核试验不但是成功的，而且技术含金量很高。1970年，美国进行了一次地下核试验，放射性沉降物泄漏到大气层中，虽然这枚1万吨级核弹在内华达沙漠深达275米的地下引爆，它的放射性尘埃还是逃逸了出来，这证明了要想把地下核爆炸完全封闭起来是非常困难的。

难怪韩国一位官员说："在现阶段，朝鲜有能力生产3~5枚核弹，他们已经拥有将核弹发射到火奴鲁鲁和阿拉斯加的运载手段。"那就是射程为2500公里的"大浦洞1号导弹"。专家还说："朝鲜核计划的成功证明，即便是最严重的贫困、落后和孤立都不能阻止一个志在必得的政权造出核弹。"那么，朝鲜究竟是怎么造出核弹的呢?

第二次世界大战结束后，日本将开采和处理铀的设备遗留在朝鲜的山区——那是日本秘密核计划的残余。朝鲜人民很快就对这些设备加以利用，向苏联出口铀。

1956年，苏联邀请朝鲜科学家去杜布纳新成立的联合核研究所工作和学习。1965年苏联专家帮助朝鲜在宁边建立了一个小型核试验反应堆，供朝鲜开展核研究。

那时常有朝鲜技术代表团到中国原子能研究所参观访问，虽然中苏关系那时有隔阂，但中朝人民之间的友谊很亲密。1974年，印度进行了一次没有公开宣布的核试验后，朝鲜建起了一座5兆瓦石墨反应堆和提供核燃料的工厂。

媒体称，朝鲜帮巴基斯坦发展可运载核武器的"大浦洞"弹道导弹，朝鲜获得巴基斯坦浓缩铀的离心机技术而造出了核弹。

“新型帝国”大棒的反作用

朝鲜半岛战争结束后，美国一直驻军朝鲜半岛，这本身就是美国与朝鲜为敌，也影响了南北朝鲜的统一。所以朝鲜政府多年一直希望与美国签署一份不带侵略条件，尊重朝鲜主权，并且保证不阻碍朝鲜经济发展的协议。如果可行的话，那么，美国所有的核顾虑都将烟消云散，朝鲜将放弃导弹试验。

近10多年来，朝韩逐渐实现和解。但是布什上台后，放弃了克林顿的和解政策，要“杀鸡儆猴”。他傲慢、自大，甚至战争叫嚣，“新型帝国”的大棒让朝鲜感到失望，真比美国总统西奥多·罗斯福提出“大棒加胡萝卜”的野心还露骨。

正像美国前总统卡特指出的，目前局势再次迅速恶化的责任在于美国。朝鲜觉得自己面临的威胁与日俱增：被美国称为“邪恶轴心”的一员；美国在阿拉斯加部署了反弹道导弹；华盛顿扬言要对其实施军事打击；朝鲜船只被拦截；其领导人金正日不断受到人身攻击；克林顿和金大中和平解决朝鲜问题的努力受到指责；以及美国拒绝与朝鲜直接谈判。美国宣布的发动先发制人的战争政策就是针对伊拉克、伊朗、朝鲜的。

虽然，美国不像昔日的罗马帝国那样有明显的领土野心，但美国已经不仅仅是一个超级大国，它是一个在寻求领土以外的国家利益的新型帝国。这个新型帝国常借口捍卫美国利益欺压别国。即使遭到世界人民的反对，美国也要攻打伊拉克，制裁朝鲜、伊朗。布什借用拿破仑的一句话：“先干了再说。”必然使不惜进行先发制人攻击的“布什主义”受到攻击。

正像爱尔兰大作家萧伯纳讽刺说：“帝国主义要打你，是根据帝国原则；掠夺你，是根据经济原则；奴役你，是根据殖民原则。”然而今天，帝国主义的衣钵还灵验吗?

2000年，乔治敦大学爱肯贝利教授说：“从18世纪英帝国独立出来的美国国民的内心深处，有一种对帝国的根深蒂固的反感。若‘攻击伊拉克结束后，美国也会发生大变化’。”2004年，《纽约时报》说：“华盛顿活像个大兵营。”就连布什总统自己都说他是一个战争总统。在这种情况下，美国政府该好好想想了，新型帝国的大棒无助于实现朝鲜半岛无核化，反而促成了朝鲜拥有将核弹发射到美国境内的运载手段。

美国、日本应该从无赖中反省

美国说伊拉克、朝鲜、伊朗等是“无赖国家”、“邪恶轴心”。其实，历史早已证实：美国、日本是世界上最大、最名符其实的无赖国家。

“RogueNation”既可译为无赖国家更可译为恶棍国家，在中东和世界上大多数国家人民的眼里，美国对以色列暴行的支持和对伊拉克的屠杀，就是恶棍们干的，难道这还需争辩吗？历史会证明一切。

日本军国主义屠杀几千万亚洲人，至今日本政府也不承认侵略和法西斯暴行，还在篡改历史，难道这不是最大的恶棍国家干的吗？尤其2004年2月23日，日本《产经新闻》的“战争没有错，只有国家利益”文章说：“不管什么样的战争，敌方和我方都有各自的正义，某国的正义对其他国家来说也许就是非正义，所以才会造成局势紧张，爆发冲突。”“特别是战争，各国都是通过冷静地计算利害得失、军事力量强弱后发动的，所谓正义，毋宁说是为使自己的行为正当化而使用的措辞。”“如果美国在伊拉克的重建失败，那里将成为恐怖分子的巢穴，世界第二大产油地将落入恐怖分子手中。北朝鲜的核开发有可能加速。日本现在需要的不是正义，而是冷静的国家利益主义。”日本人连正义和非正义都不讲，更不分，难道不是为侵略者涂脂抹粉！或许是日本首相一再参拜靖国神社的原因吧！

日本偷袭珍珠港时，美国国务卿赫尔说：“从来没有看到这样一份充满无耻谎言和歪曲事实的文件——日本无耻的谎言和歪曲事实，地球上没有任何一个政府能说出口。恶棍！混蛋！”

美国经济战略研究所所长克莱德·普列斯多维兹在刚出版的《RogueNation》书中说：美国说伊、朝等是“无赖国家”、“邪恶轴心”，实际是用美国自己的价值标准，根据自己的霸权主义需要，给其他国家强行贴上的“标签”，其实，美国才是最大的无赖国家。

美国乔姆斯基新作《失败的国家》一书中写道：如果无赖国家的定义是指该国家藐视国际法，那美国长期以来一直是无赖国家中的无赖国家。它对伊拉克平民的行为早已置《日内瓦公约》于不顾。研制新型核武器而不是真诚地削减核武器数量的行为违反了《不扩散核武器条约》。攻打伊拉克完全不符合联合国宪章，是公然践踏联合国宪章。20 世纪 80 年代，国际法庭裁决美国对尼加拉瓜“非法使用武力”，美国直截了当地拒绝了这一判决，公然违抗国际法庭……美国执行的是“人类统治者的邪恶准则……只许州官放火，不许百姓点灯”。

历史会提醒人们，70 多年前美国以最疯狂的复仇，向偷袭珍珠港的日本投下最新武器试验——原子弹，制造了人类历史上最惨烈的悲剧。现在，美国一意孤行对伊拉克的侵占也使世界受到巨大破坏，必将引发全球人反感。这种力量会比原子弹的威力更大、时间更长。

因为现在，不是美国总统赫伯特·胡佛宣称的，“目前，我们，只有我们掌握原子弹，我们能够把自己的政策强加给全世界”的时代了。

美国想统治世界，必然搞核垄断、核霸权，才能逃脱爱因斯坦所说的“普遍灭绝”的下场，所以就绝不允许别国有核武器。但是别国已有了，美国就要更先进，控制它、超过它、消灭它。这就是布什上台半年后，宣布退出 1972 年签署的《美苏关于限制反弹道导弹系统条约》，及实现“全球导弹防御系统”，在别国上空实行“核爆炸拦截”的原因。

据韩国议员引证已经解密的美国国际和外交文章，1968 年驻韩美军进行过用核炮弹袭击朝鲜的训练。1991 年一项总统令撤走了原来部署在韩国的所有美国核武器。这样 1992 年朝韩之间才达成了朝鲜半岛无核化的协议。

当今世界很多问题都是由于美国某一时期的政策而造成的，如涉嫌策划“9·11”恐怖袭击的阿富汗“基地组织”，正是当年美国为了抗击苏联而培养起来的。美国不惜武力推翻萨达姆政权侵占伊拉克，也是当年美国积极扶持起来对付伊朗的。所以美国对朝 50 多年的政策也正是美国早期埋下的炸弹。

美国的霸道

正像《韩国先驱报》指出的：“一个独立、统一和中立的朝鲜对五角大楼来说是一种困扰。随着日本开始重新武装自己，中国逐渐成为一个经济和军事超级大国，美国认为有必要控制朝鲜半岛的未来……有其他美国需要的东西。对美国在东亚的军事、经济新构想来说，朝鲜是一个关键的支点。”这就是美国的神秘。

“朝核问题”第二次六方会谈（美、朝、中、俄、韩、日）美国提出三阶段解决方案：①朝鲜承诺彻底放弃核计划。②给予朝鲜“安全保证”。③签署涉及导弹问题的一揽子协议。这是相互矛盾的，因为承诺和给予是同时进行的，首先要求别人如何如何，而后我再怎样怎样，这只能说缺乏诚意。第五次会谈又是这样。只有美放下大棒，同时朝鲜冻结核计划，美朝进行持续而灵活的外交活动，才能实现朝鲜半岛的和平与经济发展，才能使美国一些智囊人物鼓吹的美军有能力再打一场“朝鲜战争”的叫嚣，成为被埋葬的历史。

美朝“核谈”肯定会像马拉松赛跑那样艰难。因为历史值得借鉴。例如朝鲜停战后，美国既想要回被中国扣押的美国人，又不愿意与中国直接接触，生怕造成承认中国的既成事实。1954 年 6 月 5 日，王炳南与美国代表举行了中美会议，中方的正当要求被美方无理拒绝。多年来，美国对海峡两岸的政策，永远在制造两岸的矛盾中取得利益，军售或许是美国的最大目标。况且，美国这个超霸大国，一贯喜欢玩“两面手”，一方面称改善美中关系，一方面却不会放过任何可以拖中国后腿的机会。

正如国际舆论指出，朝韩应该“不受外来影响”一步步接近，但是只要美军占领韩国，朝鲜半岛就不可能实现真正的统一。

“韩国有着强大的经济力量，朝鲜有着强大的军事力量，合在一起我们就是一个强大的国家。”韩、朝两国人民都这样想，美国允许、答应他们这样想、这样做吗？

“朝核问题”第四次六方会谈，五方同意朝建轻水堆核电站，唯有美国反对。但是美国却主动为印度大搞核电站，其目的何在？朝鲜搞核能和平利用开发，美国都不允许、不答应。可想而知，美国的霸道。

总之，朝鲜使朝鲜半岛处于自己的核保护伞下，使美国的“核保护伞”无效。按说，朝鲜再寻求美国作出书面安全保证变得完全没有必要了，更使美国总统头痛，他会让朝鲜安心发展吗？

三十四、美俄法“核三位一体”竞赛

核威慑理论现今是否还有用处？部分人认为，两极秩序的结束使核武器所具有的威慑力削弱了。核威慑理论的捍卫者们认为，核武器在对付恐怖主义方面是有效的，核武器仍是强国的特征之一。

其实，这两种看法都有局限性。究竟美国导弹防御系统是对准哪个恐怖主义的？布什政府的“核态势”为何出笼？

美国、俄国和法国“核三位一体”竞赛，在21世纪初又重新启动了，这说明了什么呢？这场核竞赛比20世纪80年代“核三位一体”的竞赛实力大大提高，更有新武器投入实用化及新一代武器研制，相比20年前的“星球大战”，更让人们吃惊，甚至恐惧！

美国提前部署导弹防御系统

布什的“三位一体”论，即第一位军事主宰（单边主义，全球霸主地位）；第二位，先发制人的战争；第三位政权更迭（美国的支配权）。它促使并加快了美国“核三位一体”的实施。

布什政府说：“我们的军队强大得足以阻止潜在对手寻求军事力量发展，以期超越或匹敌美国的力量。”美国国防部长拉姆斯菲尔德说：“华盛顿不排除会对一些国家进行先发制人的核打击。”

当前，人们对“意外核战争危机”风险的增加，已产生一种恐惧心理。尤其是美国先发制人侵占伊拉克，已经给其他国家造成危险的先例，这从根本上脱离了威胁政策，成为美国一项针对敌对政权的战略。这给这个地球带来破坏和不安，给人类带来巨大灾难，也产生了一场有关美国是否统治世界的争论。难怪法国戴高乐时的“弱国对强国”理论逐渐被“强国对抗疯子”的理论取代了。这怎能不引起新一轮核竞赛呢?

2000年，美国总统竞选时，布什承诺说，美国现在缺乏对洲际弹道导弹的防御能力，所以应该建立一个防御系统。后来，建立导弹防御系统成了布什政府的头等大事，“核三位一体”的演习首先在美国重新拉开了序幕。

美国导弹防御局说：“也许6月和7月前后第一枚拦截导弹将提前进入发射。在正式宣布可投入使用前仍有一段检查的时间。”

阿留申群岛的“眼镜蛇戴恩”雷达进行了升级，加利福尼亚州比尔空军基地的预警雷达进行了改进。英国的法林代尔斯增添了一套新型移动跟踪雷达，并更新了那里的雷达设备。

美国的导弹防御系统投入使用前，准备进行两次正式拦截试验，这种拦截导弹将使用一种商业助推器发射至空中。同时为提高“核三位一体”打击力量，五角大楼打算放弃一些大的海军基地，由被称为“漂浮岛”的大型运输平台取而代之，它不但能够代替海军基地，还可代替航空母舰和运输舰。研制这种海上工具的主要理由是许多国家拒绝美海军船只在其港口停靠。这种平台造价19亿美元，比租赁港口和机场更合算。但由于海面开阔，需有保护装备以防敌方对其攻击，这是一个艰难而且耗资巨大的任务。

除陆基和海基外，美国宣布有意研制空基反导系统。这不仅与反恐毫无关系，而且还会破坏各国的反恐努力。其实，美国是想达到太空军事化的目的。

如果美国在太空军事化领域取得优势的话，它不仅可以垄断导弹防御领域，还将在一个新的攻击性的空对地战略武器系统和一个空基反卫星系统方面处于垄断地位，这一切怎能不导致世界军备竞赛升级呢?

美军每年一次的“全球盾牌”演习，2003年10月在北美大陆及大陆外的地区举行，这次演习演练了核导弹打击。美海军太平洋战略核潜艇发射了弹道导弹，美空军B-52H战略轰炸机发射了巡航导弹。

2004年3月17日，美国发射了类似朝鲜等国家的六枚弹道导弹，在科罗拉多州施里弗空军基地进行了一场战斗演习。3月22日美国海军宣布，为防止朝鲜等国的袭击，美国将在日本海部署具有远程导弹跟踪能力的“宙斯盾”驱逐舰，并长期停在日本海，以“执行总统下达和加速弹道导弹防御操作能力的指令”。

俄罗斯反导弹演练

俄罗斯总统普京说：“苏联时期，苏联的存在以及它的核力量曾是世界强有力的稳定因素；现在形势变了，我们不应当让别人怕我们，应当让世界把俄罗斯的军事实力看做安全的因素。”

俄罗斯总统普京又说：“已经好长时间没演习了，部分原因是资金不足。但俄必须时刻保持核力量。”

美国退出反导条约对俄罗斯核武器的威慑能力构成潜在的严重威胁。因此，莫斯科宣布即使国家杜马批准了《限制战略武器条约》，也不能彻底放弃多弹头洲际弹道导弹。换句话说，如果美国部署导弹防御系统，俄罗斯就将继续使用多弹头洲际弹道导弹。但是，在弹道导弹技术方面取得重大突破，从而使导弹防御系统失去战略意义，是莫斯科急需解决的问题。

俄战略演习的高潮阶段于2004年2月10日开始，在不同程度上动用六个军区，核三位一体力量及航天兵。尤其是其战略演习中发射的试验飞行器可以对付敌方的任何导弹防御系统，这让世界吃了一惊！

俄军副总参谋长尤里·巴卢耶夫斯基上将说：“我们可以制造出能够突破任何反导系统的武器”，“这种弹头是一种超音速飞行器（10倍于音速），其飞行轨迹独特：不仅可以按弹道轨迹超音速飞行，也可以在大气层中灵活自如地改变飞行轨迹；在最后阶段独立地按原先设定的程序或者在飞到敌方境内后高速飞行”。世界上没有任何一个国家拥有比音速更快的有翼导弹（巡航导弹），它装有强大的喷气发动机，可以像飞机一样飞行，其运载工具是飞机或潜艇。

苏联时期曾打算把重型弹道导弹上的弹头换成数个超音速有翼导弹，可以直接从西伯利亚对付美国的潜艇。当时因为研制费用实在太昂贵，而被搁置了起来。

由于这种导弹上安装了数十个辅助推进器，敌方的雷达难以跟踪。而且这种导弹若遇到危险时，可以“自动漂浮”，任何一种卫星都不可能在森林或沼泽中找到它。

一位美国核专家说，如果俄罗斯拥有这种装备，它就能够在导弹下落时改变其方向，这对导弹防御系统是一个尤为严重的威胁。

这种新的“白杨—M”机动战略导弹综合体的试验工作完成后，将实施布置。

法国建立兆焦耳激光实验室

法国政府声称，法国在戴高乐领导下选择了核武器，把它作为保障独立的条件。这一选择现在仍有现实意义，在一个难以预测和危险的世界里，各核大国不考虑放弃核威慑……核威慑仍是我国安全的主要基础。”

法国政府说，“核武器仍是一种保护手段。谁也不知道20年以后会出现什么情况。一些核国家正在寻求可攻击我们的弹道导弹，核扩散也是一个大问题。难道我们要在这些国家面前解除武装吗？”这显然是对核大国的欺压政策不满。戴高乐的“弱国对抗强国”理论逐渐被“强国对抗疯子”理论取代。今天，核武器仍是主要强国的特征之一，法国一定要研制开发新一代的武器，为新的核战争做准备。这就是法国原子能委员会的兆焦耳激光实验室问世的背景。

在波尔多投资50亿欧元修建的300米长、150米宽的庞大建筑，装有240个激光发射装置，能像太阳内部那样发生聚变。表面看来，建这样一个实验室只是要为保护法国的核威慑力量而进行模拟试验。但实际上，这个实验室却可能使人们研制出将打破核禁忌的革命性的核炸弹。

兆焦耳激光技术如果能够很好地控制聚变，或者能找到除原子弹以外的能引起聚变的手段，那么新型核武器的诞生就指日可待了。继原子弹、氢弹和中子弹之后，人类是否会开发出第四代核武器呢？

核科学家们说，“都在谈论美国核武器小型化，但是，引起核聚变所必需的兆焦耳激光实验室是很大的，它只是一个研究工具。将来研制出的聚变引发装置，也许要简单得多”。如果这个模拟计划只是为了保护核弹头，为什么日本对它那么感兴趣？须知日本现在还没有核武器！

这就是自1945年，戴高乐以法国抗战领袖的姿态凯旋巴黎的时候起，到1970年代密特朗竞选总统“既不依靠华盛顿，也不依靠莫斯科”，走独立于两霸道路的法国。后来希拉克总统更强调“确保法国在美国面前的战略自主性，提高核潜艇和机载武器的威力，是法国核威慑力量的基石”。

1996 年，法国放弃了陆基核力量，强调“两位一体”核力量。截至 2002 年底，法国核弹头储量为 350 枚，比英国多 150 枚，是名副其实的“核老三”地位。

法国政府认为，在动荡的国际环境中，核威慑及实施核威慑的一整套手段，已显示出法国在外交和军事的可靠性。

三十五、凸显美国"核战略"的伊拉克战争

2003年3月20日，美英联军违背联合国宪章，不顾绝大多数国家的反对，发动了侵略伊拉克的战争。短短两个月美英便占领了这个盛产石油的中东国家。

当初，世界舆论除了就战争的合法性加以评说外，更多的是评估美英从这场战争中捞到了多大好处。但人们难解的是，世界各地反战示威；联合国不允许美国进攻伊拉克；联合国核查人员正在伊拉克进行是否有核武器的核查，美国竟突然以海陆空齐发杀入伊拉克。是布什总统发疯了呢，还是美国"核战略"的必然？

伊拉克战争是美国新一轮军事全球化行动的开始，然而伊拉克战争是错误的。它不是一场解放行动，它不过是持久地占领被破坏的一片废墟罢了，它使中东和世界局势更加动荡不安。美国的占领因中东地区自杀性袭击和代价不断升高的破坏而最终失败。

美国酝酿已久发动的伊拉克战争，可谓"司马昭之心，路人皆知"：一是为了推翻萨达姆的政权，在伊拉克建立亲美政权。二是控制海湾石油和谋取中东最大经济利益，以达到完全称霸中东的目的。三是改变中东的政治版图，逐一消灭中东国家的反美政权，将美国所谓的民主制度和价值观强加于中东各国。

人们会问，为什么20世纪80年代美国会与萨达姆结盟，鼓励支持萨达姆与反美的伊朗政府血战呢？美国曾经帮助伊拉克掌握核技术……而进入21世纪后，美国为什么又要除掉萨达姆呢？

布什政府的“司马昭之心”

萨达姆政权一直支持巴勒斯坦人民反对以色列暴行，反对美国近10年来对伊的制裁、禁运和污蔑。为了能尽快控制中东，萨达姆成了美国的眼中钉、肉中刺。

但用什么借口来推翻萨达姆政权呢？

1991年1月，伊拉克总统萨达姆·侯赛因下令向以色列和沙特阿拉伯发动了大规模的导弹袭击。数十人在这次袭击中丧生或受伤，其中包括28名美军士兵。根据已经销密的美国五角大楼关于核武器、化学武器和生物武器的档案记载，在被导弹击中的特拉维夫市中心，有使用神经毒气的痕迹。虽然新闻媒体对此事件进行了广泛的报道，但是却很少有媒体提及：伊拉克用来增加导弹的命中范围并制造携带于导弹内部的神经毒气的技术，全部是由美国和西方国家公司提供的。这些毒气能够被制造出来，也要“归功”于美国的公司和政治领导人的“慷慨”支持。长期以来，美国奉行的政策是：国防工业和其他有权势的公司可以随意出售致命的技术，不论对象是谁，只要付得起钱。

20世纪80年代，在两伊战争中，里根政府选择了支持伊拉克而反对伊朗的政策。其实，伊拉克和伊朗无一能成为美国真正意义上的盟友。但是美国认为，在这两个国家中，伊朗比伊拉克更不值得信赖，而且冷战政策的影响也使美国站在了伊拉克一边。当然也因为美国意图保持对中东的石油供应的控制权。

为了保持长期奉行的传统和政策，美国不惜将伊拉克武装到牙齿，但是，它对这样做可能导致的后果却缺乏考虑。

武器提供者，不是别人，正是第一次海湾战争的“设计师”、美国前总统乔治·布什。

上世纪80年代美国曾帮助过伊拉克搞核技术，再加上美国情报部门的误导，认为伊拉克有被禁用的大规模杀伤性武器，甚至有核武器隐藏，这对世界是一个不安全因素，更是对美国的威胁。

人们疑虑：世界大规模杀伤性武器很多国家都有，为何单单伊拉克就是不安全因素？就是威胁呢？别国有，对美国利益就不构成威胁吗？难怪人们说：世界唯一超级大国的霸道、垄断、无赖行径，由“美利坚帝国”本质所决定的。这个具有新的“帝国”自豪感的“美利坚帝国”，将把它的影响扩大到整个星球，直到太空。因而很多美国人高傲地说，21 世纪将是一个美国的世纪。

其实，“司马昭之心，路人皆知”。世人看在眼里，记在心上，历史已经证实了，这是布什搬起石头砸自己的脚，不会有好下场。

侵占伊拉克的“有限主权论”

美国侵占伊拉克一年后，也未查到核武器或其他生物武器、化学武器。世界一片哗然，侵占伊拉克，干掉萨达姆的借口是错误的。

布什挨了耳光，但还是打肿脸充胖子，死不认账。

2004 年，美国竞选总统约翰·克里说：“美国对伊动兵太多，国防预算开支太大，使国库出现严重预算赤字，这刺痛了美国人。同时，在伊拉克的伤亡每天在蔓延，美国士兵死伤这里有，那里也有。而现在又不能退兵，拖到什么时候才能结束？所以，伊拉克战争让美国人白白地流血流汗，是布什搬起石头砸自己脚的愚蠢举动！我当总统立即撤兵。”

伊拉克战争导致了世界范围内的反美浪潮，美国受到羞辱。在这种情况下会出现一种新的美国孤立主义。欧洲根据明确的选民反应而决定采取独立、脱离美国和英国的政策，“新欧洲人”将取代美国人成功地解决中东和其他地区冲突问题。

一位律师在审判萨达姆听证会上说，审判萨达姆必须首先审判美国总统布什，因为他侵略伊拉克才使伊拉克落成这个样子，布什是罪大恶极的罪人。

美国随意践踏一个合法政权、一个国家，是国际法所不能容忍的，尤其是造成了百万人伤亡。

当世界批评甚至声讨布什时，美国政客们却鼓吹“有限主权论”为美国的霸权，无赖行径辩护。说什么美国为何不理会联合国而对伊拉克发动先发制人的战争，显示主权不再能够提供绝对的保护，若一些国家的政府正在策划使用核装置或已经采取了这样的行动，它们的国家主权就不应该受到保护，甚至可以取消这个政府的政权。因此这个国家就失去了主权，就可能会受到攻击、清除或被占领。

这种“有限主权论”与强盗逻辑有何差别呢？强盗只是偷偷摸摸的勾当，“有限主权论”却是公开的。

事实上，美国人自称21世纪是美国的世纪，是“美利坚帝国”的本质所造成的，从1990年代末美国轰炸南联盟，就显示出了其“帝国”的本性。

灾难痛苦的伊拉克

美国占领伊拉克一年后，世界各地出现了次数更多、规模更大的恐怖事件，世界不得安宁。

伊拉克人说，他们没有盼来期望已久的和平。现政权给他们带来的灾难和让他们流的眼泪不见得比前政权少。各城市枪声不断，爆炸事件每天发生，使不少伊拉克人致残或丧命。失业、抢劫、暗杀……

许多伊拉克人带着隐隐的怀旧情绪想起萨达姆时代。他们说，当时上街不用担心可能会丧命，用电、公用服务和食品供应不成问题。现在有大批驻军，人们却生活在恐惧中，时刻为生存而奔波。美军占领伊拉克以后，所有商品的价格都暴涨，大部分人失业，贫富立刻就有了天壤之别。

就连三年前欢迎西方联盟推翻萨达姆政权的人现在也反对美国占领军。社会上犯罪猖獗，出现了过去从未听说过的犯罪现象，比如说吸毒成瘾、雇佣杀人等等。过去犯罪分子只把伊拉克作为从阿富汗到伊朗、沙特阿拉伯和科威特贩运毒品的跳板，可现在许多廉价毒品的贩运终点就是伊拉克。

伊拉克的民族矛盾和宗教矛盾严重激化，甚至引起伊拉克内战。

可以说，现在的伊拉克问题是人类历史、中东历史另外一段混乱的开始。

也正像美国前司法部长拉姆齐·克拉克所说：“没有什么事情比宣判萨达姆总统有罪并严惩他，尤其是处决他更能点燃伊拉克人民的愤怒，并导致伊拉克人民势不两立。”“由此产生的教派情绪使人们丧失理智，将使逊尼派和什叶派进一步逼向内战”。

美国"核战略"是恐怖之源

美军使用核武器的方针性文件《联合作战行动原则》修改草案，直接规定美军将使用核武器对敌人发动"先发制人"的打击。这对美军核力量部署和使用产生了深远影响，并对世界安全产生了破坏性的影响。

侵占伊拉克是有预谋的战争，是一场"反向的珍珠港袭击"，是21世纪美国实施"核战略"的第一步。更与"有限主权论"同一根源，是帝国主义本质的具体表现。

当前，美国不允许朝鲜、伊朗建设核电站与和平利用核能而发动的侵略准备，也是这一根源。

难怪很多人说，在今天的国际大家庭中，美国"核战略"是恐怖之源！

1995年，克林顿政府制定了"行动原则"。2002年，布什政府对"行动原则"进行了修改，在美国"国家安全战备报告"中将美国的军事战略调整为"先发制人"，宣布美国正处在战争之中，因此美国的"核战略"也相应作出了调整。

这就是，美军首先必须做好使用核武器的准备，并显示使用核武器的决心，同时强调美国将坚持拒不承诺"不首先使用核武器"，因为这样会破坏美国核武器的威慑效果。

美国使用核武器发动"先发制人"的攻击对象是：1. 如果敌人对美国或其盟友使用或者有意使用大规模杀伤性武器。2. 敌人将使用生物武器发动攻击。3. 需要清除敌人的包括大规模杀伤性武器在内的军事设备和存有生化武器的地下加工堡垒。4. 需要展现美国拥有使用核武器遏制敌人使用大规模杀伤性武器的能力和意图。

布什政府的"国家安全战略报告"中宣布，美国正处在战争之中，由于恐怖分子具有隐蔽性和分散性，将不可能避免地发生伤及平民事件。其实这就是进入21世纪以来，美国随意伤害、侵占一个主权国家的战争宣言书，是世界恐怖之源。

美国使伊拉克及中东没有和平，可想而知美国人、英国人也不会安宁。自"9·11"事件以来，纽约、华盛顿一直是警方戒备的重点，人们时刻过着惊恐不安的生活。

三十六、威胁人类的意外核战争危机

进入 21 世纪以来，许多专家断言，俄罗斯和美国、美国和中国之间爆发意外核冲突的可能性微乎其微。一方面，双方都有核武器。另一方面，它将带来极其高昂的代价。

但是，有专家断言，电脑失控引发核战争的可能性今天比昨天更大。如果处于高度战备状态下的现代战略核武器的计算机控制系统出现紊乱，整个世界可能会被毁灭。这种不以人的意志为转移的事故所形成的危机，使人类产生了恐惧感。

威胁的现实性

莫斯科和华盛顿在核安全领域的对话又出现了激烈的争论。因为美国人决定开始生产小型核武器和部署反导系统。这实际上意味着又回到了可能使用战术核武器的老路上。对此，俄罗斯将根据美国的相关计划对战略核力量的发展进行调整。核武器以前被看做是实施遏制的政治工具，而现在正变成战场上的武器。

在长达数十年的冷战时期，由于彼此间的不信任和猜忌，苏美两国建立了各种核武器系统。这些系统射程远，杀伤力强，精确度高，战备程度高。处于高度备战状态的陆基和海基执勤核导弹的上述特点尤其明显。在接到发射命令后，发射井中的导弹进入最高备战状态仅需 1 分钟，潜艇导弹的这一时间约为 15 分钟，执勤轰炸机的起飞时间约为 5 分钟。

事实表明，负责处理原始信息的情报侦察系统，本身隐含着巨大的引发意外核冲突的潜在危险。导弹预警系统在这方面尤为敏感。俄美两国的这种系统由一整套复杂的陆基和空基无线电技术及红外线设备构成，具有自动化程度高和高速计算机配置量大的特点。正是由这种系统发出的最初的信号，可能成为迎击决定的决策依据。

历史上有过不少导弹预警系统发出错误信号的事例。例如，1980年6月，美国战略空军司令部位于内布拉斯加州奥马哈附近的指挥所的显示系统发出信号：从潜艇上发射的弹道导弹正逼近美国领土。B-52轰炸机的全体执勤飞行员被命令各就各位，发动引擎。几分钟后人们才发现是虚惊一场。苏联的导弹预警系统也有过类似尴尬。1982年1月，苏联负责监视南部方向的一座雷达站发现一枚飞行中的弹道导弹。接到信号后，指挥所立即宣布提高战备状态。后来才搞清楚，原来是以色列在试射“耶利哥-2”型导弹。

1995年1月，美国从挪威安岛发射了一枚美国“黑雁12”号科研火箭。美国专家认为，已通报给俄罗斯的情报显然没有及时传达到有关部门，因此出现在俄罗斯雷达屏幕上的信号被误认为是美国核潜艇发起的导弹攻击。而按西方媒体的说法，这似乎是冷战结束后第一次启动总统的“核手提箱”。不过俄方指挥部几分钟后就确认火箭不构成任何威胁。

技术故障频繁

在英阿马岛之战中，英国海军最先进的、装备了现代化自动防空系统的“谢菲尔德”号驱逐舰被击沉。调查原因时发现，英国专家在编制系统控制程序时，没有考虑到阿根廷海军使用的是法国“飞鱼”反舰导弹。北约国家的武器装备中都有这种导弹，因而在控制程序中它被列为“己方武器”。由于这一失误，在导弹飞向舰艇时，无线电对抗和空中目标打击设施竟毫无反应。导弹就这样轻而易举地通过防空区，直接将“谢菲尔德”号送入了海底。

发生技术性错误和故障的几率提高是大型系统的典型特征之一，这种错乱和故障可能妨碍系统正常运行。

海上核武器事故始于1963年美国“长尾鲨”号核潜艇的覆灭。在这次事故中，所有乘员及武器全部沉入大海。1968年，载有核武器的苏联“K-129”号核潜艇在太平洋沉没。1986年10月，苏联“K-219”号核潜艇起火沉没，艇上载有两个核反应堆，16枚战略导弹。1989年4月，苏联“共青团员”

号核潜艇在挪威海域起火沉没。2000年8月，“库尔斯克”号核潜艇因艇载弹药爆炸而葬身巴伦支海。

一系列导弹武器事故令人触目惊心。1966年8月，装有百万吨级威力弹头，使用液体燃料的“大力神-2”型洲际弹道导弹在发射井中爆炸。1980年9月，在小石城空军基地，发射井中同一类型导弹的爆炸夺走了50多名军人的生命，百万吨级威力的弹头被爆炸冲击波抛出。广为人知的事例还有，1960年10月，苏联一种新型导弹在拜科努尔发射场准备试射时发生爆炸，战略火箭军总司令米特罗凡·尼得林和近百名军人丧命。1983年7月，在该发射场再次发生一起运载火箭爆炸事故。

历史上携带核武器的飞机也曾多次发生事故。如令人震惊的B-52轰炸机在帕洛马雷斯地区的失事事件，造成4枚核弹脱落，所幸的是它们没有爆炸，另一架B-52轰炸机的失事也造成极大的潜在危险。它因起火而坠毁在格陵兰的图勒附近，机上载有4枚百万吨级核弹。

应该承认，近年来俄罗斯战斗编成中的战略武器系统的技术可靠性问题日益尖锐。这首先是因为相当数量的武器已超过了规定的保障期限，应由新武器替换。前战略火箭军总司令雅科夫列夫1998年时就承认，62%的导弹装备和71%的战斗指挥系统其实已在超期服役。

如何保持导弹核潜艇的战备状态是更为复杂的现实问题，只有满足每7至8年进行一次中等程度的维修这一条件，才能确保潜艇的25年使用期限。但是现在俄国资金匮乏，无法完全满足这样的要求。

人为原因事故

美国媒体记录了一起真实的事件：一个美国空军上士因心理失控，拔出手枪向核弹头射击，“以求在爆炸声中了却一切恩怨”。

2003年11月，从位于西雅图海军基地的潜艇上撤走一枚安装了核弹头的弹道导弹时发生了事故，当武器装卸人员将这枚长10米的导弹装进防护装运箱时，导弹的头锥被撞出了一个23cm的洞，但当时并没有泄漏出放射性物质。据报道，四名军官因这次事故被撤职。

在俄罗斯的核安全体系中，人这一环节是最薄弱的。随着社会经济状况的恶化，军人的处境更为复杂。现役军人所犯的某些罪行可能会导致严重后果。仅 1998 年就发生多起针对设施的犯罪事件：灯塔放射化学联合工厂的卫兵遭一士兵猛烈扫射；一名水手在核潜艇鱼雷舱中自杀；新地岛核试验场发生人质绑架事件。至今还没有核武器库遭袭击的记录，但据记载，2001 年恐怖分子曾两次企图对这类核设施进行袭击但未能得逞。

在涉及核武器时领导人是否会作出错误和不当的决定，同世界是否太平以及军事对抗的程度有紧密关系。模拟试验表明，在得到敌人发动第一轮核打击信号后，防御方的政治领导人必须在 3 至 4 分钟内对形势作出评估，并作出反击决定。在这种情况下决策错误的几率大大上升。

美苏领导人在核对抗年代里的行为也证明了这一点。美国前国家安全助理斯考克罗夫特相当形象地描述了总统们在核操纵演习时的表现："在最初的两天，当国家元首们突然意识到所有这一切都掌握在他们手中，他们是唯一能够作出决定的人时，往往会感到极度恐慌。"苏联前总统戈尔巴乔夫在这种情况下的反应也很有代表性。他回忆说："在教我如何使用'核按钮'或'核手提箱'时，我的眼前出现了这样一幅画面：有人向我报告某个方向会有打击，在我思考该如何行动时，又接到一份报告，说打击来自另一方向。我必须在这种情况下作出决策。"

电脑失控

这一发展趋势是危险的，尤其考虑到根据报复性打击的概念，美俄两国大部分核武器历史上一直处于高度战备状态。现在，就像以前一样，俄罗斯和美国的陆基导弹在接到命令几分钟后就可以发射，潜基弹道导弹也只需要 15 分钟。

全部原因在于，首先，以前核武器的战备水平与今天相比要低得多。其次，那时不存在现代的导弹预警系统。导弹预警系统建立在复杂的地面和太空无线电及红外线系统基础上，装备有高速计算机，并高度自动化。

现在，是这个系统决定着一切。正是这个系统发出第一信号，为决定是否进行报复性核打击提供根据。专家警告，目前在导弹预警系统出现致命错误的情况下，不会有分析时间，可能导致违背国家高层领导人意愿的核冲突，或者导弹预警系统某部电脑突然出现故障或失控，引起错误指令，造成灾难发生。

要防止导弹预警系统发生上述错误或偏差，最有效的方法是共同降低战略核武器的战备水平，延长决定进行核报复所需的时间。

太空预警手段也远未完善。钢铁厂浇铸钢水的情景在太空观测下完全可能被看成导弹发射。美国空军的专家估计，上世纪80年代的预警系统平均每昼夜六次发出谎报信号。

防止意外冲突

在谈论如何防止意外冲突这一问题时，应该承认，只有在全面禁止核武器并销毁核武器储备的情况下，才能完全排除爆发核冲突的可能。降低战略和战术性核武器的战备程度，这首先应表现在增加核武器用于作战的准备时间。俄美间关于这一问题的讨论已进行了近30年，但双方在这方面迈出的步子不是很大。可采取的实际步骤范围是相当广泛的，包括进攻性战略武器互不瞄准对方，以及拆除所有运载工具上的弹头。

未来可通过拆除导弹的个别部件和弹头的方式降低战斗准备程度。但问题在于，为了监控发射井中导弹的技术状态，需要放入相当复杂的电子弹头模拟装置，这本身需要很大一笔开支。同时显而易见的是，只有在大幅度削减进攻性战略武器的条件下，才能拆除弹头并使其得到妥善保管。

然而，2002年初，布什政府的“核态势”报告和提前布置全球反导系统以及2004年美、俄、法大规模“核三位一体”竞赛，表明意外核战争危机，时刻在威胁着人类！

三十七、美国掷给日本的原子弹为何令人怀疑

1995年9月3日，纪念世界反法西斯战争暨抗日战争胜利50周年时，世界上发出了三种声音：一是日本领导人轻率地声称他们是受害者并策划了“原子弹爆炸”展览等一系列活动，妄图否定和掩盖日本发动这场战争的侵略性质。日本领导人妄言：“日本没有必要为战争道歉”，当时很多日本人要求美国总统克林顿向日本赔礼道歉，声称美国不在广岛问题上道歉，日本也不会在珍珠港事件上道歉。另一种声音，人们控诉德国法西斯和日本法西斯50年前给世界人民造成的灾难，同时又担心日本投降后多年，美国不撤兵，反而积极扶持日本再实现大东亚共荣圈的美梦，出现为日本军国主义侵略罪行翻案的严重趋势。再一种声音，世界各国部分科学家、历史学家、政治家和军人都对美国在日本投掷原子弹的历史记载和图片、现场资料产生了很多疑问，认为美国在广岛和长崎投放原子弹事件是20世纪人类最大的骗局。

是不是美国把新型凝固汽油弹说成原子弹恐吓日本，诱使日本投降呢？

1999年末，美国评选出20世纪百条大新闻，第一条就是：“美国在日本的广岛和长崎投下原子弹，结束了第二次世界大战。”美国是在否认骗局的存在，还是信息战胜利的继续表演？

纪念反法西斯战争胜利60周年时，美国《时代》周刊称：“一种可怕的武器挽救了生命；一种骇人的战争工具带来了和平。”美国为这种“可怕的武器”带来了无限期的“不是和平的和平”歌功颂德。

历史不能改变，我们应该了解历史。60多年过去了，让我们站在客观公正的立场来剖析一下，美国掷给日本的究竟是不是原子弹？

第一，1964年10月16日，中国第一颗原子弹爆炸成功后，当时美国总

统约翰逊说："这只是一个核装置，要真正成为有威胁、可空投的原子弹还需要 2~3 年。"难道这只是贬低中国核威力吗？恐怕是美国当初研制原子弹的真实写照。也就是说美国的核装置不可能在刚试爆 20 天后就敢冒险掷给日本去做杀伤试验。

投向广岛重 4.1 吨，长 3 米，直径 0.7 米的"小男孩"和投向长崎重 4.5 吨，长 3.2 米，直径 1.5 米的"胖子"，当时 B–29 型轰炸机能完成任务吗？长距离短时间又是怎么运输的呢？都是悬案。

1952 年 11 月美国制成的第一颗氢弹，以液态氘和氚为核燃料非常笨重和庞大，无法投掷，经一年多改进才在 1954 年 3 月实现了空投。而 1953 年 8 月苏联进行了以固态氘化锂为核燃料的氢弹试验，使氢弹实战成为可能，结果美国人如刺在背。1953 年 10 月，美国总统艾森豪威尔就苏联氢弹发表声明："苏联有能力对我们实施原子弹袭击，这种能力还将不断增强。"因此美国加快了自己的氢弹研究步伐。苏联媒体报道：1955 年 11 月，苏联首次进行了从图 –16 飞机投掷氢弹试验；美国 1956 年 5 月才进行了同类试验。难道研制第一批原子弹就没有遇到此问题和困难吗？

第二，1945 年 8 月，美国总统杜鲁门向世界发布了令人吃惊的消息："美军在日本广岛投下了原子弹，相当于 1.5 万吨 TNT，广岛已经消失了。"3 天后，杜鲁门又宣布"第二颗原子弹使长崎已经毁灭了"。但日本没有投降迹象，杜鲁门说将有更多原子弹会投下，人们奇怪总统为何这样心急，亲自上阵宣传？

日本核物理学家也在为日军方研制原子弹，了解原子弹的威力和破坏作用，并知道美国汇集了世界核科学家在搞"曼哈顿工程"，完全有可能掌握了原子弹，在没有放射性测量的条件下，他们相信日本已遭到"超级炸弹"的攻击而报告了政府，从而使日本政府向美国发出"在日本投下残忍性炸弹"的抗议，也没有提到原子弹。

美军向日本政府和国民发布大量虚假恐吓消息，而日本却很难辨别真伪。1945 年 8 月 8 日苏联宣布向日本开战，日本政府和国民陷入了混乱局面。当日本政府宣布投降，有人暗喜这是"曼哈顿 2 号工程"（信息弹）的胜利。

第三，在日本本土没有显示出原子弹爆炸后形成蘑菇云的图像。有的科学家从图像资料分析，认为显示的图像是在美国本土新墨西哥州第一颗试爆图，只是从三个不同角度拍摄，而分别成为了新墨西哥州、广岛、长崎三地的原子弹爆炸图。

况且广岛、长崎原子弹爆炸后带放射性的残骸都没有发现，怎么能证明是原子弹而不是新型高能凝固汽油弹呢？

20世纪四五十年代，美国在比基尼岛爆炸的原子弹图像发表在杂志、报纸上。人们看后反问：难道那时就有彩照吗？后来说是人工涂的色。可见很多事都可编造，只是能否被识破而已。

第四，若真是原子弹爆炸，进行广岛、长崎土壤放射化学分析和土壤的本底测量最能说明问题。然而从未报道过日本广岛、长崎爆炸后放射性污染和土壤的放射性剂量值。据说美国和德国核科学家曾秘密取土样测量、化验均未发现有放射性物质。即使现在，带上便携式放射性测量仪也能测出有无放射性，因为原子弹爆炸的裂变产物长半衰期的放射性污染几十年后还会存在。两地爆炸中心建成了公园和纪念馆，是不是为了销毁原子弹爆炸现场，怕辨别真伪呢？

奇怪的是日本政府也从未报道放射性剂量大小及核污染资料数据，仅用人体被烧伤的照片怎么能证明是原子弹呢？难道广岛、长崎空中爆炸的裂变产物长半衰期的放射性物质分析、测量不出来吗？

第五，科学家反对向日本投原子弹。美国准备在新墨西哥州塔爆试验原子弹之前的2天，讨论试验成功后是否投向日本。大家都反对，怕将来成为“灭绝人性的罪人”而被起诉，而赞成先投宣传单，警告日本当权者，不投降就让其灭亡。于是军方将爆炸力极强的新型高能凝固汽油弹说成是原子弹，给日本政府下马威。当时美国媒体说，在长崎投下第二颗原子弹是为证明美国有能力不断地造出原子弹。与此同时，投下了三位美国核物理学家给一位日本同事的亲笔信：请尽你的最大努力转告日本政府，这仅是一颗原子弹，我们还有很多。

第六，1999年6月4日，广州《南方周末》头版登载了“核弹爆炸我国五名留学生幸存广岛见证”的文章。当时中国留学生10人中幸存5人的印象都是团团大火，浓烟滚滚，不断地闪光，照得天空火光四起，响声如雷，穿的白衫衣着了火，忙着扑灭和躲藏。他们距爆心约1公里，全身衣服着火，竟还能使生命延长50年以上，当时访问时都已80多岁。能在核武器的爆炸中近距离受辐射幸存这本身太不可思议了！

2010年1月6日，日本媒体报道：1945年8月6日，三菱重工长崎造船所的山口疆到广岛出差，遭遇原子弹爆炸，上半身部分灼烧，幸免于难。3天后，山口疆返回长崎正向领导报告广岛见闻时，窗外亮光闪过，长崎也发生了原子弹爆炸，从此他丧失听力，罹患白血病、白内障后遗症，后来长崎政府正式认定他为“原子弹双重受害者”。2010年山口疆去世时93岁，使人们对日本是世界上长寿国家的原因产生疑问，难道与原子弹灾难有关吗？

2010年媒体报道，日本原子弹致伤致残受害者数年来多次要求政府立案赔偿，几次都被日本政府驳回，为什么？难道是不承认65年前的事实？

第七，1945年7月16日，美国第一颗原子弹塔爆成功后，相隔20天美国政府说将两枚原子弹分别投向了日本，日本投降了。第二年，美国陆军航空兵和海军陆战队两部门同时争着要在比基尼岛进行核爆试验，为什么争呢？因为“信息战”竟有这样大的威力使日本投降了，真正的原子弹破坏威力有多大？两部门都想抢头功。由于这一试验与美国向联合国提出的国际监督计划不相适当，没有同意，但是1946年7月，美国还是进行了试验。

第八，1950年2月，美国在加拿大上空试爆一颗外壳含铀238的钚弹，同年11月又在加拿大试爆一颗钚弹，为了改进“中子引火源”并说上次是引擎出故障，这次再试，都说是投掷了225公斤的常规教练弹，在魁北克省760米上空试爆。但加拿大进行放射性测量一目了然，戳穿了“常规教练弹”的谎言。是不是学习5年前在日本掷常规“教练弹”说成是原子弹的翻版呢？

第九，从1995年开始学术界想知道真相，以秘密方式与美国政府交涉，要求美国政府解密一些文件，然而美国政府官员说这是“疯子行为”，没作任何答复。到1999年末，一位参加过“曼哈顿工程”的科学家和一位当年美军上级军官联合披露了一个令人吃惊的历史——美国从来没有在日本本土投放过原子弹，只是非同寻常的信息和心理战，一次非常成功的“软战争”。

这个消息是在十分保密的情况下披露的，而且受到美国政府的压制和否定，最后两人受到软禁。

第十，军事分析家说，第二次世界大战的欧洲战场，盟军在英国沿岸和欧洲大陆法国沿岸进行了大规模的信息迷惑战，使德军不知道盟军最后登陆的地点在诺曼底，所以德军没有重兵部署，盟军在没有受到重大阻力和抵抗的情况下而获得了成功。同样盟军用信息迷惑的方法使德军把伦敦的定位目标偏移了40公里，从而避免了更大损失。那么在东方战场同样也可使用这一战术达到目的，这就是“曼哈顿工程2号”的来源。也是为什么杜鲁门那么心急地宣布向日本投原子弹，广岛、长崎完全毁灭消失的原因。

第十一，为什么时隔50年后人们才发现事情的真相呢？为什么美国冒着世人辱骂“原子弹战犯”罪名而不改口呢？这要从当时美国总统杜鲁门喊叫“原子弹使日本投降”的目的来分析。需要强调的是，美国是一个谋求世界霸权的国家。上世纪50年代初，美国原子弹之父奥本海默反对制造“种族灭绝性武器”——氢弹，而被法西斯分子的3K党和麦卡锡参议员指控诬告，最后奥本海默以参加过左翼活动和阻挠氢弹研究的罪名被监视和隔离。依靠奥氏的威望和贡献，20年之后才被彻底平反。对一个一贯谋求霸权的国家，绝不会承认是骗局。

像奥本海默这样著名的人物都可随意被诬陷而被隔离失去自由，谁还敢说向日本投的不是原子弹？

第十二，事情最明白的是日本，到底是不是原子弹，从现场中会得出正确结论，然而日本投降是“借助了原子弹的契机”，既符合当时美国的利益，也符合日本的利益，即美国的骗局正是日本的需要，所以日本政府也不会改口，借此掩盖了“害人国”的罪名，突出其“受害国”地位。

这么大的骗局，日本就没有人知道，没有人敢调查揭露吗？敢站出来说话的人肯是会受到陷害，像柏林历史学家赖纳·卡尔会和意大利一位军事记者曾亲眼看到1944年德军核弹试验而写文章，后来都被认为是“疯子”。在纪念战胜法西斯胜利60周年时，他们分别著书论述：优越的日耳曼民族不相信美国人能很快造出原子弹；另一方面由于盟军的压力和为纳粹造出原子弹的罪恶，德国核科学家有意掩盖了制出原子弹的事实；再一方面抹杀了德国科学家造出原子弹，才凸显了美国的强大和必胜的能力。否则美国“曼哈顿工程”负责人格罗夫斯能说“抢到海森堡，比俘获10个德国师更有价值”吗？可见德国核科学家对美国原子弹制造的贡献有多大！若在日本有人发表“投向日本的不是原子弹”，会把他当成“原子弹”的牺牲品打入地狱！谁都知道40多年前以色列有原子弹，保密性极高。然而以色列核技术人员莫迪凯·瓦努努因与外人接触被监禁3个月。1986年又因对《泰晤士报》披露以色列拥有数百枚核武器而被判18年监禁。2004年出狱后，法院禁止他与外国人接触，他因违反禁令又一次入狱。

第十三，2011年3月11日，日本发生9.0级大地震，福岛核电站泄漏发生化学爆炸，堆芯核燃料棒熔化，甚至反应堆容器底部存在直径数厘米的漏洞，其危害程度不亚于苏联切尔诺贝利核电站事故。这时人们才反思：若1945年日本遭到美国两颗原子弹的灭绝人性的破坏，死亡10多万人，整个日本被放射性物质污染毒害和摧残，然而没过10年，仇恨未消，美国也才刚开始在国内建核电站的同时为什么帮助日本建造核电站，日本为什么会接受？日本人和美国人就没有考虑其危害吗？只能用以下原因来解释：日本没有遭到过原子弹的破坏，不知道核危害是什么！

20世纪50年代，朝鲜战争停战后，美国为了尽快扶持日本，把日本当成对付苏联和中国的桥头堡，以解决能源为由，大建沸水堆核电站以生产更多造原子弹的核材料钚239，这样美国就可以在日本组装原子弹，既省去了美国造原子弹的投入、危害、污染，又使日本感到强大和发展。所以有人说福岛核电站灾难暴露了美国的险恶用心。

第十四，日本福岛核电站爆炸，国际原子能专家称完全是人祸。这说明日本人不知道什么是核危害，不知道核危害会带来多大灾难。由此说明日本没有遭受过原子弹爆炸。

20年前国际原子能机构专家对福岛安全方面提出建议。福岛核电站发生事故后，铺设临时输电线工作竟然耗费一周多。核电站大部分核燃料已处于“空烧”状态而熔融，外部注入冷却水也没起多大作用，还是引起了机组的氢气爆炸，压力容器完全破损，熔化的燃料导致安全壳底部穿孔，机房地下充满了大量高强度放射性水流入大海。假若是双电源设计就可能及时得到补救，不会发生大事故或严重事故。而日本人说是美国给设计的，责任不在他们，但20年前国际原子能专家已提出了这一安全隐患，而日本人却置之不理。

第十五，美国原子弹研制和生产的组织者，退役陆军中将格罗夫斯回忆录中说，B–29轰炸机飞到长崎上空时云雾重重，突然云雾散开出现了一个大洞，轰炸员透过大洞看到了一条跑道，就果断地把两颗原子弹投了下去。当时日本报告写道：10时50分两架B–29入侵长崎上空，11时2分投下附有降落伞的新型炸弹2个。

其中一个没爆炸，日本立即派人将这颗没爆炸的原子弹严密看管起来，后来日本人将这颗原子弹交给苏联，苏联还作出过某些承诺。很快1949年8月29日苏联爆炸了第一颗原子弹，杜鲁门总统听到这一消息被惊呆了，连声说：这是真的吗？这是真的吗？

然而曾向长崎投原子弹的飞行员保罗·蒂贝茨回忆道：我知道当时共有三颗原子弹，第一颗轰炸后两三天日本人没回应，第二颗轰炸了。准备飞回犹他州将第三颗带到提尼安岛，战争结束了。

谁说的是事实呢？

第十六，日本寻找“体面的机会投降”的历史说明什么？

1945年6月24日开始，日本多次拜访苏联外交部，希望苏联中立和调停，以寻找“体面的机会投降”。7月26日，中美英三国发表了《促令日本投降之波茨坦公告》，日本一方面等待苏联的态度明朗再作决定，另一方面对公告消灭天皇制十分抵触，所以日本拒绝接受公告。

1945年8月6日及8月8日，美国向日本掷原子弹日本也没有投降。8月8日，苏联向日本宣战，天皇责令“苏联既已参战，就要赶紧收拾残局”。8月10日，日本通过瑞士和瑞典两个中立国照会同盟国，日本政府竭诚希望谅解条件——无损天皇制，并要求尽快得到对方答复。8月11日，美国单方面复照日本“天皇制由日本自己决定”，故8月12日天皇首先决定接受公告，14日宣布投降。无条件投降被美国改成有条件投降，临死的天皇怎能不感激呢。

可见日本的投降正是美国的诱惑，美国的行为正是日本的需要。正是美国人说：“日本只要投降就是原子弹功劳，只要在投降书上签字就是美国的胜利。”而日本投降后，中国等国家要求审判军国主义头目——天皇，美国千方百计阻挠，“保留天皇制有利于美国占领，不判裕仁为战犯，他会对美国戴罪立功”，最终还是保护了天皇，达到了美国的企图。所以原子弹骗局满足了双方的需要，美国、日本永远沉默。

第十七，2009年10月，日本广岛、长崎两市长联合召开记者会，欲打无核牌申办奥运会，两市长拜访了东京所有“拥有核武器国家”驻日大使馆，邀请这些国家首脑来日本参观原子弹实爆地。两市欲申办2020年奥运会，但却立即遭到国际奥委会拒绝。

2013年，日本再次申办奥运会。福岛核电站爆炸、放射性严重污染，日本首相亲自到申办会上说，福岛放射性污染已被清除，不会有影响。事实上污染越来越厉害。

第十八，广岛盛夏的寒冷。广岛核浩劫中的幸存者回忆说，原子弹爆炸之后，有一个非常奇怪的现象：天空异常黑暗，虽然盛夏，感到格外寒冷，这可以说是一次核爆炸，一次“核冬天”。这种现象并非核爆效应的充分必要条件，汽油弹爆炸有时也会产生这种现象，故不能以此为根据。

21世纪初，美国两位历史学家对美国、日本及苏联外交档案的最新研究表明，当年杜鲁门的主要目的是限制苏联在亚洲的扩张。他们还说，日本投降并不是由原子弹本身带来的，而是因为苏联在广岛大爆炸几天后对日本发动了进攻。

美国将军艾森豪威尔及海军参谋长莱希当时都曾告诉杜鲁门，在军事上没有必要使用原子弹。历史学家说：“当时对苏联施压比结束战争更重要。”

美国掷给日本的两枚是原子弹吗？永远是个谜。

三十八、福岛核电站事故的危害和影响

2011年3月11日，日本发生了世界上最大的地震海啸，死亡2万多人。地震造成了福岛第一核电站泄漏爆炸，给日本人民造成了巨大的经济损失和精神创伤，也给世界带来了强烈影响。

日本是地震多发区、高发区，上世纪60年代美国扶持日本兴建核电站难道只是为了解决日本的能源问题吗?

福岛核电站爆炸3年多过去了，日本才下决心采取乌克兰切尔诺贝利核电站爆炸的处理方法，还能达到目的吗？据推测日本福岛核电站事故比乌克兰核电站爆炸危害和影响更严重。

有人说1986年乌克兰核电站爆炸，花费了120亿美元，直接激化了矛盾，加速了苏联解体。而日本第一核电站爆炸后，菅直人处理不力被迫下台，安倍晋三上台后立即转移国内矛盾，修宪、复辟等军国主义的图谋能成功吗?会给世界带来多大的危害?

福岛第一核电站爆炸原因

福岛县在相距10公里的范围内建了两座核电站。上世纪70年代初，第一核电站6台反应堆相继运行，80年代第二核电站4台反应堆商业运行，均为沸水堆。为什么第二核电站没有发生事故，只有福岛第一核电站，曾被炫耀是世界上最大的核电站发生了灾难呢?

地震突然发生时，第一核电站正在运行的1、2、3号反应堆的控制棒自动落入堆芯，保护了反应堆不再产生核反应，但没有备用第二电源启动冷却水泵向反应堆注水，所以反应堆内余热无法排除而造成了堆芯熔毁泄漏，若时间长了堆芯温度和压力过高就会爆炸，所以直升飞机和消防车不断向反应堆洒海水，以降低反应堆温度。

反应堆的乏燃料池也可能受强烈地震损坏，核污染泄漏，产生的氢气不断扩散。这时由于水受高温和强辐射会产生大量的氢气和氧气，达到一定浓度会产生爆炸，甚至引起大火。

地震前已停堆检修的4、5、6号机组没有余热的产生，则不需喷水降温。但4号机组厂房不但爆炸又起大火，其原因没见报道，可能是乏燃料池损坏，强辐照水分解的氢气和氧气扩散引起爆炸起火。

和第一核电站相邻的第二核电站以及南边茨城县东海第二核电站是否安全，没有报道，仅说北边宫城县女川核电站外部3个电源中2个失效，曾起火被扑灭。

核污水大量产生

反应堆降温需洒水，乏燃料池需补水，更关键的是汽轮机厂房爆炸及周围疏水竖井损坏，导致雨水入侵和地下水渗透，使厂房内水位上升，故污水量大，持续时间长。

曾在厂房外围加大量“水玻璃”，想阻止地下水渗入厂房，“水玻璃”可吸附碘131、铯134和铯137减小污染，若加固体胶和快干水泥固化效果好些，但没想到厂房内水位反而增高了，造成了更多核污水，且储水罐出现白色，使放射性污水净化处理更加困难。

核污水排放报道简短，并且含糊其辞。如2014年2月20日东电公司发布消息，福岛核电第一核电站一容量1000吨的污水罐发生泄漏，约100吨含有高浓度放射性物质的污水从储罐泄漏到围堰外围，β放射性浓度高达每升2.3亿贝克勒尔，但储罐距海仍有一段距离，附近也没有排水沟，所以污水“没有流入海中”。3月21日又发布消息说，第一核电站560吨地下水排入了大海。这是“地下水迂回排放计划”，但其放射性浓度没说。

日本政府承认每天至少有300吨污水流入大海，遭到福岛县议会抗议。日本政府才提出办法，准备两年内花费4.7亿美元建1.4公里“冻土挡水墙”将核电站围起来，还准备在反应堆上全部用沥青覆盖，减少雨水渗入地下成为地下水。“冻土挡水墙”能起多大作用？人们不得而知。

日本核电站被质疑

20世纪60年代，美国帮助日本建起了沸水堆，后来建了压水堆。日本共有54台反应堆，沸水堆占3/5，核电占日本总发电量的30%。

沸水堆核裂变产生的热能由水变为蒸汽推动汽轮机发电，不像压水堆有蒸汽器隔离，形成一、二回路，所以沸水堆比压水堆结构简单，设备少，造价低，建设工期短，但安全性差，尤其处在地震多发区和高发区的日本建核电站一直受到质疑。核专家说：“日本天生就不适于修建核电站。”

福岛第一核电站1号至4号机组泄漏、爆炸，除地震和海啸原因外，建厂选址位于海岸台地，海拔27~35米的土质松软地带，（10~27米之间存在常年有地下水涌出的含水层）事故后反应堆厂房地基下沉，建筑也出现倾斜，大量地下水涌入厂房，造成核污水无法存储而排入大海。

设计中也有一个不被重视、致命的问题，没有挽救措施——第二电源。若有第二电源，说不定反应堆芯不至于熔化……当然第二电源也不一定完全可靠，相近的宫城县女川核电站外部有3个电源，2个失效，可能这就是女川核电站没出现核事故的原因。投入商业运行的第一核电站1号机组运行了将近40年，尽管设备老化，但“效益非常好，扔掉很可惜”。根据美国经验还可延长20年，没想到刚作出决定，灾难便降临了。地震改变了日本，使得日本人有“命运无常”的宿命观，加之核电灾难，百姓示威游行，包围了国会议事室，高呼“反对重启核电站”、“不要制造核垃圾”、“不要污染海洋”。

众所周知，日本是地震多发和高发国家，仅20世纪的一百年里，日本造成死亡人数在1000人以上的地震高达10次，全球6级以上地震20%发生在日本。故日本核专家说“地震多发及次生灾害对于核电简直是天敌”、“日本天生就不适于建核电站”。

那么，20世纪60年代，美国自己刚开始建沸水堆核电站时，为何要立即帮助日本大建核电站呢？从日本极右翼分子妄言日本可在3个月造出原子弹就知道美国的原始打算，美国意在限制、制约中国核研究。1963年，美苏联合打击中国核试验，欲“进行外科手术”摧毁中国核生产和试验基地。当1964年10月16日中国第一颗原子弹爆炸成功后，美国、日本很难受。日本在广岛、长崎曾遭受原子弹爆炸地建起“原子弹纪念馆”及“和平公园”，日本是“受害者”大搞反核纪念活动，大肆鼓吹并参拜靖国神社。这时美国决心扶持日本，在日本建造沸水反应堆，这样美国既可节约人力、物力（财力），减少美国污染，又可积存核弹原料，以备将来使用。这就是日本政客经常妄言“日本可在半年、三个月制造成原子弹”的原因。美国不允许朝鲜、伊朗研制核武器，并严厉制裁，所以现在美国也不允许日本制造核武器，于是日本政客又不断放话，引美国核武器入境，恐吓中国和东北亚各国。

福岛比切尔诺贝利灾难更严重吗

为什么福岛核事故不亚于切尔诺贝利灾难，甚至更严重呢?

第一，福岛4座反应堆芯熔毁后放射性物质外泄。若长期泄漏，则附近土壤、海水长期污染，很有可能超过切尔诺贝利灾难，而且福岛核电站受损的储存核燃料及核废料远比切尔诺贝利数量大，会造成更大的影响。

第二，福岛核电站用的核燃料是铀钚混合陶瓷燃料元件（MOX），钚239含量高、毒性更大，核衰变能高，半衰期2万多年，故泄漏危害更严重。

第三，核污水能否治理，最为忧虑，且储核污水的100个大罐（1000立方）早已饱和，又没有净化处理，新产生的核污水怎么处理，一直没能解决。由于储罐变形时有泄漏，专家说这些罐使用期超过5年就会腐蚀破损。

参考资料

1.《当代中国的核工业》，当代中国丛书编辑部，中国社会科学出版社，1987年4月版。

2.《未被揭开的谜底——我国核反应堆事业的曲折道路》，孟戈非著，社会科学文献出版社，2002年10月版。

3.《中国近代史》，范文澜著，人民出版社，1955年9月第9版。

4.《两弹一星——共和国丰碑》，解放军总装备部政治部编，九州出版社，2001年8月版。

5.《毛泽东文集》（第八卷），人民出版社，1999年6月版。

6.《周恩来传》，中共中央文献研究室编（金冲及主编），中央文献出版社，1998年2月版。

7.《周恩来书信选集》，中央文献出版社，1988年1月版。

8.《开国十大元帅十大将》，王晓建主编，中国社会出版社，2000年2月版。

9.《十年论战——1956~1966中苏关系回忆录》，吴冷西著，中央文献出版社，1999年12月版。

10.《中国原子弹的制造》，（美）约翰·W·刘易斯，薛理泰编著，原子能出版社，1990年8月版。

11.《核化生防护大辞典》，核化生防大辞典编审委员会，上海辞书出版社，2000年7月版。

12.《日本皇宫100年内幕》，黄尊严，冯瑞云著，山东人民出版社，2000年版。

13.《核世纪——人类灭绝性武器的真实故事》，洛晋编著，中国民族摄影艺术出版社，1998年11月版。

14.《世纪档案：二十世纪震撼全人类的重大事件纪实》，郑纲编著，金城出版社，1998年10月版。

15.《张爱萍将军传》，王华，解放军文艺出版社，2000年1月版。

16.《周恩来与中央专委会》，杨明伟，《纵横》，1997年12期。

17.《纳粹德国核计划的失败》，彭岳，《自然杂志》，1986年9卷9期。

18.《泰勒和氢弹研究》，彭岳，《自然杂志》，1986年9卷12期。

19.《奥本海默与美国核计划》，彭岳，《自然杂志》，1987年10卷1期。

20.《第一颗原子弹爆炸那一天》，姚明勤，《世界知识》，1999年18期。

21.《中国研制核武器》，无言，《现代高科技》，1999年增刊。

22.《美国对华政策内幕》，郝雨凡著，台海出版社，1998年7月版。

23.《白宫岁月——基辛格回忆录》，（美）亨利·基辛格，世界知识出版社，1979年，北京。

24.《法国恢复核试验风波》，葛立德，《世界军事》，1996年1月。

25.《潜艇技术发展的第六个里程碑》，张金麟，《现代舰船》，2001年2月。

26.《美俄潜艇设计两大流派对比》，李建球，李萧，《舰船知识》，1999年8月。

27.《美国退出反导条约——国际军控面临挑战》，翟玉成，《军事世界画刊》，2002年2月。

28.《历史见证人留给后世的事件真相》，斯夫著，中国青年出版社，1999年5月版。

29.《谁来制裁美国》，秦冬等，长春出版社，1997年5月版。

30.《广岛核弹爆炸五留学生幸存》，朱强，《南方周末》，1999年6月4日。

31.《美国禁发新闻》，（美）彼得·菲利普斯，光明日报出版社，2000年10月版。

32.《爱因斯坦文集》（第三卷），许良英等编译，商务印书馆，2010年。

后 记

新中国成立了，我才又上了小学，有幸从蔡家坡扶轮中学、西安铁路中学一步步迈进了兰州大学。兰州大学的培育决定了我的一生，时代选择了我们，才有幸能为祖国铸辉煌！

贫穷童年的 AtomicBomb 疑惑

生于河南鄢陵的我，4 岁时即河南花园口黄河决口、洪水泛滥的第二年春天，舅舅推着小车送我、哥哥和母亲及刚会走路的妹妹，随逃荒大军冒着滚滚黄土向西流动。突然有人拉住哥哥和我的手说要买，母亲赶快抢过来说不卖。看着逃荒要饭一群群谁也不认识谁的人流，母亲意识到男孩子最容易被拐骗，因而让我俩必须紧跟舅舅的小车走，苦熬三天到了洛阳，又爬上火车到陕西宝鸡。在宝鸡铁路工厂一个破火车头里找到了被工友们照顾的染病的父亲。在火车站卖水、卖报、捡过煤，才上了宝鸡扶轮小学。

小学二三年级时，老师让每个同学买本“小字典”，我天天向父亲哼着要。父亲发工资那天买来严厉地说：“天天哼哼，你会用吗？查个姚，查不出来不能吃饭。”第一次用字典学查字，先查字典的女字旁，下边就不知怎么查了，四角号码还难记，一直翻到 63 页才查到。这时天已黑了，这顿晚饭让我终生难忘，会查字典呵，让我懂得了学习。

一天中午，宝鸡警备司令部门口，一队骑摩托车的警察向行人撒水果糖，大声喊：日本投降了，日本投降了！群众拍手，“好！鬼子投降了，鬼子投降了！”大家不约而同地欢呼起来。

望着插有国旗的摩托车队向中山路东去，忽然看到后面有美国飞行员也向行人撒水果糖，美国水果糖个大，糖纸特别漂亮，所以吸引了我们小孩跟着摩托车跑，这时一名飞行员说“阿道米克爆木”，连说了几遍，不懂什么意思，但是记住了这个单词的发音。

后来问了教我哥哥班英语的马志勇老师，才知道 AtomicBomb 是原子弹，更记住了 1945 年 8 月 15 日这抗日胜利的一天。我一个铁路工人家庭的穷孩子第一次吃这甜蜜的水果糖，难道是 AtomicBomb 换来的吗？

此后，宝鸡再也没有警报声，再也不用为躲避日本飞机轰炸而逃命了。

1947 年，父亲（姚恩贵）由宝鸡铁路工厂调到西安三桥铁路工厂，我上了三桥扶轮小学四年级。该上五年级时，家又搬到当时中国铁路最西端——天水（北道埠）火车站。八家住一个闷罐车皮的搬家列车，不足 350 公里走了一个月，一天夜里（秋天）被浓烟呛醒了，听到阵阵响声和喊叫声，火车在凤阁岭隧道里掉道而抢修。难怪那时人们说：“宝天路瞎胡闹，不塌方就掉道。”

在天水上不起学，时局不稳，物价飞涨。一天晚上父亲下班抱了些肥皂、火柴、锅盔馍回家，我们都高兴地说怎么买这么多锅盔？父亲说半个月的工资就能换这么多东西，钱不顶用了，过两天什么都买不到了。那时家里生活十分困难，母亲把给父亲做的鞋拿到集市上换钱，又做面条送到国民党伤兵医院换馍维生。

1949 年 9 月，天水解放了，铁路不通，铁路工厂职工步行一周到宝鸡铁路工厂复工。随后家从天水又搬到宝鸡，上了扶轮小学五年级。还没上六年级考上了蔡家坡扶轮中学，这时我已经 15 岁了。

1952 年初，我哥姚明银刚 18 岁从宝鸡铁路公安段参加了志愿军，在抗美援朝的朝鲜战场，专修被美军炸坏的铁桥，这时美国政客叫嚣使用原子弹。千百万中朝英雄儿女顽强奋战，抗击美帝，朝鲜战场原子弹的威胁刺激着中朝人民修筑防原子弹工事。然而修桥的哥哥任凭美军轰炸无法躲藏。这时在我心灵中，AtomicBomb 已从疑惑变成了憎恨！

萃英门幽梦

1953 年，在刚成立的西安铁路中学上高中时，老师让我们给抗美援朝的志愿军叔叔和福建前线解放军叔叔写慰问信。偶然一次接到守卫福建厦门海军徐秉良叔叔回信，高兴得我晚上做梦看见了大海。第二天又在梦中当了一名海军战士，端枪守在祖国的大海边！

是梦激发了我，还是我的幻想引发了梦？我一直幻想着这美好的梦能成现实。

少年时躲避日本飞机轰炸，青年时代受美国原子弹威胁，AtomicBomb是什么东西呢？由疑惑、憎恨到梦想，将来长大了能参加原子弹研制该多有出息而自豪啊！1956年，我考入了兰州大学。走进这座高等学府，那梦想才有了实现的希望。

1958年6月，毛泽东主席号召："搞一点原子弹、氢弹、洲际导弹，我看有十年工夫是完全可能的。"好像给我的梦想插上了翅膀。

多么巧，就在这年8月底，兰州大学成立了"原子能系"。新学期开学，恰巧把我由"化学系"转入了秘密成立的"原子能系"。我们到祁连山提炼铀，生产的一盆盆金黄色重铀酸铵，真是在庆幸将来能参加我国原子弹研制了。

记得1959年冬，兰州大学原子能系三年级的我、李超云和王齐祖背着G—M计数探测仪在芨岑火车站北边山中寻找铀矿，拉着骆驼下山驮水和运铀矿石，到学校搞起了像法国科学家居里夫人一样在实验室提取铀和镭的实验。

1960年10月，系里20多名同学到祁连山的铀工厂劳动，当我们与工人师傅制出一盆盆金黄色的重铀酸铵结晶时，才感到善良、勤劳的中国人多么艰苦、朴实，同时也感到造出原子弹该多么不容易啊！

这时国家正处在经济暂时困难时期，甘肃更穷，生活中不得不搭配树叶、野菜充饥，谁也没怨言。那时思想教育使我们认识到了，红军二万五千里长征和志愿军在敌人炮火连天，冒着生死，一口炒面、一把雪极艰苦条件下英勇善战。我们吃点树叶、野菜算什么？这或许是艰苦奋斗的动力和资本！我在全系大会上朗诵了我的小诗：

雄赳赳、气昂昂，石头碰撞冒火光。

困难与坚强画等号，树叶野菜增营养；

双手托起盆盆金黄，诱得驼铃更响亮。

以革命名义想过去，鼓起风箱似的胸膛。

越是困难越向前，才能磨炼革命生活……

时代与命运同闪烁，人生也是一段歌。

毕业后很多同学分配到铀工厂、科学院原子能所和解放军与原子弹有关部队。我带着兰州军区政治部致国防部第七研究院的介绍信到武汉报到。走进武昌海军预校，立即穿上了白上衣军官服，真的是人民解放军海军的一员了，不再是梦想了！走在大街上，小朋友喊海军叔叔好，这时我才清醒意识到这不是梦了，梦已实现了。于是到武汉长江大桥照相留念。

2 个月军事训练学习后，又要分配了，心想能分到经过北京的地方，看看北京多好啊！然而没想到竟分配到了北京。那时，每天从前门打磨厂的部队招待所跑步过正建地铁的前门、天安门，坐 1 路车到公主坟海军司令部上班，激动的我几乎每晚都要写首小诗寄给同学和家人。但为了保密，不能将原子能与海军相联系。

1961 年 11 月底，海军司令部大楼四层会议室，“〇九”总体室副主任周圣洋海军中校、副政委苏萍海军中校在对我们新学员讲话中偶然说：“这批学员中有位兰州大学的，是我们‘〇九’第一个从原子能系毕业分来的，是哪一位呀？”人事助理海军上尉胡国忠让我站起来，既是激励又是鞭策呵，站起来敬了礼，苏政委说坐下吧。为了中国海军“〇九”工程这项极光荣、最伟大、最神秘的事业，我默默下决心：一定要为海军建设作出贡献，为“〇九”献终生！

中国第一颗 AtomicBomb 爆炸现场见闻

1963 年初，国家集中力量搞原子弹，“〇九”工程——核潜艇暂缓。多么巧而神秘呀，我从海军被借调到解放军第 21 研究所，任务是测量 AtomicBomb 爆炸威力。人事助理胡国忠海军上尉说，这是总政治部主任罗荣桓元帅批准的，因为军种转变必须主任批准，而且破例为“借调”，所以那时无比自豪，真为能实现这一梦想而骄傲！

梦想成真沾沾自喜，梦想成真带来好运，梦想成真应该献身！

最难忘 1964 年 10 月 16 日 15 时后，5000 多人在戈壁滩狂呼、奔跑，观看第一颗原子弹爆炸升起的蘑菇云。火团滚滚，后来形成巨大的彩色卧松，节节膨胀，渐渐升高，向东飘游的壮观景色。顿时，激动的我依李白的《望庐山瀑布》诗篇而吟出：

日照菇云生紫烟，遥望雕松挂云端。

美帝苏修瞪白眼，中国威力上九天！

撤离沙丘向掩蔽宿营地走去时，大家时不时地回头看看那逐渐升高、更加倾斜的蘑菇云，它在阳光照耀下灰中透红，蓝中透紫，渐渐扩散膨胀着，好似一棵巨大彩色卧松正向更高处浮游着，真是壮观！七亿多中国人，只有我们亲眼看到了第一颗原子弹爆炸的壮景，怎能不感到百倍的骄傲呢？

听着轰鸣，中国人创造奇迹的自豪感油然而生，多少年来中国遭受的屈辱发出了怒吼，中国真正站起来了！

回营的队伍中，人们有说有笑，交头接耳。有的问：原来决定在国庆15周年时爆炸，怎么改在了16日15时？爆炸日期变动肯定是政治原因。根据气象预测，16日下午会有西风，放射性烟尘不会扩散到印度、巴基斯坦，在这一天爆炸是由毛主席、周总理组成的中央专委批准的。而15时呢？一则标志着解放15周年；二则是15年前的10月1日15时，毛主席在天安门向全世界宣布中华人民共和国成立的时刻，可见它对中国的意义。只有当中国人民拥有原子弹的时候，掌握了“打狗棍”，中国人民才真正站了起来！

爆后1小时，综合剂量队我们5个人换上白色洗消服，戴上了防毒面具，乘上彩车，穿过敲锣打鼓一排排送行队伍，高唱着“雄赳赳，气昂昂，跨过鸭绿江，保和平，卫祖国，就是保家乡……”，彩车缓缓通过用松柏、骆驼草和红旗搭起的凯旋门而进入靶心区。100多米的高塔不见了，熔化的钢筋只剩下十余米残肢，距靶心1~3公里远1米深坑里的猴子、狗身上的黄毛都被烧焦，有的好像戴上了黑帽子，都木呆呆地望着我们。一小时收拾完毕不同距离安放的高能物理阈探测器，由运输机送到基地实验室，测量第一颗原子弹的爆炸威力。

爆炸后一小时进现场取样，乘运输机到基地，测量不同距离活性画图时，室主任陆祖荫拿出一本“中子物理”英文书，对比活性画图在延伸交点得出我国第一颗原子弹爆炸威力为1.45万吨TNT当量。

爆炸现场第一印象：原子弹破坏力很强，但很有限，更不是不可预防。不像西方吹嘘的“消灭全人类”、“原子弹比1000个太阳还亮”吓人的威慑、讹诈。这时我才明白，懂得了日本投降时美国飞行员说 AtomicBomb 信息战的用意了。

中国造出第一艘核潜艇的年代

1965 年 5 月 14 日，我国第二颗原子弹爆炸成功后，我正要调研高能中子物理探测器，应用于我国地下核爆炸，“〇九”又将我调回“核潜艇加快设计”工作。这段时间我单独完成了主回路毒物注射系统（紧急停堆系统）和毒物去污系统设计，并完成了一次屏蔽水箱氢产生量及在重水反应堆的腐蚀试验。

毒物注射，用什么毒物？又如何去除？要选择和落实工艺条件时，在没有任何试验条件下而确定，该多难呀！

防腐剂用哪种？既要考虑中子和 γ 射线产生的分解和活化，又要考虑稳定性，在重水反应堆上试验，重铬酸钾也易造成污染。为了有效降低屏蔽材料聚乙烯使用量以提高潜艇的灵活性，我提出在大量的聚乙烯中加硼化物吸收中子，并亲自到大连第一塑料厂试验。加了硼的聚乙烯是否会促使聚乙烯辐照分解，产生易爆的氢更危险，于是又到长春应用化学所作辐照分解分析试验。

为了潜艇各舱室孔电缆线耐辐照耐高温的密封固定，又亲自到大连造船厂用环氧树脂、发泡剂加不同金属氧化物黏接试验。大型设备的机座减震器，需用耐辐射耐高温橡胶也要到江苏无锡橡胶减震器厂确定。

1967 年无产阶级“文化大革命”，影响了团结和工程进度。但那时的“为人民服务”和“斗私批修”，广大群众还是一方面积极参加运动，另一方面要加班完成任务，并非是一切都“糟得很”。扩初设计后要落实具体设计的工艺条件和设备。因为“〇九”谁都没搞过，没见过，都是凭有关参考资料拍脑袋想出的方案去实践，可想该多么困难。

因为我们是搞“〇九”历史性伟大工程，为加强三线建设，1969 年 10 月我们全部由北京搬迁到四川艰苦奋斗，齐心协力建“陆上模拟堆”。例如在放射化学实验室进行放射性测量，汗水流到眼睛里也不能去擦，还要及时记下计数，炎热的七月实验室一台电扇都没有，非常艰苦。

正是中共中央及时下达了“特别公函”，保证了“〇九”工程顺利完成，终于在1970年12月26日这天，我们中国人设计制造的第一艘核潜艇在葫芦岛胜利下水！

造出了可靠、耐用的核潜艇，海军战士训练有了最强大的武器，对敌视我国的敌人是最大的打击。虽然造出的第一艘核潜艇噪音大，但解决了“有”、“无”问题，展现了我国科技、工业生产、人才的最大成就，获得了国家科学技术进步特等奖，也使中国成为了世界第五个具有核潜艇的国家，为中国漫长的海岸线筑起了新的长城！

后来我国核潜艇水下发射中程和远程核弹成功，给“先发制人的核恐怖主义者”当头一棒。

上世纪六七十年代我们有了“打狗棍”，就不怕疯狗来危害了。换来了改革开放，国民经济快速发展的时期。

图书在版编目（CIP）数据

世界安危的核谜团解读 / 姚明勤著. —石家庄：河北人民出版社，2015.6
ISBN 978-7-202-10160-5

Ⅰ. ①世… Ⅱ. ①姚… Ⅲ. ①核武器–普及读物 Ⅳ. ①E928-49

中国版本图书馆 CIP 数据核字（2015）第 074368 号

书　名	世界安危的核谜团解读
著　者	姚明勤
责任编辑	王云弟　刘大伟
封面设计	吴书平
责任校对	付敬华
出版发行	河北出版传媒集团　河北人民出版社 （石家庄市友谊北大街 330 号）
印　刷	河北新华第一印刷有限责任公司
开　本	787 毫米×1092 毫米　1/16
印　张	16
字　数	237 000
版　次	2015 年 6 月第 1 版　　2015 年 6 月第 1 次印刷
书　号	ISBN 978-7-202-10160-5/I·1092
定　价	38.00 元